Gisela Laudi

Justina Tubbe

Danksagung

Ohne den Brief von Sarah und John Tubbe in Nacogdoches (Texas) mit der Frage nach ihren Vorfahren, den wir 1995 im Oderberger Kirchenbüro vorfanden, die intensive Freundschaft, die sich daraus entwickelte, und ohne ihr anspornendes Interesse wäre dieses Buch nie geschrieben worden.

Besonderer Dank gilt Herrn Pfarrer Knud und Frau Berger aus der evangelischen Kirchengemeinde und Herrn Horst Fleischer vom Binnenschiffahrtsmuseum in Oderberg.

Gisela und Jürgen Laudi

Gisela Laudi

Justina Tubbe

**Der weite Weg
einer Brandenburgerin
vom Oderbruch
nach Texas**

WESTKREUZ-VERLAG

Die Deutsche Bibliothek – CIP-Einheitsaufnahme
Laudi, Gisela:
Justina Tubbe : der weite Weg einer Brandenburgerin vom Oderbruch
nach Texas / Gisela Laudi. –
Bad Münstereifel : Westkreuz-Verl., 2000
ISBN 3-929 592-48-7

© 2000 Westkreuz-Verlag GmbH Berlin/Bonn, 53902 Bad Münstereifel
Herstellung: Westkreuz-Druckerei Ahrens KG Berlin/Bonn, 12309 Berlin

Lektor und wissenschaftlicher Berater: Dr. Harro Hess

Inhalt

Einführung	6

1. Buch: Die Spuren einer Brandenburgerin — 7

Ich, Justina Tubbe, will also euch berichten	9
Wir liebten den Fluß, und wir haßten ihn	14
Die Königin zog nach Freyenwalde	16
Wider die Wassernoth	22
Natürlich wollte ich ein liebes Mädchen sein	26
Hurra, wir sind in Oderberg!	27
Der Mensch ist nicht fürs Alleinsein geschaffen	33
Es war Krieg	38
Welch ein Schatz, ein eigenes Buch	42
Oderberg	54
Unter der Haube	76
Behaglich in der kleinen Stadt	81
Minchen in Berlin	95
Mein Nesthäkchen	104
Die Erde blieb stehen	109
Revolution!	117
Was ist denn Texas?	123
Hexereien	126
Auswandern, ein ansteckendes Fieber	133

2. Buch: . . . in die Neue Welt — 146

Es gibt hier kaum Hoffnung	147
Endstation Bremen	157
Adieu, altes Europa	165
Amerika	174
Willi ist gekommen!	178
War das nun das Paradies?	189
Das Richtfest	191
. . . so einsam, so schrecklich allein	196
Land besitzen, noch mehr Land	200
Ein ordentliches Mädchen	202
Der Texasverein	209
1861: Wieder Krieg! Sezessionskrieg	221
Herzlichen Glückwunsch zum 70. Geburtstag!	231
Das Tubbe-Land	237
Alte Bäume soll man nicht verpflanzen	241

Einführung

Justina Tubbe hat wirklich gelebt. Meine Ururgroßeltern waren Wilhelmine Tubbe und Rudolf Förster. Justina war die Tante dieser Urgroßmutter. Ich stieß auf die Spuren von Justina, als mein Mann und ich aus Freude an der Familienforschung mit dem Sammeln der Lebensdaten der Familie Tubbe begannen. Erste Quellen waren die Kirchenbücher von Oderberg in der Mark Brandenburg, an der alten Oder gelegen. Spannend wurde es, als wir erfuhren, daß Justina als Witwe eines Webermeisters im Alter von 60 Jahren nach Texas ausgewandert ist, zusammen mit dem ältesten Sohn, schon über 40, und dem Jüngsten, der gerade konfirmiert war! Justinas Leben faszinierte mich.

Nachdem wir Kontakt mit Justina Tubbes Ururenkeln in Texas aufgenommen hatten, haben wir sie besucht, Freundschaft geschlossen und gemeinsam weitergeforscht: Wie mag diese Frau damals gelebt haben? Wie verlief das Leben in einer preußischen Kleinstadt wie Oderberg in der ersten Hälfte des 19. Jahrhunderts? Wie prägte die Geschichte die Lebensumstände am Rande des Oderbruches? Was mag Justina empfunden haben in ihrer eigenen Hausfrauenwelt zur Zeit von Napoleons Kriegen, in der Romantik, während der 1848er Revolution? Weshalb wanderte sie aus? Wie verlief so eine Reise auf dem Segelschiff? Wie erging es Justina und ihren Nachbarn weiter in Texas? Wurde es ihr zur Heimat?

Alle handelnden Personen haben belegbar mit den benutzten Namen gelebt. Um weitere Fakten und Informationen zu finden, haben wir in den verschiedensten Archiven und Bibliotheken in Deutschland und Texas in Originalakten und Büchern geforscht. Es ist erstaunlich, was alles erhalten ist: Heiratserlaubnisse, Schulvisitationen, Bürgerlisten, amtliche Berichte, Briefe, Steuerlisten, Bauanträge, Vereinslisten, Zeitungsberichte, Passagierlisten, Auswanderungsanträge, Landkäufe u. v. a. mehr.

Aus diesen sorgfältig recherchierten Fakten, Familienüberlieferungen und ein wenig Phantasie ist diese Geschichte entstanden. Ob die Charaktere so waren, wie ich sie mir vorstelle? An dieser Stelle brachte ich meine Phantasie ein. Dieses Buch möchte das Leben einer couragierten Frau so zeichnen, daß „Geschichte zum Anfassen" daraus wird.

Gisela Laudi

1. Buch
Die Spuren einer Brandenburgerin

Ich, Justina Tubbe, will also euch berichten:

Anno 1861 in Texas

„Grand-Ma Justina, wenn August und ich später mal Kinder und Kindeskinder haben, dann möchten sie bestimmt gerne wissen, wie dein Leben so abgelaufen ist. Was mußt du alles erlebt haben – ist das nicht fast wie ein Roman? Schreib doch einfach alles auf – alles aus der Alten Welt, aus Preußen, und alles von hier, der Neuen Welt – aus unserem Texas!"

Die Maria – das ist meine künftige Schwiegertochter! – hat das eben zu mir gesagt. Ja, ich will meinen Lebensweg überdenken, der mich, die Frau eines kleinen Webermeisters, aus der winzigen Stadt Oderberg in die Unendlichkeit führte. Denn der Gedanke gefällt mir, daß ich nicht vergessen bin, selbst wenn ich längst nicht mehr unter diesen Menschen weile.

Die ganze Familie Kolb – also Maria, ihre Eltern Anna und Ernst Kolb und auch die drei kleinen Geschwister stehen um mich herum und freuen sich, daß sie so plötzlich eine deutsche Oma ins Haus gekriegt haben. Solange meine drei Söhne im Krieg sind, soll ich nämlich hier auf der Kolb-Farm versorgt werden. Nun sitze ich im Schatten eines riesigen Pecan-Baumes, schaue lächelnd in den Spiegel, sehe mein faltiges Gesicht von 66 Jahren und habe die Gänsefeder in mein geliebtes grünes Tintenfaß getunkt und angefangen zu schreiben.

Ein bißchen zitterig ist meine Schrift geworden, aber schreiben kann ich! Mein Vater war schließlich Böttchermeister, er war Bürger der Stadt Freyenwalde! Damit gehörte er nicht zu den Besitzlosen, den Knechten und Mietbürgern und

Tagelöhnern. Oh nein, mein Vater bestand darauf, daß ich ganze acht Jahre lang auch wirklich zur Schule gehen sollte – ich! – obwohl ich doch nur ein Mädchen war.

Wenn ich so an meine Schulzeit denke, wie wir mit 80 Kindern in der Stube des Küsters Astfalk saßen, in der auch seine Hühner gackerten, und wie er uns ganz stumpfsinnnig alle im Chor die Buchstaben buchstabieren ließ! Wie er die Störenfriede übers Knie legte, und manchmal so besoffen war, daß er nicht mal seine Hose ordentlich zukriegte. Und wie dann eines Tages hohe Herren erschienen und eine Schulvisitation machten und der Herr Astfalk noch versuchte, einen besseren Eindruck zu machen und mich drannahm, weil ich die Beste in der Klasse war. Denn ich habe gerne gelernt, obwohl ich meine Großmutter noch heute schimpfen höre: „Neumodischer Kram! Ich weiß gar nicht, was der in euren Köpfen soll. So viel denken ist schädlich für ein Mädchen, das macht faltig und häßlich!"

„Aber Töchter werden bessere Hausfrauen, wenn sie ein bißchen lesen gelernt haben", glaubte Vater. „Und deshalb soll auch die kleine Justina fleißig zur Schule gehen."

Ich habe über 50 Jahre in Oderberg gelebt, aber geboren wurde ich in Freyenwalde. Am 29. Mai 1795 habe ich das Licht der Welt erblickt und bin mit sechs Tagen getauft worden, in der lutherischen Kirche, denn fast alle waren evangelisch. Mein Vater und die Paten gelobten, mich zu einer guten Christin zu erziehen, und nach der Taufe schrieb der Pastor dieses Ereignis in sein dickes Kirchenbuch.

Die Eintragung von Justinas Geburt 1795 im Kirchenbuch von Bad Freienwalde

Und ich glaube wirklich, daß ich bislang ein gottgefälliges Leben geführt habe, wenn ich auch mit meinem Schicksal manchmal gehadert habe, wenn ich nicht frei gewesen bin von Neid und Mißgunst. Ich werde meinen Gott nicht vergessen, auch wenn ich hier in Texas, hier in Amerika, keine Kirche zum Beten habe.

„Wo ungefähr ist denn das: Freyenwalde und Oderberg?" will Maria wissen, die gleich meine erste Seite gelesen hat. „Irgendwo in Deutschland – gut, das weiß ich. In Bayern vielleicht?" „Aber nein, Maria", sag ich. „Wir sind aus dem Norden von Deutschland. Komm mal ganz dicht ran, ich habe hier eine Landkarte, darauf kann ich dir zeigen, wo wir herkommen.

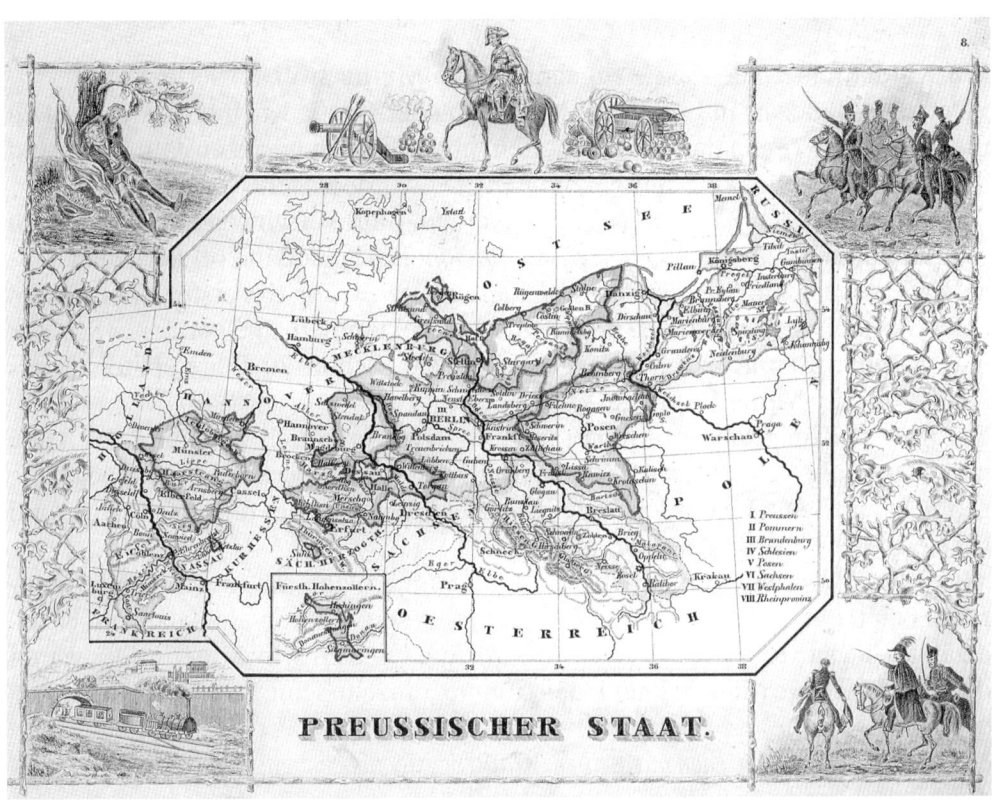

Die deutschen Lande 1815: Preußen bestand aus mehreren Teilen. Östlich der Oder lag die Neumark, Pommern und Ostpreußen, im Süden Schlesien. Weit im Westen lag die Rhein-Provinz. Erst nach dem Zweiten Weltkrieg wurde die Oder zur Grenze zwischen Deutschland und Polen.

Hier in der Mitte ist Preußens Hauptstadt Berlin. Drumherum nennt man das Land: Die Mark Brandenburg. Die Stadt Freyenwalde liegt sieben Postmeilen im Nordosten von Berlin, und Oderberg ist nur drei Stunden zu Fuß von Freyenwalde entfernt. Beide Städtchen liegen am Rande des Oderbruchs. Die Oder, die ist nämlich einer der größten Ströme in den deutschen Landen, und sie fließt mitten durch Preußen.

Nur fünf Jahre hab ich in Freyenwalde gelebt, dann ist unsere Familie nach Oderberg gezogen. Deshalb sind mir nur wenige Erinnerungen aus dieser Zeit geblieben. Aber was du wissen mußt, Maria, ist dies: Freyenwalde ist etwas ganz Besonderes! Es ist nämlich ein berühmter Kurort mit einer Heilquelle. Der braune Eisenschlamm ist gut für die Augen, und das Wasser hilft gegen Fieber und die Gicht. Ich hab es auch öfter trinken müssen, und siehe: Ich bin doch noch ziemlich gesund. Aber vielleicht liegt das auch an meinem Wissen über die Kräuter? Sag mal, Maria, ich hoffe doch, daß noch was übrig ist? Ich meine ... in meiner Flasche mit Schwedenkräuter-Likör? Könntest du mir nicht vielleicht noch ein Gläschen, nur ein ganz kleines davon bringen?"
Da hat die Maria ganz verschmitzt gelächelt und ist zu unserem Blockhaus gelaufen.

Wir Kinder haben nie richtig zugehört, wenn Mutter stolz dozierte:
„Der erste Badegast in Freyenwalde ist schon der Große Kurfürst gewesen, dem hat das Wasser gegen die Gicht geholfen, und schon im nächsten Jahr 1685 sind über 1500 Gäste in die Stadt gekommen! Da wurde unsere Stadt reich.
Sein Sohn, der sich König Friedrich I. nannte, muß verschwenderisch gewesen sein. Er hat sich in Freyenwalde ein wunderschönes Schloß mit 60 zierlichen Säulen errichten lassen. Stellt euch vor, gerade als der König das erstemal in seinem Schloß schlief, ist der ganze Berg ins Rutschen gekommen, und vor lauter Schreck hat er seinen Baumeister Schlüter davongejagt. Schon 20 Jahre später ist das Schloß nur noch eine Ruine gewesen.
Der nächste König war um so sparsamer. Man hat Friedrich Wilhelm I. auch den ‚Soldatenkönig' genannt, weil er die preußische Armee so richtig auf Hochglanz gebracht hat. Seine Leidenschaft waren riesengroße Männer für seine Garde, und für sie gab er Unsummen Geld aus."
„Justina ... !" strahlte meine Mutter wohl dann, „glaub mir, noch meine Großmutter hat immer glasige Augen gekriegt, wenn sie von den ‚langen Kerls' erzählte, die zur Kur kamen. ‚Och ... !' pflegte Oma zu schwärmen: ‚Das waren doch noch richtige Männer!' und Opa stöhnte, runzelte seine Stirn und maulte."

Maria stellt mir das Gläschen mit meinem Kräuterelexier neben mein grünes Tintenglas. „Na denn, Prost, Grand-Ma Justina!"
„Danke, Maria! Schau doch noch mal her, Mädchen!
Siehst du die große Schleife der Oder? Beide Städte, Oderberg und Freyenwalde, liegen an ihrem Steilhang. Links ist die Hochebene des ‚Hohen Barnim'. Von da oben hat man eine wunderschöne Aussicht auf eine weite flache Landschaft: Das ist das Oderbruch! Ja, unser geliebtes Oderbruch! Lange vor meiner Zeit war es ein richtiger Urwald ... ein endloses Gebiet aus Sumpf und Moor, ein Labyrinth aus Flüssen und Altarmen und Restwassern und Tümpeln mit vielen Inseln und Bruchwald. Du glaubst gar nicht, welch eine ungeheure Menge an Tieren es früher im Oderbruch gab, unglaublich viele Vögel, Fische, Krebse, Kleinwild ... und natürlich auch Biber, Wölfe und Mücken ..."

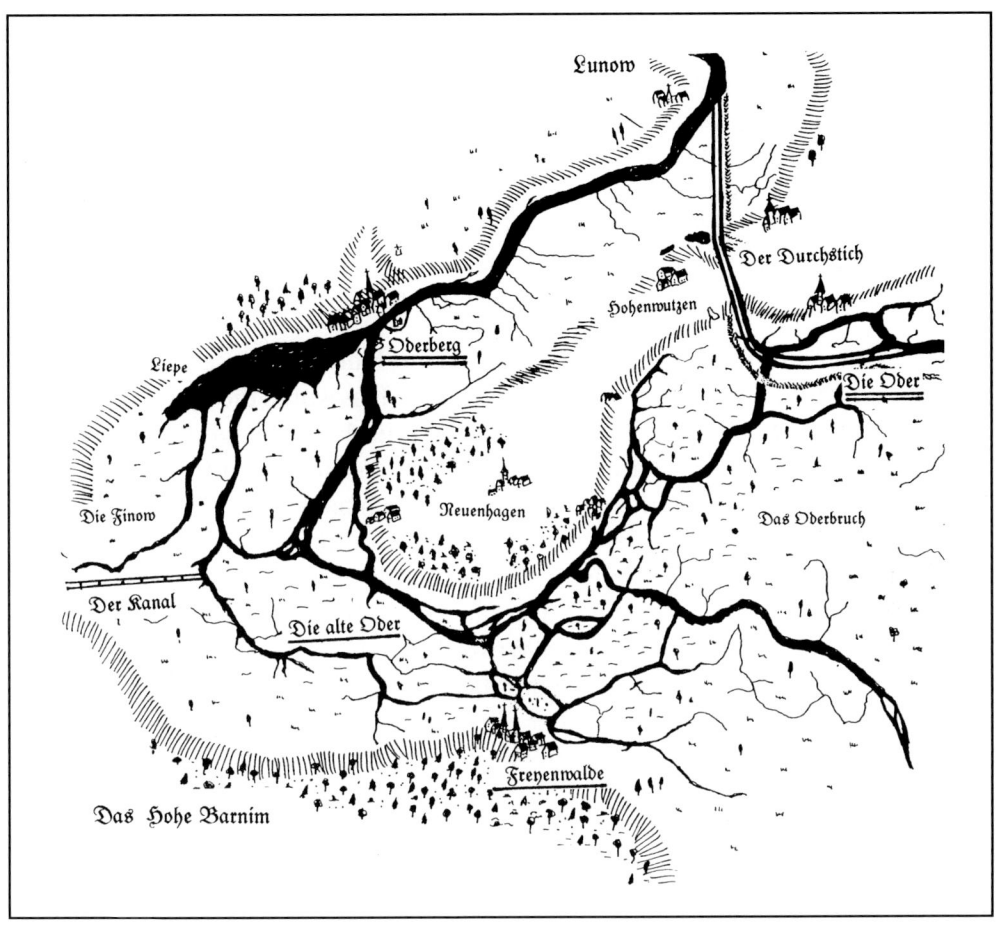

Der Durchstich des Kanals bei Hohenwutzen um 1750 machte aus der Halbinsel Neuenhagen eine Insel und den Hauptstrom der Oder zur Alten Oder

„Aber wilde Truthähne gab's bei euch bestimmt nicht?" lacht keck die Maria.„Du – mein Vater hat heute einen geschossen! Ich muß Mutter beim Kochen helfen. Bis dann...", rückt ihr weißes Häubchen zurecht, rafft ihre langen Röcke und rennt weg. Ja, ich weiß, die wenigsten Menschen haben Muße zuzuhören. Aber es gibt doch so vieles, was interessant ist! Auch, wie es früher war. Dann muß man es eben aufschreiben, sagte ich im Stillen zu mir!

Das Oderbruch...vom uralten Onkel Levin, weiß ich, wie es einstmals war:
„... ja, ja, die gute alte Zeit!" pflegte er zu sagen, nickte und sah uns Kinder strafend an, als wenn wir Schuld hätten, daß es nach der Kultivierung des Oderbruchs – seines Oderbruchs! – fast nur noch Wiesen gab. „Lange bevor das Oderbruch trockengelegt wurde, also so um 1720 herum, als meine Eltern noch nicht mal geboren waren, wißt ihr, wie es da zuging?" „Wie denn? Erzähl doch!" baten wir, denn wenn die Großen erzählten, war das für uns die einzige Unterhaltung.

Wir liebten den Fluß und wir haßten ihn

Das war immer Onkel Levins erster Satz. Er war schwer zu verstehen, mit der Pfeife im Mund, und außerdem waren seine Vorfahren Wenden, die slawisch sprachen und mitten im Oderbruch auf den wenigen trockenen Sandhügeln lebten. Der Fluß war es, der ihr Leben bestimmte. Er überschwemmte das Bruch zweimal im Jahr mit dem ganz normalen Hochwasser, einmal in der Fastenzeit und dann noch mal im Juni. Deshalb hatte es nur Wiesen und keine Felder gegeben, und schon gar keine Straßen, das wichtigste Fahrzeug war der Kahn.

„Wir schützten uns und nahmen den Mist unserer Kühe und unseren eigenen und bauten einen hohen Wall rings um unsere Häuser. Das waren die Spielplätze unserer Kinderzeit. Auf dem Wall wurden Kürbisse und Gurken gepflanzt, und die wuchsen riesengroß. Wir kletterten mittendurch auf der guten Dungerde.
Welche geradezu ungeheuerlichen Mengen an Fisch haben die Männer jeden Tag gefangen! Es gab da mal ein Jahr, da war es lange unheimlich heiß und die Oder hatte kaum noch Wasser, und jeden Tag wurde es weniger. Als nun all die Wasserläufe und Seitenarme und Moraste Tag für Tag mehr austrockneten, haben sich die Fische und Krebse in den letzten Wasserlöchern gesammelt. Mit der bloßen Hand konnte man Hechte fangen. Und die Krebse in ihrer Verzweiflung flohen aus den heißen Pfützen und liefen über die Wiesen, ja, sie kletterten sogar zu Hunderten auf die Bäume – und die Großeltern lachten und schüttelten sie wie überreife Äpfel vom Baum. Das gab ein Geschmause!

> Das ODERBRUCH ist ein flaches, breites, ehemaliges Stromtal, das sich die Oder durch die eiszeitlich gebildeten Hügel und Hochflächen gefressen hat. An den Prallhängen des Odertales liegen die Städte Oderberg und Freyenwalde (heute: Bad Freienwalde). Das Oderbruch war bedeckt mit sumpfigen Auwäldern, seine Landschaft war mit der des Spreewaldes verwandt. Schon 1593 gab es Versuche der Eindeichung, 1613 brach die Oder wieder durch. Fischmärkte waren in Wriezen und Oderberg. Für jeweils 100 Schock Krebse mußte 1 Schock als Zoll gegeben werden. In einem Jahr, Ende 1600, wurden ca. 325 000 Schock an Zoll gezahlt, d. h.: 32 Millionen Schock wurden gefangen! Kultivierung des Oderbruchs durch den Alten Fritz (Deichbau, Durchstich von Hohenwutzen nach Hohensaaten 1752, Aufschüttungen, Kanal zur Havel). Aus Sumpfland gewonnene Fläche: 640 km^2. 950 angesiedelte Familien, Schleuse bei Güstebiese 1836. Schleuse bei Hohensaaten 1862. Das Oderbruch galt als Gemüsegarten von Berlin.

Onkel Levin lachte und schob die Pfeife in die andere Mundecke, die er immer festhielt, damit er sie nicht aus seinem zahnlosen Mund verlor. „Ja, wißt ihr, wie es zuging, als ich geboren wurde?" fragte er uns Kinder. „Da hatte der Fluß wieder mal ein Hochwasser gehabt, das viel höher und viel länger als die gewöhnlichen war. Es war eines der ganz schlimmen Hochwasser, die uns hin und wieder in große Not brachten. In die Kirche konnten man mit dem Kahn erst wieder nach Monaten kommen.

Was sollte man denn aber nun machen mit den Kindern, die inzwischen geboren und noch immer nicht getauft waren! Da wurden denn alle kleinen Bündel zusammen in einen Kahn gepackt. Ein paar Kinder sind bei so einer Reise natürlich immer gestorben, damit mußte man eben rechnen! Alle wurden in die Kirche geschleppt und der Pastor mußte alle taufen und eine Menge ins Kirchenbuch schreiben! Da tat er sich einen guten Weinbrand ins Glas und schrieb, aber an alle Namen konnte er sich nicht so ganz erinnern. Da tat er sich noch einen großen ins Glas. Na ja, da ließ er eben auch einfach mal eine Lücke frei oder nannte das Kind, wie er es denn so meinte . . . nicht immer so, wie die Eltern es wollten. Die Nachnamen schrieb er auch so, wie er es grade im Ohr hatte. Ob zum Beispiel euer Name, Justina, nun HEIN oder HEYN oder HEINE geschrieben wurde – was kam's drauf an?"

Als mein Vater Johann Friedrich Hein so um 1780 mit Mutter nach Freyenwalde zog und in der Jägerstraße seine Böttcherei eröffnete, sah das Oderbruch schon ganz anders aus. Man hatte es kultiviert, und aus der wilden Sumpflandschaft war teilweise Ackerfläche geworden. Vater versprach sich ein gutes Einkommen, wenn er Fässer für die Hechtreißerzunft herstellte, die die Fische und Krebse bis nach Bayern und Italien verkaufte.

1782 bekam meine Mutter – ihr Mädchenname war Luise Herzberg – ihr erstes Kind. Aber Vater war sehr enttäuscht, denn es war nicht der ersehnte Stammhalter, sondern nur Luisa. Und nach weiteren eineinhalb Jahren kam auch nur wieder eine Tochter. Aber die starb schon mit einem Jahr. Erst 1786 begrüßte mein Vater jubelnd den erhofften Sohn: „Der Erbe meiner Böttcherei ist geboren! So wie mein Großvater, der Böttchermeister Hein in Stolpe, wie mein Vater als Böttchermeister in Lunow, so werde ich hier in Freyenwalde unsere Böttcherdynastie weiterführen! Und natürlich, das ist ja wohl klar, er wird meinen Namen tragen: Johann Friedrich Hein!" Meine Mutter hat aber eigentlich immer nur „Hansi" zu meinem Bruder gesagt.

Es kamen zwei Schwestern: Marie wurde „Rieke" genannt, aber Dorothea starb, wie auch ein anderer Bruder. Als Zwillinge kamen, war meine Mutter froh, daß wenigstens Daniel überlebte. Dann, im Jahre des Herrn 1795 erblickte ich das Licht der Welt. Ich, Justina Hein! Meine jüngere Schwester hieß noch einmal Luisa, wie die älteste, die Luisa, die mit zwölf an einem Geschwür gestorben war. So waren wir im Hause fünf lebende Kinder, die es zu ernähren galt. Mutter hatte es immerhin geschafft, daß die Hälfte ihrer zehn Kinder groß wurde, und dafür war sie dankbar!

Das „Hessische Lies'chen", 2. reguläre Gattin von König Friedrich Wilhelm II. (regierte 1786–1787)

Die Königin zog nach Freyenwalde

Unser König war „Friedrich Wilhelm der Zweite", aber man nannte ihn den „Dicken Willi" und seine Frau kannten alle als das „Hessische Lies'chen": Luise von Hessen-Darmstadt. Mutter verehrte sie abgöttisch, obwohl sie immer behauptet hat, die Königin hätte einen viel zu großen Kopf gehabt und wäre ungeschickt und linkisch gewesen.

Sie war nach Freyenwalde zur Kur gekommen und fand es einfach wunderschön. Sie liebte wohl genau wie ich die Wälder und den Blick von oben auf die weite grüne Ebene des Oderbruches. An den steilen Hängen des Gesundbrunnentales ließ sie sich ein „Landhaus" bauen, wie der Hofarchitekt Langhans das kleine Stadtpalais nannte. Er hatte in Berlin auch gerade ein großes Triumphtor gebaut – für einen Triumph, den der König sich zwar wünschte, aber auf den alle vergeblich warteten. Obendrauf sollte ein Vierergespann mit Wagen stehen, den ein Engel mit Lorbeerkranz lenkte, eine „Quadriga" aus Bronze. Das wurde das „Brandenburger Tor" genannt und ist zum Wahrzeichen der Stadt Berlin geworden. Ich habe es später tatsächlich gesehen, ja wirklich – auf dem Weg nach Amerika!

Die Geschichte von mir und der Königin hat mir meine Mutter später immer und immer wieder erzählt: „Wenn sie in ihrer ungeheuer prächtigen Garderobe auf der Promenade entlangschritt – och, war sie schön! –, dann haben sich natürlich alle im Hofknicks vor ihr verneigt. Und im Mai 1795, also ein paar Tage vor deiner Geburt, Justina, ging ich zum Markt, als sie vom Berge mit ihren Hofdamen zur Stadt herunterkam. Ich war schon sehr schwerfällig mit meinem hohen Leib, aber ich neigte mich tief – und Ihre Majestät? Sie schaute mich lächelnd an und sagte: Ei schten Se doch uff, gudde Fraa, isch bin doch selbst oft gnug in geseschnete Umständ gwesen!"
Da hat Mutter vor Freude geweint und gehaucht: „Majestät sind zu gütig." Als ich dann ein paar Tage später geboren wurde, war meine Mutter überzeugt: „Dieses Mädchen steht unter einem gnädigen Stern, es wird bestimmt ein ganz besonderes und ungewöhnliches Schicksal haben."
Und sie hielt mich in die Höhe und gab mir einen Kuß. „Denk doch nur, mein Kind, die Königin hat dich angesehen, als du noch nicht einmal geboren warst – du wirst alt werden und viele Kinder und Kindeskinder haben, meine kleine Justina!" Sie reichte mich meinem Vater, der wie alle Väter natürlich lieber einen Sohn gehabt hätte. „Na gut, Liese", sagte er zu meiner Mutter, „nennen wir sie also Justina." „Ja, denn das ist ein recht ungewöhnlicher Name – aber ihren zweiten Vornamen soll sie nach der Königin haben: . . . Friederica." Meine Schwester bekam zwei Jahre später den anderen Vornamen der Königin, allerdings war das ja auch der Name meiner Mutter: Luisa – sie wurde „Lisa" gerufen. Das war gerade in dem Jahr, als die Königin Witwe wurde: 1797.
Ich glaube aber nicht, daß das „Hessische Lies'chen" sehr um ihren Mann getrauert hat, wo er doch noch zwei andere Frauen „zur linken Hand" geheiratet hatte. Außerdem war da noch seine einflußreiche Mätresse Wilhelmine, die er sich einstmals aus der Gosse geholt hatte. Eine Trompeterstochter war sie doch nur – alle rümpften die Nase. Zur Madame Rietz hatte der König sie gemacht und später sogar zur Gräfin Lichtenau! Kaum war unser neuer König, sein Sohn Friedrich Wilhelm der Dritte, gekrönt, jagte er sie in Schanden weg. Wir schmunzelten: Das hat unserer Freyenwalder Königinwitwe bestimmt gefallen!

Der neue König sprach hart und nur in abgehackten Sätzen, wie: „Befehle, anzutreten!". Die vornehmen Männer äfften ihn nach, und bald sprachen viele nur noch in diesem zackigen militärischen und „preußischen Stil". Aber seine Frau, die junge Königin Luise, war lieb und gütig und wurde von allen sehr verehrt.

Vor allem Mutter verschlang sie mit den Augen: „Stell dir vor, Justina! Die Königin Luise trägt gar keine Krinoline mehr unter ihrer Garderobe wie das ‚Hessische Lies'chen'. Die hat immer ganz üppige Kleider getragen, mit Rüschen und Bändern geschmückt, genauso wie sie auch am französischen Hof Mode waren. Die Kleider waren vorn flach, aber unheimlich breit. Die steife Krinoline hob den Stoff so anmutig in diese Form! Ich glaube", kicherte Mutter, „die Damen wären mit diesen Röcken gar nicht in unsere Bürgerhäuser hineingekommen."

„Aber nun", empörte sich Vater, „haben sie in Frankreich die hohen Herrschaften abgesetzt. Nicht abgesetzt, nein, sie haben sie auf der Guillotine enthauptet! Es ist einfach nicht zu fassen, was diese Franzosen sich anmaßen! Die gottgegebene Ordnung von Obrigkeit und Untertan haben sie mißachtet!"

„Die Frau von diesem seltsamen Bürgergeneral Napoleon, die Josephine...", träumte Mutter weiter: „... hat eine ganz neue Mode eingeführt. Ganz schmal und zart sind die Gewänder geschnitten, mit einem großen Ausschnitt. Was sieht sie reizend aus, unsere Königin Luise! Und denke dir, der junge König trägt gar keine Kniehosen! Er hat lange enge weiße Hosen an und sieht beinahe wie ein Bürger aus! Was diese neue Zeit nur alles bringt!"

Königin Luise mit den Prinzen Friedrich Wilhelm (später König FW IV.) und Wilhelm (später Kaiser Wilhelm der Große)

Als Königinwitwe machte es Lies'chen offensichtlich viel Spaß zu planen und zu gestalten, und sie begann, sich ein kleines Schloß auf dem Berg bauen zu lassen, einen japanischen Pavillon, Promenaden, Brunnenhäuser... Sie kaufte Grundstücke und bepflanzte einen ganzen Berg. Sie krempelte ganz Freyenwalde um!

Das Früheste, an das ich mich erinnern kann, das war ein großer fröhlicher Volksauflauf. Ich muß da vier Jahre alt gewesen sein. Die Königinwitwe hatte ihre Enkelkinder zu Besuch. Der älteste war der Kronprinz Fritz, genauso alt wie ich, und daneben stand sein zweijähriger Bruder Wilhelm. Die Großmama hatte ihm etwas ganz Wunderhübsches geschenkt: Eine Drehorgel! Und wie ein Leierkastenmann schob er sie durch die Straßen, und ein Diener half ihm beim Drehen der Kurbel. Ein paar Hofdamen blickten entzückt und riefen immer wieder: „Oh oui, merveilleuse! Ist er nicht reizend?" Die junge Königin Luise in ihrer Mitte fächelte sich Luft mit ihrem feinen Fächer zu. Es erklang eine wahrhaft zauberhafte Melodie, und alle rundherum sangen mit: „Ein Mädchen oder Weibchen wünscht Papageno sich...". Sie stammte von einem Komponisten namens Mozart, der die Oper „Die Zauberflöte" gerade vor ein paar Jahren komponiert hatte.

Wie der Prinz Fritz dastand und strahlte! Ich habe ihn glühend beneidet. Er träumte in sich hinein – ja, er ist sein Leben lang ein Träumer geblieben. Übrigens habe ich ihn ungefähr 50 Jahre später noch einmal gesehen, da war er längst König und hat den Grundstein für unsere neue Oderberger Kirche gelegt. Da hatten wir noch unser Haus, direkt daneben. Aber das werde ich euch später noch berichten.

Und heute, im Jahre 1861, regiert in Preußen der kleine Steppke Prinz Wilhelm für seinen kranken Bruder Fritz, und wenn er so weitermacht, wer weiß, ob er dann nicht noch mal Kaiser von ganz Deutschland wird und sich dann Wilhelm der Große nennen läßt?

Die Stadt Freyenwalde (heute: Bad Freienwalde) mit Blick auf das Oderbruch

So sonnte sich also Freyenwalde im Glanz der Hofhaltung und des Badebetriebes. Eines Tages aber wurde die Königinwitwe doch noch zu unserem Schicksal. Denn sie mochte gar nicht aufhören mit Bauen und Verschönern des Ortes, sie wünschte sich Bäder, Promenaden, Gärten... und dabei war unser Obstgarten im Wege.
„Weißt du", sagte mein Vater „vielleicht wäre es das Beste, wenn wir auch unser Haus noch dazu verkauften und nach Oderberg übersiedelten."
Mutter war entsetzt: „Aber wir haben doch hier all unsere Bekannten."
„Na und?" Vater schüttelte den Kopf: „Das Korn kommt keinem nachgerannt, mein Sohn, pflegte schon mein Vater zu sagen. Geh nach dort, wo dir das beste Brot wächst!" Er nickte bedächtig und fuhr fort: „Ja, mein Vater hat es so gehalten, als er als Böttchermeister und Gerichtsmann in Stolpe nach Lunow zog, wo meine Mutter den Hof ihres Vaters Milenz geerbt hatte. Und dieses Wort gebe ich auch allen meinen Kindern mit auf den Weg!
Schau, Liese, hier wird es immer trockener und es gibt schon viel weniger Fisch. Es werden nicht mehr so viele Fässer gebraucht. Aber mein Freund Gedicke – du weißt ja, er ist Patenonkel für Daniel –, der ist Fischermeister und sagt, daß sie im großen Oderberger See noch reichlich Fisch haben. 37 Mann sind sie in der Fischerzunft, und über den Kanal können sie ganz schnell und bequem die Märkte in Berlin und Cölln beliefern. Außerdem ist meine Schwester in Oderberg verheiratet, und mein Cousin wohnt auch dort."
„Na ja", lächelte Mama, „ihr Heines seid doch eigentlich überall zu finden: Der Prediger hier in Freyenwalde heißt Hein, und sein Sohn soll im nächsten Jahr ins Amt eingeführt werden. In Stolpe, in Lunow, in Brodowin gibt's Heines – und denk an den Steuereinnehmer und Bürgermeister in Joachimsthal, der die eingenommenen Steuern lieber selber in seine eigene Tasche steckte, als daß er sie..."
„Frau, bitte! Hör auf mit der peinlichen Geschichte, ja? Das ist nun bald 50 Jahre her!" winkte Vater ab. „Der Gedecke hat mir erzählt, daß in der Angermünder Straße in Oderberg ein schönes Haus verkauft werden soll, mit Hof und Werkstattgebäude und Obstgarten. Ich glaub', Liese, ich nehm' mir mal den Kahn und fahr' rüber..."
„Aber... Johann, sag an... Kannst du dir denn einfach dort ein Haus kaufen? Du bist Bürger von Freyenwalde – hier! Aber nicht in Oderberg! Du hast Rechte in der Stadt – aber auch Pflichten."
„Sicher, Liese!" antwortete Vater stolz. „Um meinen Bürgerbrief zu bekommen, mußte ich ein Haus besitzen und Christ sein. Ich habe meinen Eid abgelegt und dem König Gehorsam gelobt, muß Steuern zahlen und zur Erhaltung meiner Stadt alles tun, muß mit Besitz und Leib und Leben die Stadt und die anderen Bürger verteidigen. Damit hab' ich das Recht erworben, mich als Handwerker in der Stadt niederzulassen. Ich glaube nicht, daß ich in Oderberg noch mal neu schwören muß, schließlich haben sie dieselbe Obrigkeit wie hier. Und wenn doch, dann zahl ich eben noch mal die drei Thaler Bürgergeld."

„Och Johann!" klagte Mutter, „ich wünschte, wir blieben hier."
„Frau!" sagte Vater ärgerlich, „nu' werd nicht kleinmütig. Und außerdem – ICH bin der Herr im Hause und bestimme, was wird! Die Frau sei dem Manne untertan, das weißt du!" Da sagte Mutter nichts mehr.
„Also, Liese", sagte er nach dem Besuch in Oderberg zu meiner Mutter, „das Haus gefällt mir!"
„Und was wird die Böttcherinnung sagen?" fragte Mutter skeptisch.
„Ich hab' schon mit Meister Geistlich gesprochen. Der ist einer der acht Böttcher in Oderberg und wohnt schräg gegenüber von unserem künftigen Haus in der Angermünder Straße. Es ist mehr als genug Arbeit da. ‚Schaut euch um, Meister Hein', hat der Geistlich gesagt, ‚was für eine gute Zeit! Sind nicht überall in den letzten Jahrzehnten die Dörfer größer geworden? Waren es früher noch 500, so leben heute schon 700 in jedem Dorf. Jeder Haushalt braucht Fässer. Natürlich – worin sollen sonst die Vorräte lagern? Gut für uns Böttcher! Aber wohin sollen wir kommen, wenn sogar jeder kleine Knecht selbst heiraten will und Kinder zeugt? – Und was haben die jungen Leute für Ansprüche! War das Gesinde früher zufrieden mit Grütze, so muß es heute schon Butter auf dem Brote sein. Ja, die verlangen zum Gemüse möglichst noch jeden Tag Fisch oder Fleisch!'
‚Jawoll, so ist es!' hab ich ihm geantwortet. ‚Wir haben einen unglaublichen Wohlstand. Aber die Jugend von heute ist wirklich zu anspruchsvoll. Wenn ich da so an meine eigene Jugend denke!'
‚Wißt Ihr, wie es kommt', hat der Meister Geistlich mich gefragt, ‚daß die Butter so schrecklich teuer geworden ist? – Nur die überzogene Sucht nach Luxus ist es nämlich! Das Fraunsvolk trinkt leidenschaftlich gern dieses neumodische Getränk, diesen Kaffee ... und in dieses Teufelsgebräu schütten sie die gute Sahne, welche Vergeudung! Ja, viele tun's heimlich, weil die Männer ihnen die teuren Bohnen natürlich nicht bezahlen wollen. Aber dann fehlt doch die Sahne zum Buttern! Die Weiber verschwenden so viel davon, daß sie nicht mehr genug Butter verkaufen können. Der Beutel bleibt leer – und an allem sind die Frauen schuld!'
Jawoll, das hat auch Meister Geistlich gesagt, Liese! Gut, daß du wenigstens einen roten Kopf gekriegt hast! Wenn du das schwarze Nervengift nicht endlich bleiben läßt: Dieses üppige Leben wird uns noch ruinieren!"
Aber dann erzählte er freundlich weiter: „Meister Geistlich hat noch zugefügt: ‚Und bei den Städtern soll es noch schlimmer sein mit den Ansprüchen! Was für eine Zeit – alle denken nur an das Wohlleben!'
‚Na ...', hab ich gesagt, ‚wir werden ihnen den Luxus schon nach Berlin schaffen, wollen ihnen die Fässer schon machen, damit sie dort ihr Kraut und die Hechte, die Krebse und die eingelegten Gurken, die geräucherten Aale und die frischen Äpfel kaufen können, wa ...?' ‚Ja, ja, kommt man nach Oderberg, Meister Hein, ich will das mit der Böttcherinnung für euch schon klären', hat der Geistlich gesagt."

Vater paffte genüßlich seine Pfeife und strich sich den Bart zurecht, aber Mutter seufzte. Dann wandte sich Vater an meinen großen Bruder: „Und du, Heini, gehst am besten gleich zu Meister Geistlich in die Lehre! Der hat 'ne Tochter, ist schon 17, Marie-Luise – helles Köpfchen, führt den Haushalt mit den Dienstboten schon fast allein." So war der Umzug denn beschlossen.

„Schau mal, Mutter!" unterbricht mich mein jüngster Sohn August beim Schreiben, „hier ist meine Benachrichtigung. In ein paar Tagen muß ich weg von hier!" Ich seufze. Gerade noch hat er hinter meinem Rücken der Maria einen Kuß gegeben, so daß ich es nicht sehen soll, denn die beiden sind doch noch gar nicht verheiratet! Aber ich hab es doch gemerkt und ihm einen bösen Blick zugeworfen. Das tut man doch nicht! Maria räuspert sich verlegen, und dabei ist sie ganz rot geworden. Sie ist doch sonst ein anständiges Mädchen!
Aber August lacht nur schallend und lenkt dann ab: „Well, Mum, wenn du in deinem Buch schon von unserem Oderbruch erzählst, dann beschreib aber auch, wie sie das mit der Trockenlegung gemacht haben! Denn wer nichts von seiner Geschichte weiß, sieht heute nur noch langweilige Wiesen und Felder. Aber schließlich ist es eine Weltberühmtheit! – Schreib du man weiter, come on!" Er winkt, drückt Maria die Hand und schlendert fort mit ihr. Nein, aber auch, die jungen Leute hier! Keine Sitte, kein Anstand, keine Moral! Ich werde es nicht mehr ändern. Aber es macht mir wirklich Angst.

Aber...! Glaubt nicht, daß früher alles gut war! Alle paar Jahre gab es besonders hohe, fürchterliche Hochwasser! Viele ertranken, dann notierte der Pastor in sein Kirchenbuch: „Gestorben in der Wassernoth". Viele wurden bettelarm, wer sollte schon helfen? Geld hatte niemand zu verschenken. Es war eben Schicksal. Gottes Wille – in den man sich zu schicken hatte.

Wider die Wassernoth

Der Soldatenkönig war nachdenklich geworden, als er die entsetzlichen Verheerungen sah, die das Hochwasser 1736 mal wieder gebracht hatte.
„Ob man das Oderbruch, diese riesige Fläche, nicht eindeichen könnte?" fragte er gelehrte Männer.
„Mit Verlaub, Eure Majestät, das haben Ihre erlauchten Vorgänger ja schon versucht, aber bisher haben die Deiche nie lange gehalten. Wir, Allergnädigster Herr, sind selbstverständlich in der Lage, den Fluß für ewige Zeiten zu zähmen", prahlten sie. „Wir könnten ihn umleiten, ihm ein neues Bett ausheben und zwischen Deiche zwingen, gar kein Problem, Sire! So würde Eurer Majestät ein ungeheures Stück neuen Kulturlandes entstehen."
„Das heißt...", fragte der König, und seine Augen funkelten, „das heißt also, man könnte viele Bauern nach einer Trockenlegung ansiedeln und die würden Steuern an mich zahlen...?"

Die Oderhochwasser haben zu allen Zeiten verheerende Schäden gebracht

Herr von Haerlem nickte ergeben. „Außerdem mögen Eure Majestät bedenken: Zur Zeit können die großen Schiffe von Stettin und der Ostsee ja nur bis Oderberg fahren. Weiter geht es nicht, denn ab dort ist die Oder im flachen, verzweigten Oderbruch nicht schiffbar, oder jedenfalls nur für kleinere Kähne. Deshalb müssen alle Waren, die nach Berlin und Cölln und Potsdam sollen, ausgeladen, ins Niederlagehaus in Oderberg getragen und auf Karren mühsam in die Städte geschafft werden.

Wenn man aber – Majestät mögen sich das bitte allergnädigst vorstellen! – den Höhenrücken bei Hohenwutzen durchstechen würde, hätte man die weite Schleife über Freyenwalde und Oderberg abgekürzt, das Wasser könnte in dem neuen Bett schneller fließen! Und es würde dadurch nicht mehr versanden, und alle Schiffe – Majestät, welche Perspektiven! – könnten im neuen eingedeichten Flußbett bis nach Frankfurt gelangen – vielleicht sogar noch weiter! Jedes Hochwasser würde innerhalb der Deiche bleiben und niemals mehr Schaden anrichten! Die Untertanen würden sich auf alle Ewigkeit an den ruhmreichen Herrscher erinnern, der sie von der Geißel der Hochwasser befreit hat!"

„Genial, das würde mir wahrlich Nachruhm einbringen", murmelte der König. Aber als er später von seinen Gutachtern hörte, wie viel Mühe und Geld das kosten würde, winkte er seufzend ab und brummte: „Nein, nein. Dazu bin ich zu alt – das mag mein Sohn machen."

Und der machte es dann auch. Das war der Alte Fritz. 1747 befahl er, die Bauarbeiten zur Trockenlegung des Oderbruches zu beginnen und einen neuen Kanal im Finow-Bett von der Oder zur Havel zu bauen. Welch ein gewaltiges Projekt! Viele Jahre gab es Arbeit für viele tausend Hände, Lohn und Brot und Schwielen und Tränen!

> Der erster Kanal von 1540 wurde im Dreißigjährigen Krieg verschüttet und war nicht mehr auffindbar. Kanalprojekt 1743: es wurde mit Gewinn für den Salzhandel gerechnet. Die Baukosten betrugen aber das Dreifache der Planung: 110 000 Thaler, plus 30 000 Th. für 1400 Eichen und 10 000 Kiefern. Anfangs gab es Probleme wegen flacher Stellen. Nach dem Bau der Lieper Schleuse 1767 fuhren pro Jahr 4000 Kähne, 1700 Schuten und 10 000 Baumstämme wurden für Bauten nach Berlin transportiert.

Es gab auch welche, die schreckliche Angst hatten. Sollte der Herrgott solch ein Projekt zulassen? Durfte der Mensch in seinem Größenwahn wirklich eingreifen in die Schöpfung? Alle kannten doch die Geschichte vom Turmbau zu Babel. Würde sich dieser Eingriff in Gottes wunderbare Natur nicht eines Tages furchtbar rächen?

Die Fischer hatten andere Ängste: Wo sollten denn die Fische leben, wo sollten sie dann noch Platz zum Laichen finden, wenn alles trocken wurde? Dieser überreiche Segen an Tieren – würde er nicht verlorengehen? Gut, alle sollten ein paar Wiesen bekommen, aber sie waren doch Fischer und keine Bauern! Nein, es sollte so bleiben wie es ist: Nicht Land, nicht Wasser – das Oderbruch eben!

Tagsüber bauten die Fischer brav mit an den Aufschüttungen. Nachts zogen sie heimlich los und zerstörten das, was sie am Tage hergestellt hatten. Sie durchstachen die Dämme, die sie brotlos machen würden.

Als das dem König berichtet wurde, raste er vor Zorn und erließ ein Edikt. Wer solchen Frevel nochmals wagen sollte: 10 Jahre auf die Festung oder aufhängen. Keine Gnade! Auch für die, die davon wissen und es nicht melden.

Viele fremde Arbeiter waren zum Bau angeworben worden, um mit Spaten und Schubkarren den Höhenrücken bei Hohenwutzen zu durchstechen. Kaum wurden mit Hilfe von Ochsenkarren diese Erdmassen in die kleineren Wasserläufe geschüttet und Deiche gebaut, kam das Sumpffieber.

Nein, die Leute wollten nicht sterben und liefen weg. Die Arbeit war zu schwer. Aber der König befahl seinen Soldaten, die flüchtenden Arbeiter mit Gewalt wieder einzufangen. Man rammte Spundwände, indem man schwere Steine auf Holzstämme fallen ließ, und baute 17 Schleusen, damit die Schiffe von der Oder-Niederung auf dem Flüßchen Finow auf der Hochebene weiterfahren konnten.

1752 war das große Projekt erst mal beendet. Das ganze Gebiet zwischen den neuen Deichen würde kostbares Ackerland sein. Aber auch wenn der Alte Fritz gejubelt haben soll: „Das ist die erste Provinz, die ich im Frieden erworben habe!" – ohne Siedler war das alles nichts! Und genauso, wie 100 Jahre früher,

nach dem Dreißigjährigen Krieg, der Große Kurfürst viele Fremde ins Land gerufen hatte, genauso, wie das Land Amerika weitere 100 Jahre später uns über das Meer lockte, so erging jetzt der Ruf an die Menschen aus der Pfalz und aus Hessen: „Kommt nach Preußen in das Oderbruch! Ihr bekommt freies Land und Abgabenfreiheit und Befreiung vom Militärdienst für euch und eure Kinder und Kindeskinder."
Und schon gab es wieder Ärger: „Solch eine Ungerechtigkeit!" schimpften die, die immer schon in den etwas hochgelegenen wenigen Orten im Bruch, wie Reetz und Ranft, gewohnt hatten. „Die kriegen Häuschen hingesetzt und nennen ihre tiefliegenden Orte einfach Neu-Reetz und Neu-Ranft! Wir müssen Soldaten stellen – die nicht! Wir müssen Steuern zahlen – und die jahrelang nicht! Die sollen bleiben, wo sie herkommen. Diese Fremden mit ihrer komischen Sprache – sie sind so . . . anders!"
Vor Freyenwalde standen nun nur noch kümmerliche Wasser, auf denen man aber noch mit Lastkähnen auf die weitab vor der Stadt fließende Alte Oder staken konnte. Die Festredner hatten einst gejubelt: „Wunderbar, nun haben wir weiterhin Fische und auch noch das trockengelegte Land, und wir haben nie, nie wieder Hochwasser." Aber immer, wenn die Menschen es besonders schlau machen wollen, dann rechnen sie nicht mit Gottes Kraft der Natur. Hatten die Skeptiker recht behalten? Man hatte neues Ackerland und mehr Menschen, aber die Tiere starben aus, und das Wasser ließ sich nicht überlisten. Ganz stur wollte es auch weiterhin bei Hochwasser in seinem früheren Bett strömen, nämlich die Alte Oderschleife entlang.

„So hatte ich mir das eigentlich nicht vorgestellt!" höre ich eben Ernst Kolb, Marias Vater, schimpfen. Ich habe geglaubt, er meint das Problem mit der Kultivierung des Oderbruches. Aber das interessiert ihn gar nicht. Die Neu-Kultivierung seines Landes, hier in Texas, sein eigenes freies Land, das er als Fremder bekommen hat, gegen den Willen der Einheimischen, der Indianer, das er abholzt, um der Natur Ertrag abzutrotzen – das ist es, was ihn bewegt. Manchmal muß ich eine Pause machen, und dann genieße ich die große Ruhe rundherum. Die Kolibries flattern umher, und ich höre die Eichkätzchen keckern, die sich die Nüsse vom Pecan-Baum suchen.
Ich überlege gerade, warum Ernst Kolb denn nicht auch hier Dämme baut. Nein, Hochwasser gibt es nicht – dem sind wir entflohen –, aber wegen der wahnwitzigen Hitze und der Trockenheit im Sommer könnte man doch das Regenwasser vom Frühling aufstauen? Ich werd es den Männern mal vorschlagen, aber die sind so beschäftigt. Ob die mir überhaupt zuhören? Wenn es keiner hören will, dann muß man es eben aufschreiben.

Wir zogen also fort von Freyenwalde. Mutter nahm mich an die Hand. „Justina, wir müssen uns von unseren Bekannten verabschieden. Sei schön höflich, Justina, benimm dich, Justina, mach einen schönen Knicks, Justina! Schau den Erwachsenen in die Augen und antworte, wenn man dich was fragt. Red nicht, wenn Erwachsene sich unterhalten. Du willst doch ein liebes Mädchen sein, nicht wahr, Justina?"

Natürlich wollte ich ein liebes Mädchen sein

Immer. Die ganze Schulzeit. Mein ganzes Leben.
Wir gingen zur Töpferfamilie Neue, der Familie Mewes, dem Schuster Wiese, der Familie Hase, wir fuhren sogar zur Familie Mechelken. Immer mußte ich das Händchen geben und einen Knicks machen und sagen, daß ich mich auf die Schule freue und immer brav sein wollte. Wenn wir nur endlich nach Oderberg zögen!
Vater und der Knecht verluden nach und nach unsere Sachen auf den Ochsenwagen. „Du darfst dich auf den Wagen setzen, wenn wir runter zum Wasser fahren!" Das gefiel mir! Am Chausseedamm wurden die Sachen in den Kahn geladen. Vater gab dem Fährknecht ein Zeichen und der stakte los, in Richtung Bralitz, zur Alten Oder, und in wenigen Stunden würde er unseren Besitz am Kai von Oderberg ausladen und die nächste Fuhre abholen.
Mutter tupfte sich mit ihrem fein gestickten Taschentuch heimlich eine Träne fort, und wir Kinder lärmten, als die Ochsen mit uns auf dem Wagen losfuhren. Vater warf noch einen Blick zurück und knallte fröhlich mit der Peitsche. „Wir machen einen Umweg!" strahlte er wohlgelaunt. „Zur Feier des Tages fahren wir immer am Hang entlang über Finow . . . dann brauchen wir auch nicht auf die beiden Fähren zu warten. Ich hab nämlich meinem Freund Schuer versprochen, daß wir vorbeikommen."
Der Wagen knirschte auf der sandigen Straße. Rechts im Bruch standen die Pyramiden des gestochenen Torfes gespenstisch im Nebel. Viele Kraniche staksten in den Pfützen umher und Tausende Störche sammelten sich schon zum Flug in den Süden. An der Straße standen Bäume, an denen blaue Pflaumen reiften. Zu gerne hätte ich welche gepflückt. „Schau lieber nach links, Justina. Dort oben im Walde haben die alten Uchtenhagens gewohnt, die Ritter, aber nun steht nur noch eine Ruine dort. Sie sollen sehr reich gewesen sein, Fässer mit Gold."
In Finow fuhren wir zu Vaters Bekanntem. Die Erwachsenen redeten, so langweilig wie immer, und währenddessen liefen wir Kinder dreimal um die Fachwerkkirche am Hang herum und sammelten Steinchen, die wir dann unten in die Schleuse des Finowkanals planschen ließen. Langsam näherte sich ein Kahn. Wir sahen ihm neugierig entgegen, aber schon kriegten wir einen Schwall Schimpfworte zu hören: „Ihr nichtsnutzigen Kinder, wollt ihr wohl abhau'n?" keifte die Schifferin uns an. Sie steuerte die Schute der Schleuse entgegen, und ihr Mann plagte sich ab.
„Is' schwer genug, so'n Kahn zu ziehn. Wech da!" stöhnte er und stampfte gottergeben vornübergeneigt Schritt für Schritt auf dem Treidelpfad vorwärts, mit

dem schweren Seil auf der Schulter. „Ins Gefängnis sollt' man euch tun – hab's wohl gesehen, daß die Kleine da einen Apfel gepflückt hat!" schimpfte die Schifferin noch, wir aber liefen so schnell wir konnten zum Karren.
In Liepe angekommen, machte Vater kurze Rast und genehmigte sich im Krug ein Schwachbier. „Paß aber diesmal ordentlich auf die Kinder auf, Frau!" schnauzte er. Als er aus dem Krug kam, hatte er wieder gute Laune, eine gerötete Nase und machte ein geheimnisvolles Gesicht. „Wir sollten machen, daß wir über den Berg kommen. Womöglich spukt es da!" „Sind da Gespenster?" fragten wir Kinder und eine Gänsehaut überlief uns.
„Ist noch nicht sehr lang' her, da haben sie hier einen gehängt! Dort, hinter der Rösselbrücke hat der Galgen gestanden." „Was hat er denn Böses angestellt?" fragte Mutter.
„Ja, stellt euch vor, hier in Liepe, da lebte der junge Lehrer Buchholtz. War grad frisch verlobt. Hat sich einen 23jährigen Schneidergesellen ins Haus genommen, Johann Jacob Schröder hieß er. Und dieser Unmensch? Ohne alle Ursache, bloß aus schändlicher Raubbegierde – hat er den Lehrer im Bette liegend erschlagen, den Körper mit einem Strick in die finstere Holzkammer geschleppt, dort vergraben und mit Holz und Steinen bedeckt." „Ist denn das wirklich wahr?" hab ich gefragt. „Jawoll, der Pfarrer aus Brodowin hat's doch sogar in sein Kirchenbuch eingeschrieben! Dieser Mördersmann – hat ja Glück gehabt, daß man ihn erst strangulierte, bevor man all seine Knochen von unten mit dem Wagenrad gebrochen, also gerädert hat. Und dann wurde er unweit der Straße, zum warnenden und schreckenden Beispiel, aufs Rad geflochten. Das muß ein Schauspiel gewesen sein!"
„In der Hölle wird er braten. Oh Jott, o Jott!" stöhnte Mutter und sah mich scharf an: „Kinder, laßt's euch gesagt sein. Unrecht Gut gedeihet nicht."

Hurra, wir sind in Oderberg!

Wir ratterten durch die Berliner Straße. Rechts und links standen die Fachwerkhäuser Schulter an Schulter bis zum Marktplatz, alles schön eng und gemütlich. Der Wagen rumpelte sehr, als wir die glitschige Gosse überquerten und nach links einbogen. „Kinder, da ist sie: unsere neue Heimat, die Angermünder Straße!" Wir wußten: Das Haus Nr. 12 ist es, auf der linken Seite. Ich konnte damals noch nicht zählen, aber ein Jubel von Rieke und Daniel ließ Lisa und mich mitjubeln. Es war ein hübsches Kleinbürgerhaus. Wir staunten über den Stall und die Werkstattgebäude im Hof, und schon rannten wir im steilen Obstgarten herum, der das Paradies meiner Kinderzeit werden sollte.
Da kam auch schon Hansi angestürzt, umarmte Vater und Mutter, piekte mir in den Bauch und drehte sich gleich um, ob sein Lehrmeister das auch nicht gesehen

hatte. Meister Geistlich folgte ihm aus der Werkstatt, die schräg gegenüber auf der nächsten Ecke an der Rittergasse war: „Willkommen, Meister Hein", rief er, „möge Eurer Zeit hier in Oderberg Gottes Segen beschieden sein. Frau Meisterin, mein Kompliment..."

„Och ja... Habt Dank für Brot und Salz, Meister Geistlich!" freute sich meine Mutter.

Das walte Gott!
(Ludwig Richter)

Nun war viel zu tun mit dem Einrichten des Hauses. Außerdem hingen noch Pflaumen und Äpfel an den Bäumen, und das Sammeln und Schälen der Äpfel zum Einlegen und Dörren war unsere Aufgabe. Der Knecht spaltete das Holz, und Mutter feuerte ganz sachte ihren neuen, praktischen Dörrofen. Sie hatte große flache Weidenkörbe, die übereinander in den Ofen paßten. Die Pflaumen mußten vorher erst ein paar Tage auf dem Boden trocknen, damit sie nicht vor lauter Saft platzten. Ich mußte jeden Tag nachsehen und achtgeben und etwa schimmelnde raussammeln. Man bloß – essen durfte ich nicht eine!
Die Magd nahm uns Kinder mit in den Heidewald, der oberhalb der Stadt auf der Hochebene anfing, und zeigte uns, welche Pilze wir sammeln konnten. Wenn die getrocknet und später mit Pflaumen in Brühe gekocht wurden, und dazu Kartoffeln, das war mein Leibgericht!

> Man kocht erst die Pilze allein und setzt in einem andern Topf gebackene Pflaumen zum Kochen an. Von den Pilzen gießt man im Kochen das Wasser drei- bis viermal ab, und immer wieder klares schon erwärmtes zum ferneren Kochen darauf. Wenn das letztemal das Wasser abgegossen worden ist, wird in einem Tiegel etwas Butter und Weizenmehl braun gemacht, die Pflaumen mit der Brühe und auch die Pilze hineingeschüttet, wohl untereinander gerührt und während desselben läßt man es wieder etwas aufkochen. Ein solch zubereitetes Essen wird kein Gesinde verschmähen.

„Wir haben auch schon genug Aufträge, Frau", freute sich Vater. „Nun kann es mit der Arbeit richtig losgehen." Fröhlich pfeifend machte er sich morgens ans Werk. Dabei schaute ich ihm schrecklich gern zu, staunte ihn an, den Daumen im Mund. Er schüttelte lachend den Kopf, denn stören lassen wollte er sich von mir nicht. Deshalb schnappte er mich, sagte: „Na, denn hopp man hoch, meene Kleene!", hob mich seufzend auf den Werktisch, und während er mir einen Holzspan zum Spielen gab – schon hatte er ruck-zuck mein Kleid mit zwei Nägeln auf der Arbeitsplatte festgepinnt.
Im Februar war Fastnacht, es war Hochwasser, wie immer um diese Zeit.
„Frau, nu' will ich mal den Schlitten anspannen. Ich muß noch mal nach Freyenwalde zur Innung, es ist Quartalssitzung, und ich muß noch was regeln."
„Och je, och je, jetzt bei der Kälte! Das Eis wird nicht halten, Johann, das Wasser steht hoch, der Schnee ist glatt, es wird schnell dunkel, und wenn du dann was getrunken hast, paß nur gut auf!"
Ich habe nie erfahren, was eigentlich passiert ist. Ich habe ihn nie wiedergesehen. Mutter sagte kein Wort. Sie weinte nicht. Sie wollte nichts hören. Sie bestimmte nur, daß er in Freyenwalde auch begraben werden sollte. Dort wohnten die Bekannten, dort waren sie über 20 Jahre zu Hause gewesen. Vater! Es war still in der Werkstatt.

In der Küche (um 1850)

Oderberg 1801: offene Stadt mit Berliner Tor und Angermünder Tor. 6 massive Häuser, 190 Häuser mit Ziegeldächern (Fachwerk), 55 Scheunen, Wassermühle am Berliner Tor, oberhalb dessen eine Windmühle (unterm Schulamt Neuendorf), Nahrung und Verkehr: Ackerbau, Viehzucht, Schiffahrt.

Handwerker: 48 Ackerbürger, 37 Fischer, 15 Schneider, 14 Schuster, 12 Weber, 9 Bäcker, 8 Böttcher, 9 Tischler, 5 Töpfer, 7 Fleischer, 6 Brauer, 4 Maurer, 3 Schlosser, 3 Stellmacher, 3 Hufschmiede, 2 Sattler, 2 Barbiere (Chirurgen), 2 Glaser, 2 Windmüller, 1 Wassermüller, 1 Kupferschmied, 1 Drechsler, 1 Färber, 1 Gärtner, 1 Hutmacher, 1 Glashändler, 1 Besenbinder, 1 Kürschner, 1 Handschuhmacher, 1 Ziegelbrenner, 1 Zimmermann, 1 Seifensieder, 1 Schornsteinfeger, 1 Schiffbauer, 1 Nadler (also: 207 Handwerker)

Sonstige: 4 Bierschenker, 28 Branntweinbrenner (als Nebengewerbe?)

19 Kahnführer, 7 Schiffer, 4 Hirten u. Feldhüter, 3 Hebammen, 3 Materialisten, 2 Weinhändler, 1 Mehlhändler, 1 Apotheker, 1 Fährmann, 1 Ordonnanzwirt, 10 Partikuliers, 98 Tagelöhner, 9 Arme, 5 Judenfamilien.

Beamte & Offizianten: 1 Prediger, 1 Kantor, 1 Organist, 1 Küster, 4 Präzeptoren oder Schullehrer.

1 Ziesemeister, 1 Zolleinnehmer, 5 Akzisebediente, 1 Kontrolleur, 1 Gerichtsdiener, 3 Heidebediente, 1 Kriegsmetzeinnehmer, 1 Stempelrendant, 1 Mühlenbescheider, 2 Nachtwächter, 1 Waagebedienter, 1 Salzfaktor, 1 Sekretär, 1 Servisrendant, 1 Stadtmusikus, 1 Ratsdiener.

2 Bürgermeister, 3 Magistratspersonen, 2 Ratmänner, 4 Stadtverordnete (z.T. Ehrenämter) Militär 1800: 148 Pers.
Keine Fabrik, nicht unbedeutende Brauerei mit Branntweinbrennerei (25 Braustellen, 46 Branntweinblasen), Ackerbau u. Viehzucht, sehr gute Wiesen an der Oder, kein Hufschlag, 40 Morgen Tabakanbau, 4 Jahr- und Viehmärkte.
1 Akzisezollamt, 1 Hauptland- & Wasserzollamt. Häuser und Baracken auf der Festungsinsel bei Oderberg in der Oder, von Tagelöhnern und einem Schiffbauer bewohnt. Festungswerke 1754 abgebrochen. (aus: Handbuch d. Mark Brandenburg)

Schweigend ging Mutter mit mir ins Haus des Materialisten. Dort sagte sie: „Ich möchte für meine Tochter eine Schiefertafel kaufen, weil sie nun Ostern in die Schule kommt."
Ich war noch nicht ganz sechs, als Mutter mir zum ersten Schultag eine saubere weiße Schürze umband, mir einen ordentlichen Mittelscheitel zog und die hellen Zöpfe flocht.
„Frau Mutter, erlaubt Ihr mir, die neuen Lederschuhe anzuziehen?"
„Natürlich! Dafür hast du sie ja bekommen! In die Schule sollst du sie anziehen, sonst sähest du ja aus wie ein Tagelöhnerkind. Zu Hause und draußen gehst du aber weiterhin barfuß, Justina!"
Dann lächelte sie, ich glaube, das erstemal nach Vaters Tod, und gab mir geheimnisvoll eine kleine spitze Tüte, und als ich hineinschaute, lag darin ein neuer Griffel und ein Schwämmchen und ein Frühstücksbrot, ein paar getrocknete Pflaumen und sogar ein Stück vom teuren Zuckerhut! Meine Mutter brachte mich zur Schule und gab mir einen Kuß. Den hab ich mir sehr gut gemerkt, denn das kam nicht oft vor, und dann schob sie mich weg.
Der Rektor Darkow sprach irgendwas zu den Eltern von „edlem Preußentum" und „hehrem Vaterland". „Die kleinen Mädchen werden unterrichtet von Herrn Küster Astfalk", kündigte er an, „die Jungen hingegen kommen zum Herrn Unteren Schulhalter. Alle Kinder lernen zuerst in der 4. Abteilung das Abc. Falls sie in der Prüfung nach zwei Jahren zeigen, das sie etwas lesen können, fangen sie in der 3. Abteilung an, auch das Schreiben zu erlernen. Die ganz fortgeschrittenen Kinder kommen in die 2. Abteilung und werden von mir in die Anfänge des Rechnens eingeweiht. Die Begabtesten schaffen es sogar in der 1. Abteilung bis zur ‚Regel de tri'. Die Herren Väter haben für jedes eingeschulte Kind die Summe von vier Groschen pro Quartal zu geben und jedes Jahr ein Fuder Brennholz zum Heizen."
„So'n Blödsinn!" nörgelte laut der Tagelöhner Schönicke, der bei uns zur Untermiete wohnte. „Soviel Geld und ein ganzes Fuder Holz! Mensch Leute, das kann ich mir nicht leisten! Wozu schaff' ich mir Kinder an, wenn nicht zum Helfen und um mich im Alter zu versorgen! Wozu sollen meine Kinder zur Schule gehen?"
Herr Darkow sah ihn tadelnd an, aber der Schönicke war in Fahrt gekommen: „Lesen und schreiben, wozu denn? Wenn ich wirklich mal auf dem Amt was unterschreiben soll, mach ich eben drei Kreuze. Arbeiten – ja, das kann ich! *Das* soll mein Sohn lernen, und nicht solchen Firlefanz!"

Der Rektor hob nur leicht die Nase an und fuhr ungerührt fort: „Ich darf auf das Edikt Seiner Allergnädigsten Majestät Friedrich Wilhelm dem Dritten hinweisen, daß jeder Untertan nunmehr verpflichtet ist, sein Kind zur Schule zu schicken! Selbst, wenn in den Sommermonaten die Kinder auf dem Felde zur Hilfe gebraucht werden, soll darauf geachtet werden, daß sie doch mindestens einmal in der Woche kommen, damit sie das im Winter Gelernte nicht vollends vergessen!
Dem Hochwohllöblichen Magistrat dieser Stadt Oderberg – und ich darf mich schmeicheln, einen Teil meines Salärs von diesem zu beziehen – liegt die Bildung unserer hoffnungsvollen Jugend so sehr am Herzen, daß es uns Schulmeistern möglich war, recht viele der diesjährigen Konfirmanden in den Stand zu setzen, daß sie ohne fremde Hilfe das Gesangbuch an der geforderten Stelle aufzuschlagen wußten … ja, daß fast alle alleine ihren Namen zu schreiben in der Lage waren." Beifälliges Nicken begleitete diese Rede. „Einige gebildete Väter ermöglichten ihren Söhnen durch Sonderbeträge an meine Person noch Privatunterricht, in dem ich die Ehre hatte, sie die französische und die lateinische Sprache zu lehren, was sie in den Stand setzt, das Joachimthalsche Gymnasium zu besuchen."
Ja, alle wußten, daß der Bürgermeister Adolphi seinen Sohn zum Geistlichen bestimmt hatte. „Ich bin stolz darauf", fuhr der Rektor fort, „daß in keiner Klasse mehr als 80 Kinder sein werden. Und nun darf ich die Herren Lehrer bitten, mit dem Unterricht zu beginnen, so wie jeden Tag mit einer geistlichen Erbauung."
Im Klassenraum faßte ich meine Freundin Grete fester an die Hand und schluckte ängstlich, blickte zu Boden und sah den Hühnerdreck auf den Dielen. In der Ecke stand ein eiserner Ofen und das Bett der Familie, auf dem die alte Frau Astfalk saß. Der Herr Lehrer selbst war auch schon über 60 und litt schrecklich an der Gicht. Er stand da und seufzte, spuckte in die Ecke und schnauzte: „Ruhe! Aufstehn! … denn die Rache des Herrn ist schrecklich. Setzen!" Vorne hing eine Tafel und hinten in der anderen Ecke am Fenster wartete ein hölzerner Esel. „Wer dumm ist, muß da drauf sitzen … und alle anderen werden ihn auslachen!" Ja, das würden wir bestimmt gerne tun.
„Wenn ihr aber jeden Tag kommt und lernt", versprach Küster Astfalk, „und wenn ihr fromm die Hände faltet und still und aufmerksam und gerade aufgerichtet dasitzt und mir immerzu in die Augen seht, dann werden wir uns gut verstehen!" Wenn aber jemand störte oder nicht lernen wollte oder wer einen Fehler machte, dem schlug unser Lehrer mit dem Rohrstock tüchtig auf die Finger, oder er verteilte ordentliche Backpfeifen oder prügelte den Sünder. Ich wollte immer ein liebes Mädchen sein, sagte aus Angst kaum was, lernte fleißig und hatte gute Noten. Meistens saß ich in der ersten Bank, wo ich noch ein bißchen was von dem verstehen konnte, was der Küster vor sich hinmurmelte. Der Unterricht war schrecklich langweilig: Wir lernten mühsam ein paar Buchstaben, und er ließ uns zusammen im Chor buchstabieren. Die Dummen begriffen das überhaupt nicht

Unser täglich Brot gieb uns heute (Neuruppiner Bilderbogen)

und saßen in den hinteren Bänken, und wenn sie überhaupt in die Schule kamen, machten sie eine Menge Krach.

Meine Mutter wartete die vorgeschriebene Trauerzeit ab, allein mit uns vier Kindern im großen Haus. Hansi erlernte erst noch die Böttcherkunst. Es würde dauern, bis er die väterliche Werkstatt übernehmen könnte.

Eines Tages saß Mutter am großen Eichentisch, und wir vier Kinder standen darum herum. Wir tauchten alle unsere Blechlöffel in die große hölzerne Schüssel mit der Hafersuppe. „Kinder!" sagte sie, „ihr könnt euch freuen, denn ihr bekommt wieder einen Vater!" „Oh, Frau Mutter, werdet Ihr den Mann nehmen, der schon ein paarmal hier war?" fragte ich. „Ja, Justina. Er heißt Carl Friedrich Schönfeldt. Ich werde ihn heiraten, und er wird hier wohnen. Er ist Bürger und Ackerpächter, hat sein eigenes Land und wird auch uns in der Haus- und Hofwirtschaft helfen."

Der Mensch ist nicht fürs Alleinsein geschaffen

hatte denn auch Pastor Gründler gesagt, als er sie im Juli 1802 im Hause traute. Es war keine große Liebe, aber beide waren einsam. „Ein Mann braucht eine Frau, und eine Frau braucht einen Mann. Beide tun ihren Anteil, und ohne einander kann die Wirtschaft nicht gedeihen." Wir hatten also einen Stiefvater, aber er kümmerte sich nicht viel um uns. Daniel mußte er öfter mal übers Knie legen, aber wir Mädchen wurden nur manchmal angeschrien und kriegten höchstens mal eine runtergehauen.

Wenn die Erwachsenen mit den Nachbarn plauderten, waren alle recht zufrieden. Die Geschäfte liefen gut. Aber das Lieblingthema der Männer war ihre Zeit beim Militär. Monatelang, jeden Tag viele Stunden waren sie auf den Exerzierplätzen gedrillt worden. Wie wunderbar aber hatten sie als preußische Soldaten ausgesehen! Sie hatten eine blaue Jacke an, dazu enge weiße Hosen und dunkle, über die Knie reichende Stiefel. Der Kopf war bedeckt mit einer spitzen Mütze, und das Haar mit dem geflochtenen Zopf wurde mit Mehl gepudert. Die Offiziere sahen noch prächtiger aus, das waren ja auch die Adeligen.

„Die Soldaten kämpften in drei Reihen hintereinander", erklärte Meister Geistlich den lauschenden Lehrbuben. „Nehmen wir mal an, du wärst in der 1. Reihe und hast geschossen. Dann gehen die aus der 2. und 3. Reihe vor. Du in der hinteren Reihe mußt nun aufstehen, um dein Gewehr nachzuladen – das ist ganz besonders gefährlich, weil dich jeder dann aufs Korn nehmen kann! Gewehr hinstellen, Pulver aus der eisernen Pulverflasche reinschütten, Kugel und Ladepfropf oben draufstecken, mit dem Ladestock in den Lauf rammen! Nach vorne – peng! – 2. und 3. Reihe vortreten! – Aufstehen! – Im Gleichtakt: Pulver! – Kugel! – Pfropf! – Ladestock – Rammen – Zündhütchen! – Vorwärts, marsch! – Auf die Knie! – Feuer! – peng! ... und das alle 20 Sekunden."

Stiefvater nickte: „Die Reihen gingen ganz stupide aufeinander zu. Wenn du dem Feind direkt gegenüberstandest, hast du möglichst viele Gegner mit dem Bajonett abgestochen. Wenn die anderen in heilloser Flucht getürmt waren, hatten wir die Schlacht gewonnen. Welch ein Jubel und Hochgefühl nach solch einem Sieg!"

„Und wer hat die Tausende von Toten begraben?" fragte Mutter.

Aber irgendwann mal fingen die Männer an, in der abendlichen Runde zu schimpfen: „Dieser Napoleon hat sich doch tatsächlich in Frankreich die Kaiserkrone selbst aufgesetzt!" „Er hat plötzlich ganz andere Methoden, in die Schlacht zu ziehen! Wir brauchen auch Reformen, denn er hält sich an keine der alten Regeln!" beklagte sich Stiefvater. „Deshalb siegt er auch so viel."

„Dann siegt doch einfach auch!" platzte ich vorlaut in die Männerrunde.

Ein dröhnendes Gelächter ließ mich ganz klein werden und Mutter schimpfte: „Ein Kind hat zu schweigen, wenn Erwachsene reden. Justina, du wolltest doch brav sein, leiste erst mal was!"

Aber das hab ich doch immer versucht! Ich plagte mich so sehr, das Spinnen zu lernen. „Frau Mutter, ich hab ganz blutige Finger!" weinte ich oft. Dann lachte sie mich aus: „Du mußt eben fleißig sein!" und sang: „Spinn, spinn meine liebe Tochter, sonst kriegst du kein' Mann!"

Ich war ja fleißig! Die Schule fiel mir ganz leicht, aber unser Lehrer konnte uns nicht viel beibringen. Er war ja selbst nur fünf Jahre zur Schule gegangen. Wie oft

Preußische Infanterie 1801

kam es vor, daß Herr Astfalk sich vor Schmerzen krümmte, wenn ihn die Gicht mal wieder plagte. „Ruhe!" schrie er gequält und klopfte mit knotigen Fingern auf das Pult. „Wollt ihr wohl endlich mal ruhig sein! Justina, mach du weiter ... du weißt schon."
Ich erinnere mich noch an einen Tag, als er rausging und erst mal seine Ziege fütterte, wie er sagte. Aber die anderen wollten gar nicht von mir lernen und schrien durcheinander, streckten mir die Zunge raus oder piekten mich von hinten. Ich habe es aber trotzdem richtig genossen, denn nun war ich es, die den anderen befehlen durfte. Welch ein Gefühl, wenn ich die Grete an die Tafel kommandieren konnte oder die Johanna ausschimpfen durfte, wenn sie auf ihre Schiefertafel gekratzt hatte: KOT ISS KROSS. Sie war ja so dumm! Sie sollte doch schreiben: GOTT IST GROSS! Als die Schulglocke bimmelte, fanden wir Herrn Astfalk stöhnend im Stroh liegen, neben sich die Flasche mit Schnaps. Der Rektor kam gerade mit dem Herrn Pastor vorbei und beide schüttelten entsetzt den Kopf: „Mein Gott, Astfalk! Wie sehen Sie denn aus! Besoffen, halbangezogen, schmutzig, es ist ja eine Schande mit ihm!"

„Nun ja, Kind!" erklärte Mutter mir. „Der Herr Astfalk muß doch Lehrer sein, wovon soll er sonst leben? Wenn er kein Schulgeld mehr kriegt, muß er Hungers sterben!" Von den Brezeln, die der Pastor für jedes Schulkind zur Prüfung vor Ostern spendierte, steckte er sich auch immer zwei ein. Er wäre sicher böse geworden, wenn wir ihm nicht sein Jahrmarktsgeld und seine Eier gebracht hätten, die ihm zum Osterfest zustanden. Dann lächelte er und sagte: „Denn siehe, der Mensch lebt nicht von Brot allein." Hatte er damit den geistlichen Trost gemeint? Oder die Eier?
Wie gerne hätte ich noch mehr gelernt. Meine große Schwester Rieke war zwar schon konfirmiert, aber sie wollte nichts mehr von der Schule wissen. Dagegen hatte ich oft bei meinem Bruder Daniel über die Schulter geschaut. Der ging schon in die 3. Abteilung. Bald konnte ich viel besser als er auf der Schiefertafel wunderschöne Buchstaben malen, und ich habe sogar kleine Geschichten darauf geschrieben, das tue ich noch heute gerne."

„Ja, das merkt man, Grand-Ma Justina", nickt Maria. Sie ist ganz schön neugierig – das gefällt mir! – und hat mir wieder über die Schulter geschaut.
„Weißt du, ich bin ja nur vier Jahre in die Schule gegangen. Lesen kann ich, und schreiben muß ich hier auf unsrer Farm nicht."
„Ich finde, jeder sollte lesen und schreiben können, Maria, und ich finde es sehr schlimm, wie sich deine Geschwister benehmen!" beklage ich mich bitter. „Sie kommen zu mir, ich soll sie belehren, dann hören sie mir zu – fünf Minuten vielleicht, und dann sausen sie wieder weg. Und dein Vater freut sich noch darüber, wenn sie ihm dann helfen! Aber es ist ihm ziemlich gleichgültig, ob sie was lernen."
„Ach, Grand-Ma Justina, hör doch auf! Es geht nun mal nicht immer alles so, wie du es befehlen willst! – Außerdem", meint sie versöhnlicher, „muß man auch anderes lernen!" „Das stimmt natürlich. Kochen und waschen, säen und holzen. Aber am wichtigsten von allem ist natürlich, daß du beten lernst und die Geschichten aus der Bibel kennst. Wie könnte man sonst jemals Kinder zu ordentlichen Menschen erziehen?
„Ja, da hast du recht. So denk ich auch! Aber reiten und schießen müssen sie auch lernen."
Hm ... na ja. Mal sehen, was ich den kleinen Kolb-Kindern beibringen kann.

Das Allerwichtigste waren bei uns die Zehn Gebote. Auch aus dem Gesangbuch und der Heiligen Schrift mußten wir manches auswendig lernen, zum Beispiel: *„Jedermann sey unterthan der Obrigkeit, die Gewalt über ihn hat. Denn es ist keine Obrigkeit, ohne von Gott; wo aber Obrigkeit ist, die ist von Gott verordnet."* (Römer 13.1) und dann auch den Spruch: *„Die Weiber seyen untherthan ihren Männern, als dem Herrn. Denn der Mann ist des Weibes Haupt, gleichwie auch Christus das Haupt ist der Gemeinde."* (Epheser 5.22)
Für den Weg zur Schule brauchte ich nur ein paar Minuten. Einige Häuser weiter, zum Markt hin, führte eine ganz schmale Treppe zwischen zwei Häusern zur

Nikolai-Kirche hoch. Oben mußten wir über die Netze steigen, die Seilermeister Krümmel dort auf seiner Reeperbahn liegen hatte, und schon waren wir auf dem alten Kirchhof neben dem Schulgebäude.

Aber das ging nie ohne Herzklopfen, denn im Haus Nummer 6, direkt an diesem Gang, wohnten zwei große Kinder, die auch immer gerade mit uns zusammen nach oben wollten: Sophie und Kalle. Wenn wir nicht gleich Platz machten, dann fingen sie an: „Pääh, wer wohnt denn hier, wa? Dieser Gang gehört zum Haus der Familie Tubbe. Das ist man unserer! Und wenn ihr nicht gleich abzischt, hol'n wir unsere großen Brüder, den Hannes und den Ludde! Und die sind schon ausgelernte Garnweber – bäh! – und die verhauen euch bestimmt, jawoll!"

Ich wollte ja immer brav sein, außerdem hatte ich Angst, schluckte und schaute schüchtern auf die Stufen und ließ die beiden vorgehen. Wenn ich damals schon gewußt hätte, daß der eine der großen Brüder, der Ludde – wie alle den Carl Ludewig Tubbe nannten –, später mein Mann werden würde, hätte ich bestimmt nicht so gezittert.

„Immer wieder, August, gefällt es IHM, uns aus unserem Frieden zu reißen", sag ich zu meinem jüngsten Sohn. Er will sich von mir verabschieden. „Du weißt ja, daß ich mich freiwillig zur Army gemeldet habe, Mum! Ich mußte es tun! Meine Ehre gebietet mir, für mein Land zu kämpfen!" antwortet er. „Es ist nun mal Krieg zwischen den amerikanischen Nordstaaten und unseren Südstaaten!"

Ich stöhne. Natürlich würde er gehen! Brot und Freiheit wollten wir in Amerika – und Frieden. Und nun ist es wieder einmal die Politik, die uns aus unseren Träumen reißt. „Leb wohl, mein Sohn! Gott behüte dich!"

Er winkt lange.

Diese dumme Politik der Männer, kann sie uns Frauen nicht endlich mal in Ruhe lassen?

Inzwischen schimpften alle über die Politik des Königs und fluchten auf die Franzosen und ihren Kaiser Napoleon, der versuchte, die ganze Welt zu erobern. Ich weiß noch, 1805 – da war ich eben zehn Jahre alt –, wie man sich vor dem Krieg und den Werbern fürchtete, die durch die Orte zogen und versuchten, alle jungen Männer zu überreden, sich zu den Soldaten zu melden. Manchmal gab man ihnen so lange Schnaps, bis sie betrunken unterschrieben, und am nächsten Tag war der Jammer groß. Aber da war es zu spät. Wie viele von denen haben wir nie wieder gesehen, weil sie im Kriege von den Säbeln und Kanonen des Feindes getötet wurden! Warum man gegen den einen oder den anderen kämpfen sollte, das wußten die armen Burschen gar nicht. Sie mußten eben gehorchen, das wurde uns allen von früh auf beigebracht. „Unsere preußischen Tugenden", so sagte man uns immer, „sind Gehorsam und Pflichterfüllung. Die Obrigkeit bestimmt – das ist nun mal Gottes Wille."

Und eines Tages kam dann der Franzosenkaiser tatsächlich mit seinem Feldherrn Bernadotte über den Rhein marschiert. Friedrich Wilhelm III. verbündete sich mit dem Zaren, der seine Schwester geheiratet hatte, und dem deutschen Kaiser, dem Franz II. von Östreich. Aber ehe Preußens Soldaten überhaupt nur losmarschiert waren, hatten die Verbündeten die Dreikaiserschlacht bei Austerlitz schon verloren. In nur sechs Stunden waren 27 000 Mann gefallen, und der Zar weinte.
Es kam das Jahr 1806, und ich war elf Jahre alt.
Die Männer, die abends im Haus ihre Pfeife schmauchten, denn auf der Straße war das bei Strafe verboten, amüsierten sich, wenn ich still zu ihren Füßen auf dem Bänkchen saß und mit großen Augen lauschte.
„Du bist doch ein Mädchen! Was interessierst du dich für Männerangelegenheiten? Frauen gehören hinter den Herd!" sagte kopfschüttelnd mein Stiefvater.
Aber der Böttcher Geistlich junior half mir dann wohl: „Manchmal sind die Mädchen tatsächlich gar nicht so dumm. Wenn ich da an meine Schwester Marie-Luise denke! Was die alles weiß! Da kann selbst ich nicht mit."
„Ach, ist doch Unsinn!" meinte Tischler Holtzkampf. „Lange Haare – kurzer Sinn!" Er faßte meine dicken Zöpfe hoch und tätschelte meine Backe. Dann stubste er mit dem Finger auf meine Nase: „Hör meinetwegen zu, Kleene! Verstehst es ja doch nicht! Übrigens, wißt ihr das Neueste? Der Napoleon hat die süddeutschen Staaten zum Rheinbund zusammengefügt."
„Ja, der Apotheker sagt's, der hält 'ne Zeitung!" nickte Hannes Tubbe, der mit seinen 25 Jahren gerade Jungmeister geworden war. „Der Kaiser des ‚Heiligen römischen Reiches deutscher Nation' hat die Kaiserkrone niedergelegt – wir haben keinen Kaiser mehr!"

Es war Krieg

Keiner wußte genau: Mit oder gegen Napoleon? Mein Bruder Hansi brauchte, Gott sei's gedankt, nicht einzurücken. Er hatte inzwischen seine Böttcherlehre hinter sich, war von seiner Wanderschaft zurückgekehrt und hatte danach Vaters Werkstatt übernommen. Aber viele, sehr viele Burschen waren zu den Waffen gerufen worden. Unser König versuchte es allein gegen die Franzosen. Wie groß war unser Entsetzen, als wir hörten, daß die Schlacht von Jena und Auerstedt am 13. Oktober 1806 völlig verloren war, daß Napoleon unser Preußen besetzt hielt, daß er in Berlin einmarschiert und die königliche Familie auf der Flucht war! Sie hatten nicht mal daran gedacht, den Staatsschatz zu retten!
Ein paar Tage später kam die Königin Luise durch die Angermünder Straße! Sie war von Jena nach Stettin gefahren, und von dort kam sie nun in ihrer herrlichen Kutsche angerattert, um im Schloß Freyenwalde zu übernachten. Die Königin wollte sich mit dem König in Küstrin wiedertreffen, um weiter nach Memel zu flüchten. Wir standen staunend auf der Straße, aber die Kutsche war zugezogen.

Mitten in der Nacht kam ein Reiter vom 20. Regiment und rief in die Stille: „Im Namen des Kaisers von Frankreich! Wo ist der Bürgermeister?"
Stiefvater stolperte im Schlafrock nach draußen und wies auf das Haus schräg gegenüber. Die Tür öffnete sich, die Rolle wurde übergeben. Der Reiter sprengte zurück. Vater Schönfeldt stieg vorsichtig über den Gossenstein und fragte: „Was gibt's, Herr Bürgermeister?"
Der war ganz blaß und flüsterte: „Invasion! Franzosen! Sie sind da!" Er las: *Es gibt der Kriegsdeputierte und Colonel Herr von Buch die Nachricht, daß das 2. Escadron der Königlich Bayerischen Cavallerie mit 180 Mann* – Meister Schönfeldt! Die bivakieren nicht weit vor der Stadt! Die Soldaten werden vom französischen Magazin verproviantiert, aber den Pferden hat der Magistrat sofort sämtlichen Vorrat der Stadt an Heu und Stroh zur Verfügung zu stellen! Hier steht's: *Hiermit befehle ich Namens seiner Majestät, sofort Execution zu erlassen und ein Anschreiben zu erlassen.* Oh je, Meister Schönfeldt, weckt eure Nachbarn! Menschen können hungern – aber Pferde . . . !"
Noch waren die Scheunen voll. Erst waren 80 Pferde da, dann 140. Nach 14 Tagen hatten die Tiere über 1200 Rationen Futter für 560 Thaler gefressen. Wer das bezahlte, war die eine Frage. Aber dringender noch war: Woher sollte der Nachschub kommen? Die Franzmänner ließen 80 Pferde in Pension bei uns, als sie nach zwei Wochen weiterzogen. Und unsere eigenen Tiere? Was sollten die zu fressen kriegen? Die Oder hatte Hochwasser. Die Fähre konnte man nicht benutzen, denn die Eisschollen hatten sich übereinandergelegt. Aber die Hafervorräte lagen drüben, jenseits des Flusses.
Nun kamen schwere Zeiten. Wir Preußen mußten eine Unmenge Geld an Napoleon bezahlen. Die Stadt nahm bei ihren Bürgern eine Anleihe auf, und die Schulden drückten schwer. Man erzählte, daß die Königin Luise sich sogar noch persönlich mit Napoleon getroffen hat. „Ich flehe Sie an, Sire, erleichtern Sie die Bedingungen für Preußen!" soll sie gesagt haben. Darauf hat sie zwar hübsche Komplimente gehört, aber verändern konnte sie nichts. Überall stand die französische Besatzung, die sich nahm, was sie wollte. Mutter schluchzte und bettelte die Soldaten auf den Knien an, aber die Franzosen nahmen trotzdem unsere Ochsen mit. Stiefvater wußte nicht, wie er sein Feld bestellen sollte.
Im August kamen die Besatzer noch einmal. Diesmal mußten auch die Franzosen selbst verpflegt werden, unter unseren Dächern! Wer einen Rittmeister verköstigen mußte, hatte das Allerfeinste aufzutischen, das kostete jeden Tag fünf Thaler! Die Unteroffiziere brauchten jeder einen Thaler und die 50 Gemeinen immerhin 12 Groschen, also einen halben Thaler! Dazu kam Wein für die Kranken, jeder Quant zu 20 Groschen! Schnell waren über 500 Thaler zusammengekommen. Aber ein tüchtiger Handwerker verdiente 150 Thaler im ganzen Jahr!
Mutter hatte andere Sorgen: „Daß du nur nicht mit den Feinden sprichst, Justina. Bei diesen Franzosen weiß man ja, was sie wollen!"

Französische Soldaten konfiszieren (Leipziger Illustrirte)

Hinter meinem Rücken kichert es. Maria macht gerade mal wieder Pause und legt mir die Hand auf die Schulter. Was ich berichte, scheint sie sehr zu interessieren. So ein nettes Mädchen!
Ich fühle mich wohl in diesem Land, bei diesen liebenswürdigen Menschen, inmitten dieser weiten amerikanischen Landschaft. Wir haben so viel Platz zum Atmen! Nur der Krieg, dieser dumme Krieg! – Wir hören allerdings nicht allzu viel davon. „August geht's gut, Grand-Ma! Er ist in einem Camp nicht weit weg von hier stationiert. Er wird öfter mal kommen können. Habt ihr als Kinder damals viel vom Krieg gespürt?" fragt mich Maria.

Eigentlich war es in Oderberg nicht gar so schlimm. Das Essen wurde knapp, aber die Schlachten wurden woanders geschlagen. Und doch lagen irgendwie Heimlichkeiten in der Luft. Eines Tages war mein Onkel David Herzberg aus Lunow herübergekommen. Er war Mutters Bruder und bewirtschaftete dort Großmutters Hof Milenz, wo beide geboren waren. „Ich muß doch mal nach meinem Patenkinde sehen", freute er sich und klopfte meinem Bruder Daniel auf die Schulter. „Du wirst nun bald konfirmiert und kommst zu Meister Eichhorst in die Böttcherlehre, sehr schön! Dies vernimmt der Onkel gerne! Hier Daniel – da hast du einen Dreier, hol dir vom Bäcker was Süßes. Und nun mal raus hier, ihr Gören, ich muß allein mit eurem großen Bruder Hansi sprechen." Daniel grinste: „Onkel David hat nicht gesagt, daß ich das mit dir teilen soll, du bleibst hier!" und schon flitzte er weg. Und so kam es, daß ich heimlich lauschte.

„Höre, Hansi", sprach mein Onkel und räusperte sich. „Ich kann mich doch auf deine Vaterlandstreue verlassen?" „Aber Onkel David, Sie zweifeln daran? Nichts könnte mir heiliger sein . . ." „Gut, denn wir müssen uns unbedingt auf deine Verschwiegenheit verlassen." „Wer ist wir?" fragte Hansi. „Wir – alle aus dem Dorf Lunow. Ich brauche dir nicht zu erzählen, daß Preußen den Krieg verloren hat, nach dem schrecklichen, dem schwarzen Tag von Jena und Auerstedt. Die letzten Preußen sind dann noch bei Prenzlau geschlagen worden. Viele unserer Besten sind den Franzosen in die Hände gefallen." „Es sind welche übriggeblieben?" „Ja, eine ganze Menge. Und sie wissen: Sie können nur noch ihrem Vaterland dienen, wenn sie sich an Preußens Verbündete, an die russische Armee anschließen." „Ich verstehe! Dahin können sie nur, wenn sie über die Oder kommen. Ich weiß, Onkel David, davon habe ich gehört! Die Franzosen drohen jedem mit dem Galgen, der einem in Uniform hilft, über den Fluß zu gelangen. Und ihr . . ."

„Kein Wort – zu keinem! Auch nicht zu deiner Mutter! Vor einigen Tagen sind die Franzosen gekommen, zum Aufpassen, und haben sich bei uns einquartiert. Aber sie wunderten sich, daß es in Lunow überhaupt keine Kähne gab! – Um so besser, dachten sie, dann brauchen wir ja gar nicht weiter achtzugeben.

Der Pastor lud sie zu einem guten Wein ein. Er erzählte ihnen, wie schön es doch sei, endlich mal Französisch zu sprechen! Und schöne Mädchen gäbe es auch in unserem Dorf. Gleich morgen, da wolle man zusammen ein Fest feiern, aber richtig! Auch für Musik wolle er sorgen. Die tölpeligen Lunower Männer, mais non, die störten dabei nur, die wären womöglich eifersüchtig. Nein, alle Franzosen, ah oui, s'il vous plaites, die sollten doch gerne zu ihm ins Pfarrhaus kommen. – Das ließ sich keiner zweimal sagen." „Was für ein Verräter!" „Aber nein! In der ersten Nacht holten wir alle unsere Kähne wieder aus dem Wasser, wo wir sie versenkt hatten, schöpften sie aus und versteckten sie wieder. Unsere preußischen Soldaten mußten den ganzen Tag im Heu warten.

Aber als der Pastor am nächsten Abend unseren Hübschen und den Galanten die Weinflaschen öffnete, da fing ein munteres Treiben an. Die Preußen – Bauern, Fischer, Uniformierte – schlichen zum Ufer, leise in die Kähne, ein paar Ruderschläge, und ab in den Bruchwald. Da kann im Dunkeln nur ein Einheimischer den breiten Strom queren. Wir wissen nicht, wer sie sind – Soldaten, Offiziere, Generäle – aber wir tun's für unser Vaterland, auch der Pfarrer! Wir müssen alles riskieren, Heini! Wir müssen ein paar Kähne reparieren, bitte, hilf uns. Wir brauchen ein paar Bootsplanken. Du als Böttcher . . ."

Als Mutter in den nächsten Tagen schimpfte, daß Heini nun auch schon anfing, so spät aus dem Gasthaus zurückzukommen, lächelte ich. Ich war stolz, ein Geheimnis zu hüten!

Wie sonst auch stieg ich mit meiner kleinen Schwester Lisa hoch in den Obstgarten, und wir flochten uns Blumenkränze und setzten uns unter einen Apfelbaum. Meine Puppe hatte einen geschnitzten Kopf und einen Strohleib, und darüber einen Kittel mit richtigen Spitzen. Wir spielten das ewig neue Spiel „Vater-Mutter-Kind" und verhauten unsere Puppen, wie wir Kinder es selbst überall erlebten. Daniel und seine Freunde hatten ihre Steckenpferde in die Ecke gestellt und spielten Soldaten mit dem Holzgewehr.

Eines Tages bestimmte meine Mutter: „Ab jetzt darfst du die Pflege des Federviehs übernehmen, Justina." „Aber woher weiß ich, wie ich es machen soll?" „Hier ist ein Buch! Das möchte ich dir schenken. Es ist ein Ratgeber für die Hausmutter. Halt es in Ehren!"

Welch ein Schatz, ein eigenes Buch

Sofort zog ich mich damit in den Heuhaufen zurück und fing an zu lesen. Lernte, daß auf zehn Hühner ein Hahn gehört, daß ich alle zwei Wochen den Kot entfernen muß, damit sie wegen der vielen Flöhe nicht aufhören, Eier zu legen. Im Winter müssen es die Hühner warm haben, damit das Wasser zum Trinken nicht friert, und wer keinen Kuhstall hat, in dessen Dach sie wohnen können, soll die Hühner ins Wohnhaus holen. Die Enten muß ich mit Kartoffeln mästen, und den jungen Gänsen soll ich kleingeschnittenes Gras unter die Gerstengraupen geben, und später zum Hafer Tabaksasche mischen, damit sie gesund bleiben. Man soll lieber Gänsefett statt Butter aufs Brot streichen, und vor allem den Tagelöhnern wird das empfohlen, weil sie wohl eine Gans, aber keine Kuh halten dürfen.

> Zu einem zweymännischen Bette gehören zwey Unterbetten, drey Pfühle und eine Zudecke, wozu auch drey Bettücher und drey Ueberzüge, ingleichen dreyerley verschiedene Vorhänge gegeben werden. In ein Unterbette werden 14 Pfunde, in einen Pfühl 8 Pfunde, und in die Zudecke 16 Pfunde Federn gerechnet: Dieses macht zusammen 68 Pfund Federn aus. Übers Jahr kann man von seiner Gänsezucht 8 bis 10 Pfund darzusammeln. Und wie lange wollt ihr spinnen? Denn zur dreyfachen Bekleidung gehören mit den Vorhängen auf 90 Ellen Leinewand, ohne was zu den Inletten an Garn erforderlich ist.... Welches nöthige Produkt zu den allgemeinen Bedürfnissen sind nicht überhaupt die Gänsefedern! Was würde der gemeine Mann blos an diesem alltäglichen Bedürfnissen verlieren, da doch jeder hier zu Lande, nach des Tages über ausgestandener harter Arbeit, sich des Abends zu seiner Erholung noch eines guten Bettes zu erfreuen hat! Daß sich die ärmste Magd noch ein Bette, und nicht selten dadurch auch noch einen Mann erzeugen kann, haben wir der Gänsezucht zu verdanken.

Vor Eifer vergaß ich abends fast, mit unserem treuen Wachhund Rex die vier Gänse von der Bürgerweide abzuholen. Was die armen Viecher schrien, wenn

Mutter sie einfing! „Du kannst nun anfangen, Federn für dich selbst zu rupfen, Justina. Schließlich brauchst du 68 Pfund Federn für dein Bett. Und mehr als 90 Ellen Leinen für dein Bettzeug. Auch Oma hat früher schon zu mir gesagt: Spinne, Liese, spinne! Du kannst nicht eher einen Mann kriegen, als bis dein Bette fertig ist!"
Wie stolz bin ich gewesen, als ich das erstemal ein paar Eier auf dem Markt verkaufen und Mutter dafür ein Viertelpfund Kaffee schenken konnte! Wie der duftete!

Jetzt möchte ich eine Kaffeemühle zwischen den Knien drehen und damit ein paar Bohnen mahlen und mir einen Kaffee brühen. Aber Maria schwitzt dort drüben mit ihrer ganzen Familie und erntet in der höllischen Hitze ein paar Bushel Mais. Sie hat ein ganz rotes Gesicht. Sie soll nur aufpassen, daß sie keinen Hitzschlag kriegt! Neulich ist das meinem Ludwig passiert. Immer sagte er: „Ich muß doch noch dies schaffen und das." Und plötzlich war er zusammengebrochen, hatte Fieber, der Atem ging kurz. Wir hatten solche Angst um ihn. Wie gut, daß wir ein paar Kräuter hatten, die endlich halfen!

Wie man Kräuter zum Heilen einsetzt, habe ich beim Apotheker gelernt. Der hatte seine Apotheke gegenüber vom Tubbe-Haus, und ich konnte ihm beim Heimweg von der Schule durch die offene Tür zugucken, wenn er Ringelblumen zerrieb und feine Salben daraus herstellte oder Zinnober oder Salpeter abwog. „Da ist ja mein neugieriges Mädchen wieder!" freute sich Apotheker Heyde. „Das kleine Mädchen mit den schlauen Augen! So ein Töchterchen wie du würden meine Frau und ich auch gern haben!" So wurden wir langsam Freunde, und ich lernte bald viel mehr von ihm als von Herrn Astfalk. „Justinchen? Na, komm rein. Hab wieder was Interessantes. Schau, Scherben..." „Ist Euch was kaputtgegangen? Oh das tut mir leid, Herr Heyde!"
„Mir nicht. Hab's ausgegraben, am Geißberg. Weißt du, da haben schon vor Tausenden von Jahren Menschen gewohnt, Wenden, Askanier, später wurde ein Kloster gebaut. ‚Gottesstadt' hieß es, ist schon über 500 Jahre her. Hatten hier in Oderberg ein Hospital, dahin sind die Ritter vom Kloster durch die Rittergasse hochgeritten. Die Mönche führten aber einen so unsittlichen Lebenswandel, daß das Kloster verlegt wurde, erst an den Parsteiner See, aber da war ihnen das Wasser fürs Bier nicht gut genug. Später haben sie das berühmte Kloster Chorin gebaut. Schau her, Mädchen, man erkennt das Alter der Scherben daran, wie die damals ihre Tonwaren geschmückt haben. Du kannst mir helfen, setz die Scherben zu 'ner Urne zusammen, kannst dir aber auch das Buch ansehen. Da, lies."
Und ich verschlang alles, was er mir zeigte, lernte Medizinen und Heilkräuter, sah, wie er seltsame Tinkturen destillierte und Donnerkeile im Mörser zerrieb. „Das stärkt die Männer", erklärte er mir geheimnisvoll. „Noch besser hilft Einhorn-

pulver, sagt man, aber das gibt's leider nicht mehr." Er füllte Quecksilber mit der Zange in ein Fläschchen: „Ist gut bei Verstopfung. Und wenn man ein Salz draus macht, hilft's gegen Ungeziefer."
Eines Tages sah er sich meine Schiefertafel an und wiegte den Kopf: „Na ja, geht ja schon. Möchtest du mal mit meiner Feder schreiben?" Ich durfte mich an das Stehpult stellen, auf eine Fußbank, und bekam ein Blatt Papier. Ein richtiges weißes, gefaltetes Blatt Papier! Er zeigte mir, wie man die Gänsefeder in die Tinte stippt und vorsichtig ohne zu klecksen schreibt und wie man dann den Sand zum Trocknen darauf streut und mit Siegellack und dem Petschaft einen Brief versiegelt. „Und nun schreib die Zehn Gebote, Justina." Das dauerte sehr lange, und es waren viele Kleckse auf dem Blatt. Trotzdem war ich überaus stolz, als ich nach Hause kam. Aber Mutter machte ein bitterböses Gesicht, weil ich so spät kam, und schon hatte ich rechts und links eine Ohrfeige sitzen. Als ich vom Apotheker erzählte, wurde sie ein bißchen milder und seufzte: „Ich verstehe überhaupt nicht, warum du es so mit der Bildung hast. In unserer Familie ist doch sonst keiner so. Na ja, schon die Königin hat ja gesagt ..."
„Weiß ich doch, Frau Mutter. Erlaubt Ihr, daß ich weiter zu Herrn Heyde gehe?"
Sie seufzte: „Aber was willst du denn mit der Wissenschaft, Justina, du bist doch ein Mädchen! Dann bring Schwefel mit, wir müssen Fässer ausräuchern, und Salpeter fürs Fleisch!"
Als er mir die Chemikalien auf seiner Hängewaage abwog, sah er mich an: „Siehst blaß aus, Justina, hier! Mach dir 'n Tee aus Johanniskraut, das hilft dir jeden Monat!" Und fügte hinzu: „Wenn auch die meisten Leute sagen, Schminken sei Sünde, ich finde, das ist Quatsch. Wenn du ein bißchen gesünder aussehen willst, nimm ruhig einen Hauch von dieser roten Paste für die Wangen, ein wenig Reismehl als Puder auf die Nase, und mit einem Stück Holzkohle kannst du ein klein wenig deine Augenbrauen verstärken! Aber nur grad so viel, daß es nicht auffällt, sonst glauben alle, du seist ein loses Mädchen."
Es wurde viel getuschelt, daß liederliche Mädchen ein Kind kriegen. Der Pastor wetterte dann von der Kanzel, schimpfte das Mädchen eine Hure, schrieb es ins Kirchenbuch, und die Oderberger rümpften die Nasen und schmähten es, die Kinder liefen spottend hinter ihm her, und der Familie war es eine Schande. Gerade neulich war wieder eine in die Oder gegangen, und alle fanden das in Ordnung.
Nein, ich wollte ein braves Mädchen sein.
1809 wurde ich konfirmiert. Damit war die Schulzeit für mich vorbei.
Die Söhne des Pastors und des Bürgermeisters, die kamen noch ein paar Jahre nach Joachimsthal auf die Lateinschule. Aber für uns Handwerkerkinder war das unvorstellbar. „Schade eigentlich", meinte auch Apotheker Heyde. „Es gereicht zum Segen, wenn man heilen kann. Wenn du ein Junge wärst, könntest du bei mir lernen."

Nach der Schule (W. G. Waldmüller)

„Das wär schön, aber Mutter will, daß ich jetzt erst all die Sachen richtig lerne, die mindestens genauso wichtig sind wie Männerarbeit."
Auch die Frau Pastor hatte uns Mädchen mit auf den Weg gegeben: „Die Männer schaffen mit dem Handwerk Geld heran, sie haben starke Muskeln, sie säen, aber das Herz im Leben bringen wir Frauen ein, wir ernten, wir schaffen mit Behaglichkeit im Haus erst die Grundlage für die Familie, wir sorgen für die Vorräte, wir gebären die Kinder, die Zukunft. Wir sind das Fundament für die Tüchtigkeit eines Mannes."
Also lernte ich bei Mutter, wie man eine gute Hausmutter wird. Die Jungs aus meiner Klasse fingen alle eine Lehre an, wenn sie Handwerkersöhne waren. Mit Kleidung und Bettzeug, das sie von den Eltern bekamen, wohnten sie unterm Dach des Meisters und schliefen mit den anderen Lehrbuben in einem Bett.
Meister Geistlich hatte sogar den Michel angenommen. Dessen Vater war nur Tagelöhner, aber er hatte immerhin die 30 Thaler Lehrgeld aufgebracht! Viel-

leicht war Michel deshalb besonders eifrig. Die meisten Buben hatten im ersten Lehrjahr keine Lust, die Stiefel zu putzen oder der Meisterin beim Fegen zu helfen oder die Kinder zu hüten oder Holz zu hacken! „Dann muß man den Bengels den Stock zu spüren geben", sagte Meister Geistlich, „denn ohne Prügel kann man keinen faulen Jungen zu einem ordentlichen Menschen erziehen. Das weiß schließlich jeder. Und das muß auch so bleiben, jawoll!" Und er wunderte sich: „Der Michel ist gar nicht so frech." Denn Michel beklagte sich nie über das kümmerliche Essen, das er als Lehrling bekam. Er war es wohl nicht besser gewohnt.

Aber die Lehrjungen waren ja noch so klein! Ich übersah sie glatt, denn viel interessanter fand ich die größeren Jungen. Mein Bruder Daniel war mit 17 gerade „freigesprochen" worden und hatte als Zeichen der neuen Freiheit als Junggeselle einen Ring ins linke Ohr bekommen. Denn ab jetzt durfte sein Lehrmeister ihn nicht mehr erziehen und schlagen, er stand also nicht mehr „unter seiner Fuchtel". Daniel war stolz und berichtete aufgeregt: „Nun bin ich erwachsen, habe einen eigenen Rock statt der kurzen Hosen! Schaut euch den Gesellenbrief an, den ich vom Innungsmeister überreicht bekommen habe!"

Und am nächsten Tag: „War das ein Spaß! Der erste Tag als Junggeselle! Mit einer Rute habe ich so getan, als ob ich den Meister und die Frau Meisterin verhauen tät. Und den Mädchen", kicherte Daniel, „durft' ich die Röcke hochheben, und so lange schlagen und sie so niedlich kreischen lassen, bis sie sich mit einer Münze freikauften. Hu, wie das kribbelte!" Mutter lächelte. Ja, so war nun mal der Brauch!

Dann mußte er weg. Drei lange Jahre und einen Tag auf Wanderschaft in die Fremde, und er durfte nicht nach Hause kommen. Den Burschen, die mit 20 zurückkehrten – ja, den Gesellen mochte ich gerne lauschen, wenn sie von hohen Bergen, großen Schiffen oder Palästen erzählten! Oder von der fröhlichen Gesellenherberge, von der knickerigen Meisterin, von seltsamen Sprachen und unbekannten Münzen und den großen Städten mit exerzierenden Truppen.

„War das damals eine aufregende Zeit!" erzählte auch mein Bruder Heini, der nun Böttchergeselle war und bald in Vaters Werkstatt im Hof arbeiten wollte. „Nie Geld im Sack, aber an jeder Böttchertür gab es für eine Zeitlang Arbeit und Essen. Aber wehe, wenn sich einer nicht genau an die Regeln hielt, oder wenn auch nur mal einer lange Finger in den Topf mit Pflaumenmus machte! Der kam in den Bau, und man konnte ihn gut an seinem Ring am Ohr anbinden."

Heini erzählte, daß da so mancher war, den man an die Leine gelegt hatte und der sich durch die Flucht rettete. Er riß sich los, der Ring im Ohr riß aus, er war „ausgerissen". Später erkannte man an seinem ausgefransten Ohr: er war ein „Schlitzohr", ein „gerissener Bursche". Das war schlimm, denn die Missetat wurde in die Papiere eingetragen. Aber Meister konnte man nur werden, wenn man unbescholten war.

„Viele ordentliche Gesellen finden unterwegs eines Meisters liebes Töchterlein", sagte Mutter hoffnungsvoll und blickte ihren Ältesten prüfend an. „Oder sie kommen heim und suchen sich was Nettes zum Anfassen?" Heini lächelte vielsagend. Aber dann sah er mich an und prahlte: „Ach ja, Justina! Die Welt ist groß und weit. Ich habe sie gesehen, jawoll!"
Sollten die Burschen doch prahlen! Ha, denn nur wir Mädchen wußten, wie man den Haushalt führt. Wie man Mus und Marmelade einkocht, Fleisch konserviert, Gemüse haltbar macht. Ich wußte Seife zu kochen, Talglichter herzustellen. An was mußten wir nicht alles denken! Von morgens, wenn ich den Ofen mit Holz anheizte, bis abends, wenn wir uns den Kienspan anzündeten, um beim Nähen und Spinnen etwas zu sehen, war ich fleißig. Ein gutes Mädchen darf niemals müßig sein! Mochten die Zeiten auch schlecht sein, ich trällerte, wenn ich fegte oder Mutters Silberlöffel putzte und das wunderschöne Steingutgeschirr im Sodawasser abwusch. Unser Schwein schmatze wohlig, wenn ich ihm dann das Abwaschwasser mit den wenigen Küchenabfällen in den Stall brachte.

> Essig aus Abfällen
> Unter die Vortheile vom Obste gehöret vor anderen auch dieser, daß sie sich, auch zum Verkauf, einen guten dauerhaften Essig bereiten könne. Es gehöret erstlich ein Faß darzu, das unten einen Zapfen hat, wie man sonst zum Waschen gebrauchet. Darein werden alle Abgänge und Schalen von Aepfeln und Birnen, beym Ausschneiden derselben auch angefaulte Stückechen, oder dergleichen Pflaumen, wenn sie vorher mit dem Stampfeisen etwas klein gestoßen werden, gethan. Alsdann wird genugsames Wasser darüber gegossen und nach ohngefähr fünf Tagen in ein altes Weinfaß gezapft, worinnen die Masse vollends zu Essig werden soll.

Die Hühner gackerten vom Misthaufen, wenn ich meine Notdurft dorthin machte. Nein, das war gar nicht kalt, denn ein Mädchen brauchte nur leicht den langen Rock zu lüpfen und die Beine ein wenig breit zu machen.

„Aber Grand-Ma Justina!" entrüstet sich die Maria, „davon spricht man nicht!" „Warum denn nicht, gehört es etwa nicht zum Leben dazu? Ich weiß gar nicht, warum ihr jungen Mädchen hier in Amerika so prüde seid! Natürlich hätten wir niemals so was Unanständiges wie Hosen getragen, Maria..." „Gott im Himmel, daß du dieses Wort aussprechen magst...! Sag wenigstens: ,die Unaussprechlichen'", schüttelt sie den Kopf über mich und dreht sich peinlich berührt ab.

Ich weiß gar nicht, wozu diese neumodischen Dinger gut sein sollen, die Maria jetzt immer trägt. Sie werden noch unter den Unterröcken getragen, zwei Schläuche aus Baumwollstoff bis unters Knie, die in der Taille gebunden werden. Die Männer hätten uns ausgelacht. Hosen sind doch ein Zeichen der Macht und dürfen nur von Männern getragen werden! Außerdem müßte es ungesund sein, wenn bei den jungen Mädchen nichts von den Säften der „monatlichen Blüte" mehr abtropfen kann. Die Flecken vom Fußboden konnten wir doch bequem mit dem

weißen gestreuten Sand zusammenfegen! Sicher, meistens bekamen auch die dikken wollenen Unterröcke Flecken, aber das meiste bekam man raus, wenn man tüchtig mit Seife schrubbte. Wehe, wenn die Unterröcke bei einem jungen Mädchen überhaupt keine Flecke mehr bekamen... denn natürlich beobachteten wir genau, wie die Wäsche der anderen auf der Leine aussah. Wie herrlich konnte man darüber tratschen, wenn wir uns an einem der Brunnen trafen und den Eimer mit frischem Wasser hochzogen. Es lebten kaum mehr als 2000 Menschen in der Stadt, und nichts blieb unbemerkt!
Auf den Misthaufen kam morgens auch der Inhalt der Nachttöpfe. Den Mist brauchten wir als guten Dünger für den Acker. Vom Dunghaufen lief das Wasser bergab durch die Gosse in der Mitte der Straße und von dort weiter in den Fluß. Wie gerne haben die Kinder in der Gosse gespielt, aber es wurde nicht so gerne gesehen. Es roch! Und es gab sogar Leute, wie mein väterlicher Apothekerfreund, die sagten, daß man davon krank würde.

> Zur Herstellung der Seife sammle man übrig gebliebene Knochen, sonderlich von Rindfleisch, alte Speckschwarten und Inselt an ausgelassenen Häuten, darzu ein halber Stein Rinds- und Schöpfentalg. Zu zwey Steinen Seife gebraucht man drey Dresdner Scheffel ausgesiebte Asche und drey Dresdner Metzen guter gelöschter Kalch. Über denselben gebe man einen Eimer lauwarmes Wasser. Wenn nichts mehr bersten will, bringet man es in ein Laugenfaß, in das auf einen durchlöcherten Boden ohngefähr ein halbes Bund Rockenstroh eingelegt wurde, und gebe 14 Eimer Wasser darzu. Am nächsten Morgen ziehet man den Zapfen und gebe es auf den Kessel mit dem Talch und den Knochen und feure sachte sechs, sieben Stunden. Dann wird eine Metze gutes Salz darzugethan und kocht bis die Lauge klar erscheint. Darnach wird in einen Kasten, der im Boden Löcher hat, ein Tuch gebreitet, die Seife aus dem Kessel geschöpft und dabey gerührt, damit die überschüssige Lauge ablaufe. Am nächsten Tag schneidet man die gehärtete Seife mit einem Draht und legt solche zum guten Austrocknen an einen luftigen Ort.

Jeden Morgen mußte ich zur Stadtweide unter dem Geißberg, um die Kühe zu melken und aller paar Tage wurde Butter geschlagen. Unsere Familie Hein war in der Stadtliste als Mittelbürger verzeichnet, also durften wir höchstens vier Kühe und sechs Gänse auf der Bürgerweide grasen lassen. Großbürger wie der Bauer Zernikoff oder der Kämmerer Bietz durften doppelt so viel Vieh auf die Weide treiben, Kleinbürger die Hälfte und die Tagelöhner natürlich gar keine.

> Merket es, ihr Mädchens, daß die Käse, die noch zum Altwerden eingelegt werden, größtenteils von Maden gefressen werden. Dabei ist zu bemerken, daß die eingelegten Käse öfters wieder aus den Töpfen genommen, von den Maden gesäubert und aufs neue mit Bier oder doch mit Kofend angefeuchtet werden müssen, wenn sie bald gut werden sollen.

Wenn es auf die Felder und Weiden hinausging, genoß ich die wunderbare Weite des Oderbruchs. Besonders liebte ich das Blau des blühenden Leinens. Das Raufen, also das Herausziehen der langen Halme, war mühsame Arbeit. Dann mußten die Kapseln auf dem Riffelkamm entfernt werden, und schließlich kam das

„Röten". Die Stengel wurden dazu zum Gären in einen Wassertümpel gelegt, und das stank ganz schrecklich! Da lebte hinterher kein Frosch mehr im Wasser. Wenn wir aber das Heu harkten oder die Garben banden und tüchtig schwitzten, dann freuten wir uns schon aufs Erntefest. Die letzte Garbe band Mutter feierlich zusammen: „Ist er nicht schön, unser Erntemann?" Natürlich mußte er bis ins nächste Jahr aufgehoben werden.

Im Herbst kam das Brechen des Flachses, das Schwingen und das langwierige Hecheln, bis wir genug hatten, um an den endlosen eiskalten Winterabenden Garn spinnen zu können. Das Korndreschen war Arbeit der Männer, und sie brachten das Getreide auch zur Windmühle. Wir kochten ihnen dafür Suppen und Klöße und backten mit Sauerteig das herrliche dunkle Roggenbrot. Manchmal kauften wir auch fertiges Brot vom Bäcker Stelse.

Aber Mutter hatte immer nur wenige Münzen in der Geldkatze. Wozu auch? Dazukaufen mußten wir nur Kaffee und Reis, Fisch, Hefe und Pfeffer, Besen, Messer und Töpfe brauchten wir natürlich, Pottasche und Schwefel, und auf Stoff und Spitzen und Bänder wollte auch keiner verzichten.

Wir wußten abends, was wir getan hatten! Und wenn in der Dämmerung die Nachbarn vorbeischauten, und wir Frauen stickten oder nähten oder stopften oder strickten oder spannen, dann wurde es gemütlich. Die Männer erzählten von alten Zeiten und rauchten dabei ein Pfeifchen. Manchmal kam auch Marie-Luise Geistlich, die später meine Schwägerin wurde, mit ihrem Spinnrad und brachte ihren Onkel mit, den Kämmerer Herrn Bietz. Er pflegte so wunderbare Geschichten zu erzählen, was sich früher in Oderberg, zu Zeiten seines Großvaters Andreas Lorentz Pinkpank, so abgespielt hatte. Dessen Name steht sogar in Bronze gegossen auf unserer Glocke, denn er war Kirchenvorsteher, als Meister Heintze im Jahre 1719 die Glocke goß.

>Inschrift der Glocke:
>ANNO 1719 GOS MICH MARTIN HEINTZE IN BERLIN
>DES ALLERHÖCHSTEN LOB ICH WEIT UND BREIT ERKLINGE
>DAS VOLK ZUM GOTTESDIENST GEBET UND ANDACHT BRINGE
>Rektor Dornfeld, Prediger Willam
>Kirchenvorsteher Andreas Lorentz Pinkpank, Gottfried Lange
>Bürgermeister Wegener und Benckendorf
>Küster Gottfried Schmidt, Richter Samuel Türck, Ratsherren Meisner und Kühn
>O DU GERECHTER GOTT DER ICH ZUM DRITTEN MAHL GELEUTERET
>BIN DURCHS FEUR BELEUT DEN KIRCHEN SAAL
>
>**

Diese „mittlere" Glocke von 1719 hängt heute als große Glocke in der Oderberger Kirche. Sie wird jede volle Stunde von der neuen Turmuhr angeschlagen, seit sie im Mai 1998 durch den Ministerpräsidenten Manfred Stolpe feierlich in Gang gesetzt wurde. Auf ungeklärte Weise wurde sie trotz Ablieferungen im Ersten und Zweiten Weltkrieg nicht eingeschmolzen. Da sie einen unreinen Klang hat, war sie schon einmal ausgemustert und ins Kirchenschiff gestellt worden.

Wie gerne mochten wir die endlose Erzählung vom Streit um die Logen in der Kirchen hören – ein Machtkampf zwischen Adel und Weltlichkeit! Wie sich der Herr von Dahme mit dem Pächter des Gutes Neuendorf, dem Herrn Marquard um den Besitz eines Kirchenstuhls gestritten hatte. Mit der Axt war der von Dahme beim Glockenläuten drangegangen und hatte die Tür aufgebrochen und hatte behauptet, sein Cousin, der Herr von Holtzendorff auf Stolzenhagen hätte es ihm erlaubt. Dabei war der schon Jahre tot! Aber Marquard war doch der Patron der Kirche – der Vertreter der Joachimsthaler Fürstenschule! – und der mußte doch schließlich einen Stuhl haben! Briefe, Eingaben, Vorladungen an die königliche Regierung. Jahr um Jahr, jahrzehntelang, ging dieser Streit, bis plötzlich ein neuer König regierte: Der Alte Fritz. „Kein Extrarecht für den Adel", bestimmte der kurz und knapp und der von Dahme mußte den Schwanz einkneifen.

Nach Fastnacht war die Spinnzeit vorbei, dann nähten wir mit kleinsten Stichen die Wäsche, die Hauskleider und Schürzen. Nach und nach durfte ich auch für mich selbst nähen – all das, was man zur Aussteuer braucht, wenn man mal heiraten will. Darauf stickte ich ganz fein säuberlich das Monogramm „J H" und stapelte alles stolz in meine große Holztruhe.

Spinnstube mit Kienspan (Ludwig Richter)

„Carl!" stöhnte oft meine Mutter. „Alle bauen jetzt ihre Häuser um. Und wir …?" Wir hatten noch eine „schwarze Küche". Das ist ein kleiner fensterloser Raum in der Mitte des Hauses, in dem das Herdfeuer brennt und die Würste baumeln. Eigentlich steht man beim Kochen selbst im Schornstein, denn die Wände werden nach oben wie ein umgekehrter Trichter immer schmaler, so daß man bei der Arbeit über sich ein kleines Stückchen Himmel sehen kann. „Ich will auch einen Eisenherd haben!" quengelte Mutter so lange, bis Stiefpapa sich erweichen ließ. Der Ofen war wunderschön mit seinen verschnörkelten gußeisernen Füßen und den praktischen Eisenringen obendrauf. Immer war heißes Wasser im Kessel. Diese neuen Apparate waren wirklich sehr praktisch!

> Zur Bereitung von Syrup müssen die Birnen vorher auf dem Boden mürbe und teig worden seyn. Nach abgeschnittenen Stielen und ausgestochenen Blüthnarben werden sie, doch nicht zu klar, gestampft, unter die Presse gebracht, und der Saft davon zum Syrup unter fleißigem Abschäumen eingesotten. Dieser ist von Geschmack weit süßer und angenehmer als von Möhren. Er wird in Flaschen an einen kühlen Ort aufbehalten, und beym Gebrauch muß sorgfältig darauf gesehen werden, daß man in denselben mit keinem Messer fahre, woran Brod hänget, weil er davon versäuert. Man muß deshalb überhaupt Leckermäuler nicht über solche Sachen lassen.

Morgens wurde das Feuer angezündet, um die Mehlsuppe zu kochen. Meist war noch Glut im Herd, dann brauchten wir nur das Feuer anzupusten, sonst mußte ich eben mit Eisen und Feuerstein auf einen trockenen Schwamm Funken schlagen. Wenn die Glocke zwölfmal schlug, mußte das Essen pünktlich auf dem Tisch stehen. Einmal hatten wir uns zu lange von dem Hausierer an der Haustür abhalten lassen – er verkaufte so wunderschöne Glasperlen und Litzen und bedrucktes Papier! Aber da haben wir uns vielleicht einen Schwall von Schmähungen von Stiefvater und Bruder anhören müssen! Am Sonntag gab es ein Stück Fleisch, aber in der Woche meistens Eintopf oder Kartoffeln. Opa schüttelte verächtlich den Kopf über dieses Gemüse: „Hirse-Grütze war besser. Aber der Olle Fritz hat uns ja befohlen, diese seltsamen Knollen anzubauen!" Aber wenn es mal weichen Kuchen aus Kartoffelmehl gab, dann war er der Erste am Tisch.

> So häufig nun auch Kartoffeln sonderlich in kleinen Wirthschaften gegessen werden, so wird es doch das Gesinde bald satt haben, die nackende Kartoffel mit Salz zu essen. Mehl zu einem guten Brey und allerhand Backwerk zu bereiten hat keine Schwierigkeit: Man nimmt von der besten Art weißer Kartoffeln, wäscht solche rein ab und läßt sie in einem Reibeisen klar machen. Alsdann gießet man ein Gefäß reines Wasser darüber und läßt es einen Tag stehen. Das überstehende schleimichte Wasser wird zum Schweinetrank genommen, und damit so viele Tage fortgesetzt, bis das reine Mehl übrig bleibet, welches alsdann an der Sonne getrocknet und gesiebet wird. Man gebraucht nur wenige Löffel voll, mit etwas Weizenmehl vermischt, zu einem sehr guten Milchbrey, oder Klöße davon zu machen. Diese Gerichte werden so lieb als Fleischspeisen seyn.

Wenn der Schlachter das Schwein im Hof geschlachtet hatte, kochten im großen Topf wunderbare Würste. Welch ein Fest! Und der Duft im Hause, wenn die Schinken im Rauch hingen! Für das Haltbarmachen des Fleisches mußte die Hausmutter eine Menge Salz und Salpeter kaufen. Wenn es verdorben wäre, dann hätten wir das ganze Jahr kein Fleisch auf dem Tisch gehabt. In der Sommerhitze konnten wir Fisch und Sahne sogar kühlen. „Komm, Junge, wir graben eine Höhle im Nordhang", hatte Stiefvater mal zu Daniel gesagt. „Im Winter sägen wir große Eisblöcke aus der Oder und stapeln sie mit Strohlagen dazwischen, denn haben wir einen Eiskeller bis zum Herbst!"

> Zum Einsalzen des Fleisches gehören schlechterdings solche kleinen Fäßchen zu sechzig bis achzig Pfunden darzu, die zugespündelt werden. Zum bloßen Einsalzen des Fleisches nimmt man ein etwas enges Faß, das unten einen Zapfen hat. Wenn das Fleisch nach dem Schlachten verkühlet ist, bestreuet man den Boden des Fasses dichte mit Salz, worunter man etwas kleingestoßene Wachholderbeeren menget, und dem man etwan noch für einen Groschen Salpeter beymischt. Alsdann reibet man ein Stück nach dem andern mit Salz ein, und legt diese Stücken Fleisch so dichte und derb neben einander in das Faß, als es nur seyn kann, streuet oben noch etwas Salz darüber weg, und fängt alsdann eine neue Schicht an . . . Nun wird es mit einem gut in das Faß passenden Deckel belegt, und mit großen Steinen beschweret, die es fest zusammendrücken. Nach etlichen Tagen entstehet eine Lake aus dem Salz, die über das Fleisch weggehet. Diese Lacke muß über jeden zweyten oder dritten Tag durch den Zapfen abgelassen, so dann wieder über das Fleisch gegossen, und sorgfältig darauf gesehen werden, daß das Fleisch beständig von der Lacke bedeckt bleibe, und es nie daran fehle.

Ja, die großen Burschen wußten ein tüchtiges Mädchen zu schätzen, und wir Mädchen tuschelten über die kessen Jungs. Den Michael und den Peter mit den strammen Muskeln, die habe ich angeschwärmt. Aber die Junggesellen schauten zwar lächelnd auf uns, aber sie konnten noch lange nicht ans Heiraten denken. Erstmal mußten sie zum Militär. Außerdem, glaubte ich, hat der Peter immer die Johanna Fuchs angesehen. Dabei hat die pickelige Haut! Als ich ihr das sagte, hat sie die Nase gerümpft und mich von oben angesehen: „Und du, mit deiner schiefen Lippe und der breiten Nase. Meinst du etwa, du kriegst einen ab?" Oh, wie ich sie haßte!
Vier lange Jahre gingen die Burschen in die Garnisonsstadt und kamen nur manchmal auf Urlaub nach Haus. Hatten sie aber ihren Entlassungsschein in der Hand, suchten sie sich oft bald eine Frau, meistens aus dem gleichen Ort und selbstverständlich auch aus den eigenen Kreisen, und natürlich mußten beide Väter ihr Einverständnis dazu geben.
Ob ich einem netten Jungen auf dem Jahrmarkt begegnete? Da wurde nicht nur Vieh, sondern auch Töpfe und Spezereinen verkauft. Stiefvater leistete sich einen Tonpott mit einer ganz besonders schönen Aufschrift:

Sinnspruch um 1850 (Faksimile)

Und Kalle hatte einen Henkeltopf erstanden, auf dem stand:
*Befiel du deine Wege, als guter frommer Christ
und falle nicht vom Stege, wenn du besoffen bist.*
Danach ging's zum Tanze, und wenn Gottlieb aus Liepe oder Johannes aus Parstein mich zum Zweitritt oder zum Schustertanz aufforderten, wurden unsere Burschen böse auf die Fremden. „Weg von unseren Mägdelein", hieß es dann, „unsere Hühner treten wir selber!" Wenn uns die Fremden dann nicht aus den Armen ließen, gab's so manche Klopperei. Wir schauten verschämt zu und freuten uns.

Jahrmarkt in der Stadt (Leipziger Illustrirte)

„Ha!" triumphiert Maria, „Und du beklagst dich, wenn in der town wieder mal jemand das Kurbel-Klavier im Saloon umgeschmissen hat und 'ne große Schlägerei war, wol? Siehst du, Grand-Ma Justina, die Jugend von früher war auch nicht besser...! Da – hast' en Köpken Koffe met allem Dröm on Dran!" „Maria, der Kaffee schmeckt ja überhaupt nicht!" „Schade!" sagt sie, „ich hatte gehofft, du merkst es nicht. Wir kriegen doch keinen Kaffee mehr zu kaufen. Die Yankees lassen keine Waren mehr zu uns Südstaatlern. Die Seeblockade, weißt du?" Ach, das kenne ich! Damals zu Napoleons Zeiten war es ganz genauso. Er ließ keine Schiffe mit Kolonialwaren mehr am Festland anlanden, und Mutter mußte Gerstenkaffee trinken. Gerade haben wir den Tisch und den Stuhl ein bißchen gerückt, damit ich weiter unter dem Schatten des Pecan-Baumes sitzen kann. In der Sonne ist es viel zu heiß. Wärme tut zwar meinen alten Knochen gut, aber was zu viel ist, ist zu viel. „Es ist unerträglich! Diese Hitze wünsche ich zur Hölle!" schimpfe ich. Oh, das sagt man nicht! Und deshalb lenke ich schnell ab; „Sag mal Maria, ihr, also die Familie Kolb, kommt doch aus einer dieser westlichen preußischen Provinzen. Kannst du dich eigentlich noch daran erinnern?" „An unser winziges Dorf Dahlhausen? Sicher dat. Ich war elf, als meine Eltern mit meiner Schwester und mir hierher ausgewandert sind", sagt sie in ihrem rheinischen Dialekt, den ich manchmal gar nicht richtig verstehen kann. „Aber ich fühle mich jetzt hier zu Hause, hier wurden meine kleine Schwester und mein Bruder geboren, und hier hab ich deinen Sohn kennengelernt, der mein husband wird. Amerikanerin will ich sein, und deshalb nenne ich ihn nicht JOHANN AUGUST, sondern JOHN AUGUST, so wie sich das hier gehört."

Ja, wißt ihr, das ist nämlich ein dauernder Streitpunkt zwischen uns: JOHN – das ist doch kein Name! Er ist getauft auf den Namen JOHANN AUGUST – ein für allemal, und das kann man doch nicht einfach ändern! Und August sprechen sie aus, als wäre vorn ein O! Und Maria, die läßt sich einfach MARY nennen. Das geht doch nicht! Aus WILHELM machen sie WILLIAM und den FRIEDRICH nennen sie nicht FRITZ, wie bei uns zu Hause, sondern FREDERIC. Nein, weiß Gott, solche Namen hätte es in unserem Preußen doch nicht gegeben. „Grand-Ma", runzelt Maria die Stirn, „wir sind nun mal nicht mehr in Preußen!"

Ja, so vieles ist anders hier! Wir leiden keinen Hunger, aber meiner Seele fehlt mir hier die Geborgenheit. Wir sind frei, aber wir haben auch keinen rechten Halt mehr. Och je, wenn ich an unser liebes Städtchen Oderberg denke... „Komm, nu' fang nicht schon wieder an vor Heimweh zu weinen", versucht sie mich zu trösten, „schreib weiter, das hilft!"

Oderberg

Einstmals ist ein stolzer Reitersmann gekommen, hat von Ferne die Sandklippen gesehen und hat entzückt gerufen: „O! DER BERG!"... und dort ließ er unser „ODERBERG" bauen. So jedenfalls scherzten manche. Unsere Gegend war bis zum 12. Jahrhundert fast menschenleer. Nur wenige Slawen lebten hier, bis ein Askanierfürst anfing, die endlosen Wälder zu roden. Der Markgraf Albrecht baute auf dem „Albrechtsberg" eine frühdeutsche Schutzburg, aber davon sieht man nur noch einen Wall. Neben dem Steilhang entstand das Kloster und die Siedlung, die in alten Urkunden auch „Aderberg" genannt wurde.

In Oderberg gibt es kein Meer und kein Gebirge. Ringsum sind duftende Wiesen, liebliche flache Hügel, Heide und Sumpf, dunkle Wälder und glitzernde Seen. Unten im breiten Tal windet sich die Oder durch die feuchten Niederungen. Nach großen Überschwemmungen hat sie sich immer mal wieder ein neues Bett gesucht und hat Tümpel, Moore und Altwasser zurückgelassen, das Oderbruch eben. Wo der Fluß eine Schleife am Rande des Tales machte, bröckelte das Ufer ab und fraß sich in die Hügel. An so einem Steilhang liegt unser kleines Städtchen.

Das Dörfchen Dahlhausen aber, aus dem die Familie Kolb gekommen ist, liegt weit im Westen von Preußen, in der Rheinprovinz, im Land an der Sieg. Das ist ein kleiner Fluß, der bei Bonn in den Rhein mündet. Zwischen den beiden preußischen Landesteilen liegt Ausland – das Königreich Hannover. Dahin sind wir natürlich nie gekommen. Man hätte ein paar Tage mit der Postkutsche fahren müssen, das war viel zu teuer und gefährlich. Man erzählte von Räubern, die die Wagen auf den ungepflasterten Chausseen überfielen, von umgestürzten Kutschen und gebrochenen Rädern, weil die Straßen mit Knüppeln belegt wurden, so morastig waren sie.

Gegenüber von Oderberg, auf einem kleinen Sandhügel im Gewirr der Oderbruch-Gewässer, hat man im Mittelalter den „Bärenkasten" gebaut. Uns Kindern

Verunglückte Kutsche (Leipziger Illustrirte)

hat man von den Bären erzählt, die darin nur auf böse Kinder warten! Aber eigentlich war es eine Festungsanlage, von der aus man die Schiffe gut im Auge hatte und bequem Zölle eintreiben konnte.

Der Apotheker war stolz darauf, daß Oderberg früher mal eine sehr bedeutende Stadt gewesen ist. Sie soll sogar im frühen Mittelalter mehr Steuern abgegeben haben als die Stadt Berlin! Denn Oderberg war jahrhundertelang der Umschlaghafen für die Städte Cölln und Berlin und Bernau! Der Kurfürst von Brandenburg hatte Oderberg mit der „Niederlagsgerechtigkeit begnadigt". Das war ein sehr wertvolles Recht: Jeder Händler mußte seine Waren drei Tage in der Stadt „niederlegen" und Zoll zahlen, bevor er sie weitertransportieren lassen durfte. Die großen Schiffe, die vom Meer und von Stettin kamen, konnten nämlich nur bis Oderberg fahren, denn stromaufwärts fing ja das Oderbruch an und das war zu flach für große Segler. Alle Waren mußten ausgeladen werden und wurden mit Ochsenkarren zu den Städten weitertransportiert. Oder sie wurden auf kleinere Kähne oder Flöße umgeladen und nach Frankfurt oder Landsberg oder Breslau gebracht. Die Schiffer und die Kutscher haben in den Gasthäusern geschlafen, gegessen und getrunken und haben bei den örtlichen Handwerkern eingekauft. Das füllte die Kassen, und man konnte sich zwei wehrhafte Tore am Stadteingang bauen. Eine Stadtmauer brauchte man nicht. Das Städtchen lag ja so geschützt zwischen dem Steilhang des Albrechtsberges und der Oder! Dem würde schon nichts passieren. Ja, Oderberg war reich und bedeutend.

Das ging bis zum Dreißigjährigen Krieg. Da kamen die Schweden. Die Menschen rafften ihr Hab und Gut zusammen und versteckten sich auf den Inseln des Bruchs. Stadt und Land wurden völlig verwüstet, die paar Zurückgebliebenen ermordet. Kaum wollten sie mal nach ihren Häusern sehen, fielen schon wieder irgendwelche Landsknechte zum Brandschatzen ein, mal die Kaiserlichen, dann wieder die Schweden. Zurück in den Sumpf! Erst kam das Sumpffieber und dann die Pest. Wäre der „Weiße Rabe" nicht gekommen und hätte den Oderbergern nicht verraten, wie man aus den Kräutern vom Pimpinellenberg die „Schwedenkräuter" herstellt – vielleicht wären alle gestorben. Als der Krieg 1648 endlich zu Ende ging, waren nur wenige zerlumpte Gestalten aus den Morasten zurückgekommen. Die Stadt war wüst und leer.

Jeder Herrscher eines Landes konnte nun befehlen: „Meine Untertanen haben protestantisch zu sein!" Oder katholisch – wie er eben wollte. Manche Fürsten waren brutal, wenn seine Leute sich weigerten, ihrem Glauben abzuschwören. Viele wurden umgebracht, auf Galeeren geschickt oder aus dem Lande vertrieben. Aber da hatte unser Kurfürst eine ganz neue und nie dagewesene Idee. Warum sollten seine Untergebenen nicht glauben, was immer sie wollten? Es gab völlig menschenleere Dörfer. Was er brauchte, waren Arbeitskräfte. Von denen würde er einstmals Steuern bekommen.

„Kommt in die Mark Brandenburg!" ließ er 1661 verkünden. „Ihr bekommt Land und freies Bauholz, wenn ihr die Häuser wieder aufbaut und euch niederlaßt. Sechs Jahre lang braucht ihr keine Steuern zu zahlen! Es ist mir gleich, was ihr glaubt. Soll doch jeder nach seiner Façon selig werden!" Sie kamen von überall. Aber bald schon gab es große Probleme: „Meine Güte!" seufzte der Kurfürst, „das, was ich rief, waren Arbeitskräfte. Aber gekommen sind . . . Menschen!"

Auch der erste Oderberger Tubbe, der Martin Tubbe – oder wie man damals den Junior in der Familie zur Unterscheidung auch nannte „Tubbeke" – kam aus dem Städtchen Cremmen. Er hat hier die Maria Jödicke geheiratet, oder auch „Gödecke". Man nahm es nicht so genau mit der richtigen Schreibweise.
Cremmen war 1680 abgebrannt. Die Stadt und auch Vaters Haus lagen in Schutt und Asche. Vielleicht konnte er irgendwo einheiraten?
Zu allen Zeiten hatten die reisenden Händler ein offenes Auge: „Ach, eine Frau sucht Ihr, Meister Tubbeke? Bin ich da nicht neulich durch die Stadt Oderberg gekommen? Angermünder Straße 4, da wohnt die Tochter eines Webermeisters, mit was an den Füßen, blond, mit dicken Zöpfen und vollen roten Lippen, nicht häßlich, nein, nicht zu dürr, . . . vielleicht, daß sie Euch gefällt! In zwei Tagen könnt Ihr gut dorthin gelaufen sein. Schaut sie Euch an. Aber, Meister: vergeßt mich nicht, wenn es wirklich zur Hochzeit kommt!"
Mochten sie sich leiden? Oder befahl Meister Jödicke die Heirat, weil er männliche Hilfe für seinen Acker brauchte? Jedenfalls hat es der Martin Tubbe gehalten wie mein Vater, der immer zu sagen pflegte: „Geh nach dort, wo dir das beste Brot wächst!" So begann die Oderberger Garnweberdynastie Tubbe.

Die Ernte ist eingebracht. Die Sonne ist kein Feind am Himmel mehr. Jetzt ist das Wetter gut zu ertragen. „Bald werde ich auch TUBBE heißen wie du", überlegt Maria glücklich, „wenn ich erst deinen August geheiratet habe." Sie sitzt schon ein Weilchen neben mir. „Schreib ruhig weiter – Vater und Willem Helpenstell sind in der Stadt. Irgendein Prediger hält da wieder mal so ein christliches Erweckungs-Zeltlager. Das ganze Wochenende leben sie dort im Camp, brennen Opferfeuer, singen und beten die ganze Zeit. Ich will zuseh'n, daß ich solange mit meiner Aussteuerwäsche weiterkomme. Da hab ich noch viel zu nähen. Aber du weißt ja, daß es Spaß macht, etwas neu anzufangen, wenn es auch Mühe macht. Schreib weiter. Laß dich nicht stören."

Es macht wirklich Mühe, etwas neu aufzubauen. Aber mit Fleiß und Gottes Hilfe geht es immer wieder aufwärts. Der Bürgermeister von Oderberg legte gleich 1648, als endlich Frieden war, eine neue Bürgerliste an, und 50 Jahre später waren es schon wieder fast 100 Bürger. Aber zwei schreckliche Stadtbrände richteten so um 1670 herum schon wieder großen Schaden an. Auch die Kirchenbücher waren verlorengegangen. Man konnte nicht mehr nachlesen, wann einer geboren oder gestorben war.

Feuerlöschen (Rudolf Zacharias Becker, 1836)

Der Kurfürst grollte und befahl: „Backöfen dürfen nur noch außerhalb der Stadt sein!" Außerdem erließ er den Fischern ein Edikt, sie sollten gefälligst steinerne Schornsteine bauen, statt der alten hölzernen, wenn man im Hause Fische räuchert! „Strohdächer sind ab jetzt verboten, ein für allemal. Deckt mit ordentlich gebrannten Dachziegeln, dann gibt es solch eine Feuersbrunst nicht noch einmal!" Aber die Fischer antworteten kläglich: „Allerhöchste Majestät! Nein, das ist zu teuer! Außerdem sind doch Ziegel viel zu schwer für unsere Balken! Und so viele Ziegel und Steine kann die Ziegelei auf Gut Neuendorf in der kurzen Frist doch gar nicht brennen! Laßt Gnade walten, Majestät!"
Na gut, er ließ sie walten: „Ein halbes Jahr Frist". Seitdem strichen sie Lehm mit Stroh zwischen die Fachwerkbalken oder bauten vernünftige Ziegelhäuser.

„Na, du bist gut, Grand-Ma Justina! Ziegelhäuser, das haben sich doch höchstens die hohen Herren leisten können und die feinen Pinkel in der Stadt."
„So wie wir Bürger, wa?" sage ich beleidigt und denke finster: Feine Pinkel nennt sie uns, von wegen. Diese armen Teufel, die Familien Kolb und Seelbach und die Helpenstells, die vom hintersten Dörfchen vom Hang des Westerwaldes gekommen sind, diese Habenichtse, die das Roggenstroh vom eigenen Dache ihrer armseligen, schiefwinkligen Hütten im Frühling noch an ihre einzige Kuh verfüttern mußten, damit sie die winzigen Äcker pflügen konnten! Maria lacht bitter, sie errät meine Gedanken: „Wir armen Schlucker aus dem Land an der Sieg, nicht wahr, das willst du sagen!" Und ist auch eingeschnappt und stichelt an einer weißen Litze. Aber bald schon setzt sie sich wieder gerade hin und sagt stolz: „Egal was wir früher hatten, alle Siedler hier haben Blockhäuser! Das würde in unserem Dorf niemand glauben, denn Holz war wertvoll, und die Wälder gehörten ja dem Staat!" Sie hält inne. „Wenn einer erwischt wurde mit nur einem gestohlenen Knüppel, der kam für Jahre ins Gefängnis! Im Winter durfte keiner lüften, weil wir Brennholz sparen mußten. Die armen Kinder in der Wiege in dieser schrecklich verqualmten Luft! Und wie viele sind erfroren! – Hast du denn eigentlich schon gehört, daß den Helpenstells der kleine Junge gestorben ist?" „Ja, die Diphterie und die Cholera gehen um, und dieses schlimme Sumpffieber, es ist schrecklich. Genau wie früher bei uns im Oderbruch!" „Grand-Ma Justina", seufzt Maria und schüttelt den Kopf, „kannst du denn eigentlich an gar nichts anderes denken als an Oderberg?" Ich soll doch erzählen, wie es in der alten Welt war – oder etwa nicht?

Was das Feuer nicht verschlang, war durch den Fluß gefährdet, bis die Deiche gebaut wurden. Als die Kultivierung des Oderbruches abgeschlossen war, glaubte man fest: Es wird nie wieder schlimme Hochwasser geben! Aber bei besonders hohen Wasserständen dachte die Oder gar nicht daran, durch ihr neu gegrabenes Bett zu fließen. Die Wassermassen wollten am liebsten weiterhin durch das breite Tal fließen, wie sie es schon seit Jahrtausenden gemacht hatten, durch den alten Oderbogen nämlich. Wenn auch die Schleuse bei Güstebiete nicht überlief oder die Dämme brachen, dann staute doch das Wasser von Hohensaaten zurück auf unsere Wiesen ins Oderbruch. Es brachte schrecklich viel bösen Sand mit, der sich immer mehr auf unsere guten Weiden legte.
Für Oderberg hatte die Trockenlegung des Oderbruches also fast nur Nachteile gebracht: Viel weniger Fische – keine Niederlagsgerechtigkeit mehr – kaum anlegende Schiffe, die fuhren nun alle an Oderberg vorbei zum neuen Kanal. Die Zollstelle war nach Hohensaaten verlegt worden. Der Postweg von West nach Ost ging längst schon über Freyenwalde, die Fähre war unbedeutend geworden. So verlor Oderberg seine Bedeutung. Das Städtchen verarmte.

„Seid ihr deshalb nach Texas ausgewandert?" Maria klappert mit fünf Stricknadeln an einem Strumpf.
„Ja, Maria, aber es gab noch mehr Gründe dafür. Heute sitzen wir sattgegessen unter diesem Pecan-Baum. Damals stieg ich oftmals hungrig die Stufen hoch zu meiner Lieblingsbank.

Dort unter dem Kastanienbaum auf dem Albrechtsberg hat man einen herrlichen Blick auf das weite Oderbruch. Immer glaubte ich, darüber zu fliegen! Das gab mir wieder Kraft!" Und ich träume weiter: „Einstmals hat mich Ludwig dort oben gefragt, ob ich seine Frau werden wollte und mir eine braunglänzende Kastanie in die Hand gedrückt. Hier, hat er gesagt, was auch kommen mag – verlier nie die Hoffnung. Als ich mehr als 40 Jahre später zwei andere glatte Kastanien auflas, um sie mit nach Amerika zu nehmen, wies ein weiter Regenbogen über das Oderbruch nach Westen. Ich hielt eine Kastanie auf dem Segler in meinen klebrigen Händen, ich fühlte sie in meiner Tasche auf dem holprigen Weg nach Nacogdoches, und hier habe ich eine eingegraben. Siehst du das winzige Bäumchen dort drüben?"
„Es scheint aber zu vertrocknen!" „Ich bete, daß es doch ein großer Baum wird. Aber es scheint sich hier nicht wohl zu fühlen. Es sehnt sich nach Oderberg zurück. Wie ich."

In der Erinnerung sitze ich auf meiner Bank und schaue über das weite Oderbruch. Links der Geißberg mit der Windmühle, unter mir die zwei Straßen und die wenigen Gassen des Städtchens, man glaubt, auf den Marktplatz spucken zu können, Rathaus, Schule, Kirche, der Ausspann für die Postkutsche, alles dicht beieinander. Rechts unten der Oderberger See, durch den die Schiffe flußaufwärts zu den Schleusen des Finowkanals gezogen werden. Da gab es mal einen Witzbold, der sagte: „Man müßte für die Schiffe einen Seilzug bauen, der sie die ganzen 140 Fuß auf einmal hochhebt!"

> Das Schiffshebewerk von Niederfinow, gebaut 1927–34, gilt noch heute als technische Großleistung und ist die bekannteste Sehenswürdigkeit der Region mit einer Hubhöhe von 35 Metern. Es ersetzte die Schleusentreppe mit vier Schleusen von 1910 und die 17 Schleusen des Finowkanals in Justinas Zeit.

Die Angermünder Chaussee kommt ganz sachte vom Gut Neuendorf herunter, führt zum Marktplatz und weiter zum Fluß. Dort wartet die Fähre, um die Ackerwagen ins Oderbruch und die Leute zu den Werften hinüberzubringen, und auch die Kutschen, die nach Zehden oder Königsberg, Neuenhagen oder Freyenwalde wollen. Es gab immer schon Träumer – einer davon war Onkel Kalle –, die forderten lautstark eine Brücke. Er war Stadtverordneter, als wir aus Oderberg fortgingen, und hatte durchgesetzt, daß bald eine aus Holz gebaut werden sollte.

„Du hast sicher von Onkel Kalle gehört, Maria? Er war Augusts Vormund."
O, welche Überraschung! Gerade kommt mein August auf einem Maultier den Weg entlang und Maria stürzt ihm fröhlich entgegen. Er hat Kurzurlaub bekommen. „Schau her, Juste", zeige ich ihm stolz, „ich habe gerade von deinem Vormund geschrieben, und nun kommt die Familie Tubbe dran!"
„Ich wollte dir mitteilen, daß Ludwig jetzt bei den Troopers dient und Willi sich zu den Sanitätern melden will. Ich diene im Camp, es kann aber sein, daß schon bald Abmarsch befohlen wird", sagt August und schaut seine Braut ganz groß an. „Es werden Krankenschwestern

gebraucht, Maria!" Gebe Gott, daß der Krieg ferne von uns bleibt. „Ja, well", verabschiedet sich August kurz, „hab zu tun, no time. Muß auch gleich wieder in die town zur Army. Bye, bye". Nun sind sie beide ins Haus gegangen. Sie werden doch da nicht etwa rumturteln? Na ja, die Zeit der ersten Liebe – gibt es etwas Schöneres?

Wie war denn das bei mir – es war 1811, da war ich 16. Im Haus Angermünder Straße 6 lebte ja die Familie Tubbe. Dort wohnte Sophie Tubbe, die mich in der Schule immer so geärgert hatte. Aber meinem großen Bruder Hansi hat sie sehr gefallen! Als er 25 war und sie 24, zog er eines schönen Sonntags um 11 Uhr, zur Besuchszeit, seinen Sonntagsrock an, war ganz aufgeregt und sagte: „Justina, schau mich an, sehe ich gut aus? Ist alles in Ordnung an mir?" Natürlich wußten es längst alle im Ort, daß es an der Zeit war, daß er um die Hand seiner Sophie anhielt. Auch ich dachte ans Heiraten, wenn auch alle glaubten, daß ich mit meinen 16 Jahren immer noch ein Kind sei. Aber ich sah schmuck aus – und das wußte ich auch! – mit den schönen langen Zöpfen und in meinem knöchellangen Leinenkleid, das obenherum schon viel zu eng war. Ich klopfte seinen Gehrock ab und schmunzelte über seine Nervosität. „Meinst du, daß Mutter Tubbe und der Vormund von Sophie Ja sagen?" fragte er und zupfte an den Blumen in seiner Hand. „Ach, Hansi, Bruderherz, warum sollten sie denn nicht? Du hast als ältester Sohn unseres Vaters im letzten Jahr den Bürgereid geschworen, du bist als Böttchermeister der Besitzer unseres Hauses. Du kannst Sophie einen ordentlichen Verdienst bieten und wirst unserer Böttcherfamilie Hein eine neue Generation hinzufügen!" Er seufzte verlegen und holte tief Luft. „Danke, Justinchen!" setzte seinen hohen Hut auf, zog die weißen Handschuhe an und nahm den eleganten Spazierstock in die Hand. Noch einmal ordnete er sein Tuch um den Hals und ging. Ich sah ihm nach, wie er in Tubbes Haustür verschwand. Dort wurde er schon erwartet. Sophie würde sogar eine gute Aussteuer in ihrer Truhe mitbekommen. Die Zeiten waren gewiß nicht gut. Aber die zwei älteren Brüder von Sophie waren ja fleißige Weber.

Endlich bekam ich ein neues Kleid! Es war wunderschön. Der Schnitt war so, wie es die französische Kaiserin Josephine getragen hatte: Es hatte einen riesigen Ausschnitt – ich hatte heimlich noch ein paar Tücher hineingestopft – niedliche Puffärmel und gleich unter dem Busen eine Naht, mit der ein langer Rock gefaßt war. Das Kleid war hellblau, und ich fühlte mich großartig und erwachsen. Ich hatte mir auch zum erstenmal mit dem Brenneisen Korkenzieherlocken gebrannt.

Wir feierten bald eine kleine, gemütliche Hochzeit. Beim Hochzeitsmahl saß ich als neun Jahre jüngere Schwester des Bräutigams Hansi neben dem zweiten Bruder der Braut. Er war uralt: schon 28 Jahre. Warum hatte man mich denn nicht neben Kalle gesetzt, der war 21 und lachte immerzu, während mein Nachbar Ludewig, der ja jetzt auch mein Schwager geworden war, mich nur sehr lieb anschaute, aber recht schweigsam war.

Städtische Mode um 1815

Der älteste Tubbe-Sohn war schon 30 und noch unverheiratet. Alle nannten ihn Hannes, und er liebte große Reden. Auch jetzt stand er auf und erhob sein Glas: „Sehr geehrter Herr Pastor Gründler, wir fühlen uns geehrt, daß Ihr nach der würdigen Trauung in unserem Hause in dieser Runde Gast seid. Liebe Familie Tubbe, liebe Familie Hein! Erhebet mit mir eure Gläser und lasset uns ein Wohl ausbringen auf das junge Brautpaar! Es lebe hoch! Besonderes Glück möge ihnen das heutige Datum bringen, das nur aus Einsen besteht: 1. 11. 11. Möge die Verschwägerung unserer Familien uns allen zum Guten gereichen.

Ich erhebe meine Stimme hier als der älteste Sohn unseres Vaters Martin Friedrich Tubbe, seines Zeichens Garnwebermeister und Bürger der Stadt Oderberg, den wir ja schon vor 18 Jahren in die Ewigkeit geben mußten. Von Euren neun Kindern, verehrte Frau Mutter, dürfen noch fünf an diesem Tisch sitzen: Eure jüngste Tochter Sophie Tubbe ist die glückliche Braut, mit ihrem Bräutigam, meinem verehrten Schwager Johann Hein", er neigte sich formvollendet zu ihnen hin – „ich darf doch auch ab heute ebenso wie deine Familie ‚Hansi' sagen?... dann meine älteste Schwester Johanne mit Schwager Warth,... wohingegen unsere Schwester Marie leider nicht mehr unter uns sein darf, da sie vor zwei Jahren als die Frau unseres Schwagers Schüler mit ihrem ersten Kind entschlief.... ich selber als der älteste Sohn mit meiner Verlobten Marie-Luise, die ihr alle als Tochter unseres Nachbarn und Böttchermeisters Geistlich kennt...", worauf sich ihr hübsches und kluges Gesicht leicht rot färbte, und sie ihre Nase ein bißchen hob. Vielleicht ein bißchen zu hoch? Als ich das noch dachte, fuhr Hannes fort: „... und hier mein Bruder Ludde, eigentlich Ludewig, der für unsere Familie zusammen mit mir die Nahrung verdient, und zwar mit der ehrenwerten Garnweberei. Ludde hat, wie auch ich, noch keinen eigenen Hausstand, er hält noch Ausschau nach einer netten Frau", seine Stimme bekam einen ganz charmanten Ton, „... dabei sitzt er neben einem so reizenden Geschöpf wie meiner neuen kleinen Schwägerin Justina Hein."

Nun war es an mir, puterrot anzulaufen, aber ich senkte schnell meinen Kopf, schluckte und sah starr auf den geflochtenen Hochzeitsapfel auf der Festtafel, wohinein alle ihre Münzen gelegt hatten. „... und dort mein Bruder Carl, unser Nesthäkchen, den wir Kalle nennen, der es mit seinem munteren Wesen jedenfalls fertiggebracht hat, unserer Mutter...", und plötzlich bekam er einen etwas spitzen Mund, „abzutrotzen, nicht die uns angestammte Garnweberprofession zu nehmen, sondern das Schuhmacherhandwerk zu lernen. Kalle, du wirst nun auch bald des Königs Rock ergreifen und die Ehre des Vaterlandes verteidigen, was uns allen ja das Höchste ist."

Aus irgendeinem Grund fand Kalle selbst dieses erhabene Wort sehr lustig, und ich beschloß, ihn doch ziemlich albern zu finden. Ich neigte mich dem Ludde ein bißchen zu, aber der saß wie erstarrt. Denn Hannes sprach immer noch: „... sich unsere hochverehrte Mutter vielleicht doch mal entschließen könnte, das Haus unseres Vaters an die abzutreten, die das Geld verdienen und ihre Söhne nicht im Stande wie einfache Gesellen zu lassen, was zur Folge hat, daß wir weder wählen dürfen, noch zum Stadtverordneten gewählt werden dürfen." Keiner rührte sich und die Tubbe-Mutter Schadowin schnaubte grämlich und fing etwas hektisch ein Gespräch mit Pastor Gründler an. Ich hörte nur so was wie: „... kein Respekt mehr vor dem Alter!" Doch der gute Pastor sagte: „Nun ja, nun ja, Frau Meisterin. Man könnte ja doch mal daran denken, die Angelegenheiten zu ordnen." Worauf sie beleidigt war.

Das störte mich nicht, denn Ludde fing an, mit seiner tiefen und langsamen Stimme zu mir zu sprechen. Ich vergaß, daß er zwölf Jahre älter war als ich, und wenn er mich ansah, lief mir ein wohliger Schauer über den Rücken. Was er mir erzählt hat, weiß ich nicht mehr. Ich sah nur seine warmen Augen und sein ruhiges Lächeln und fühlte mich neben ihm geborgen. Und da ich an diesem Tag auch ein Glas Wein trinken durfte, war ich sicher ein bißchen beschwipst und schwebte noch wie auf Wolken, als ich um Mitternacht zu Hause im Bett lag.

Die junge Frau Sophie war nun die Hausfrau bei uns im Hause Hein, und wir verstanden uns recht gut. Hansi und Daniel arbeiteten Hand in Hand in der Böttcherwerkstatt und Mutter und Stiefvater waren froh, sich nicht mehr so plagen zu müssen. Für Ludde und mich kam ein herrliches Jahr.
Die Spinnräder schnurrten abends in gemütlicher Runde, und die Männer schmökten ihre Pfeife, gestopft mit dem selbstangebauten Tabak. Wir Frauen und Mädchen sangen gerne die Lieder von den einfachen Leuten, obwohl der Pastor das nicht leiden mochte und dagegen wetterte. Er bestand auf geistlichen Liedern, andere fand er zu unsittlich und heidnisch. Die Männer stimmten natürlich gerade bei den Liebesliedern am lautesten mit ein, und Ludde warf mir dann so manchen anzüglichen Blick zu!
Auch die gruseligen Sagen waren immer wieder schön.
Vor den Unterirdischen muß man sich vorsehen. Wenn du nicht fromm bist, stürzt plötzlich alles unter dir ein! So war's geschehen mit einer ganzen Stadt, versunken mit Mann und Maus, der Hölle entgegen und in einer Nacht begraben im einströmenden Wasser. An ganz besonderen Vollmondtagen kann man dort noch die Kirchenglocken läuten hören, tief unter dem Wasserspiegel!

Die Geistlichs brachten auch mal ein nagelneues Buch mit. Zwei Brüder mit Namen Grimm hatten darin die alten Märchen abgedruckt. „Hänsel und Gretel" war mir das liebste, aber auch „Frau Holle", die die fleißigen Mädchen belohnt. Vielleicht war das ja mein besonderes Schicksal? Würde ich auch mal durch ein goldenes Tor gehen?
„Bei uns in Lunow hat es wirklich Gold von oben geregnet!" strahlte mein Onkel David Herzberg, als er abends mal bei uns saß. „Ihr glaubt es nicht? Erinnert euch: Fünf Jahre ist es nun schon her, da haben wir Lunower unseren Soldaten geholfen, zu den Russen zu stoßen. Über die kilometerbreite Oder haben wir sie heimlich gerudert, haben Kopf und Kragen riskiert für Preußen. Der Pfarrer Koppe, wißt ihr noch?" „Aber sicher!" freute sich mein Bruder Hansi, „der hat die Franzmänner mit seinem besten Wein und den schönsten Mädchen abgelenkt." „So war es! Keiner hat uns je verraten! Aber dem König ist es zu Ohren gekommen. Und nun", stolz blickte Onkel David in die Runde, „denkt euch: Der König hat doch tatsächlich im Juli allen Lunowern das Zivilehrenzeichen Erster Klasse verliehen! Er hat uns eine große Goldmedaille geschickt, mit der Aufschrift ‚Verdienst um den Staat', und er wünscht sich, daß wir die Goldmünze in unseren Abendmahlskelch einlassen!" „Donnerwetter aber auch!" staunten alle.

Abendmahlskelch aus Lunow

„Das werdet ihr bestimmt auch tun?" „Eben nicht..." Onkel David schüttelte traurig den Kopf. „Und warum nicht?" „Wir, ähh, wir haben doch nur einen ganz schäbigen Becher aus Zinn, aber den Brief vom König werden wir erstmal in die Kugel des Kirchturms einlöten." „Ihr solltet sammeln, Onkel David", schlug mein Bruder Daniel vor, „für einen Abendmahlskelch aus edlem Silber!" „Jawoll! Ich fange an!" Hansi langte in seine Geldkatze am Gürtel. „Ihr habt mich damals ins Vertrauen gezogen. Dafür danke ich Euch! Hier, ich geb einen halben Thaler..."
Langsam verstand ich, worum es in der Politik ging. Alle haßten die Franzosen, aber der König von Preußen hatte sich unter Druck mit Kaiser Napoleon verbünden müssen. Deshalb würden die preußischen Truppen zusammen mit den französischen nach Rußland marschieren müssen – auch Kalle.
„Es ist unsere Pflicht, dem König zu gehorchen. Was er sagt, ist unser Gebot!" sagte Hannes immer wieder, und Marie-Luise strahlte ihn an. „Mein Mann ist ein Ehrenmann", fand sie, „kein Feigling und Stubenhocker wie die anderen." Und sah auf Ludde und meine Brüder. Ich begann, sie nicht zu mögen.

„Och, laß sie doch!" tröstete mich Ludde. „Sie möchte, daß aus ihrem Hannes was Besseres wird als ein Garnweber. Sie bildet sich ziemlich viel ein auf die Familie ihrer Mutter. Ihr Großvater Bietz war ein reicher Mann! Sie wollte schon immer in die große Stadt, davon träumte sie schon in der Schule, ich bin nämlich mit ihr zusammen konfirmiert worden. Aber sonst ist sie ein nettes Mädchen!"
Ludde regte sich nie auf, er blieb ausgeglichen und beruhigte jeden Streit mit seinem friedlichen: „Och, laß sie doch!"

Dann kam der April 1812, und ich war schon beinahe 17. Sophie zeigte mir eines Morgens beim Frühstück eine feingedruckte kleine Karte: „Schau her, Justina. Die Einladung zur Hochzeit meines großen Bruders Hannes. Hilfst du mir, eine Girlande aus frischem Birkenlaub zu binden für die Haustür bei den Tubbes?" Natürlich war ich mit Feuereifer dabei! Hannes war schon 31, Marie-Luise 29 Jahre, es wurde Zeit zum Heiraten! Schon vor Jahren hatte er den Bürgereid ablegen müssen, weil er als Webermeister ja ein städtisches Gewerbe ausübte. Aber ohne Grundbesitz, nur als Mietbürger, hatte er kein Wahlrecht! Das hatte ihn mächtig geärgert, und nach langem Streit hatte irgendwann seine Mutter brummend ihr Einverständnis genickt, ihm das Tubbe-Haus zu übertragen. Es wurde eine Traumhochzeit. Die Männer trugen natürlich ihren schwarzen Gehrock, und auf keinem Kopf fehlte der Zylinder. Wir Frauen und Mädchen hatten uns wieder gegenseitig wunderschöne Kringellocken mit dem Lockeneisen gebrannt, das in der Küche auf dem Herd heißgemacht wurde. Ich hatte sogar ein Häubchen bekommen! Wir unverheirateten Mädchen hatten zur Arbeit draußen meist ein Kopftuch um, aber uns war es noch gestattet, unbedeckt auf die Straße zu gehen. Daran erkannten die Burschen, wer noch unverheiratet war. Erst mit einem Ehering war man „unter der Haube".

Ein langer Zug festlicher Menschen schritt hoch zur alten Nikolaikirche. Marie-Luise hatte ihr gutes schwarzes Seidenkleid an und hielt starr den Kopf nach vorn. Sie wußte: „Ich darf mich auf dem Weg in die Kirche nicht umgucken, sonst wird meine Ehe unglücklich." Außerdem – ein ganz klein wenig humpelte sie. War denn nur ich das, die das sah? Am Morgen hatte sie mich gebeten: „Ach Justinchen, könntest du nicht mal den Hannes bitten, ob er dir einen Silbergroschen schenkt? Sag' einfach, du müßtest noch irgendwas besorgen." Ich wußte genau, was es damit auf sich hat: Diese Münze mußte sie sich in den Brautschuh legen, dann hat sie das Sagen im Hause! Ich würde es mir gut merken!

Pastor Gründler sprach wunderschön und fragte Hannes, der sich stolz aufrichtete, als er sein „Ja, das will ich mit Gottes Hilfe!" antwortete. „Und du, Jungfrau Marie-Luise Geistlich, eheliche Tochter des Bürgers und Böttchermeisters Carl Friedrich Geistlich und der Dorothea Bietz – Gott hab sie selig! –, willst du den Garnwebermeister und Mietsbürger der Stadt Oderberg, Johannes Friedrich

Tubbe, zum Mann nehmen, ihn achten und ehren, und ihm Untertan sein, bis daß der Tod euch scheidet, so sprich: Ja, mit Gottes Hilfe." Marie-Luise hob das verschleierte Gesicht zum Prediger und sagte sehr laut: „Ja, mit Gottes Hilfe!" und die Frauen schluchzten vor Rührung in den Bänken. Der Lehrer spielte die Orgel: „So nimm denn meine Hände . . .", und einer der Schuljungen mußte derweile ganz tüchtig den Blasebalg treten, damit genug Luft in die Pfeifen kam. Wir sangen laut, denn die geistlichen Lieder kannten wir natürlich alle auswendig. Die kleinen Kinder streuten dem Brautpaar Blumen vor die Füße, als sie nach draußen gingen. Dort wurden viele Hände geschüttelt, und jedes Schulkind kriegte seine Brotscheibe mit aufgestreutem Reis.

Dann marschierte der Brautzug durch die Gassen zum Ballsaal, wo erstmal ordentlich gegessen wurde. Die allergrößten Fische hatten wir besorgt – die würden Glück bringen. Milchreis mit Zimt und Zucker durfte nicht fehlen. Dann bekam jeder noch ein schönes Stück Sauerbraten mit Soße, dazu gab es Kartoffeln und Sauerkraut, und zum Nachtisch eine Grütze. Wir hatten all' die Tage vorher mit ein paar angeheuerten Mägden viel mit dem Kochen zu tun gehabt! Alles mußte reichlich auf dem Tisch sein, damit sich jeder noch was mit nach Hause nehmen konnte. Aber mußte sich der Lehrer Astfalk wirklich so viel einstecken . . . ?

Marie-Luises Freundinnen nahmen ihr feierlich den Myrtenkranz vom Kopf und setzten ihr ein Häubchen auf, worauf die Musiker einen Tusch spielten. „Die Braut und der Bräutigam sollen leben – vivat hoch!"

Für den Kaffee hatten wir eine Menge Sahne in den Krügen, und selbst Meister Geistlich genoß nun mittlerweile dieses Luxusgetränk sichtlich. Als Wein in die Gläser geschenkt wurde, hielt er erstmal eine lange Rede und dann stimmte die gemietete Stadtmusikanten-Familie Lange ihre Geigen und Lauten und holte Trommel und Flöten hervor.

Dem Brautpaar gehörte der erste Tanz. Sie wünschten sich einen ganz neuen: einen Walzer. „Nein, wie unsittlich!" sagten die Älteren und schüttelten ärgerlich die Köpfe. „Wie kann man so tanzen, daß sich die Körper berühren! Ist denn kein Anstand mehr in dieser Jugend von heute?" Sie mochten die alten Volkstänze lieber, die mit den festgelegten Tanzfiguren, oder den Galopp und den Marsch, die Polka oder die Mazurka.

Ludde hatte zuerst mit der Braut zu tanzen und durfte sie sich von Hannes' Schoß wegschnappen. Der mußte dann versuchen, sie wieder zu haschen: Er mußte sie „stehlen". Aber schon zum nächsten Tanz forderte Ludde mich auf. Die Kapelle spielte wieder einen Tusch, und das war das Signal, daß Hannes seine Marie-Luise bei der Hand nahm und verschwand. Wir wußten, daß er mit ihr durch die dunklen Straßen zum Vaterhaus ging. Vor den Stufen am Haus würde er seine Braut auf den Arm nehmen und über den kleinen Feuerbrand heben, den seine Kameraden auf der Schwelle des Hauses gelegt hatten. Durch die

Haustür würde er sie tragen, in die mit getrockneten Rosen hübsch geschmückte Stube, und hin zum Brautlager, bezogen mit dem allerfeinsten Laken und den eingewebten Rosen. So mußte es sein. Wer zuerst die Schwelle des Hauses betritt, bestimmt in der Ehe, und das soll ja immer der Mann sein! Sagten die Männer.
Marie-Luise war keine glänzende Hausfrau, jedenfalls behauptete das die Schwiegermutter Schadowin. Aber das hörte man aus vielen Häusern. Die Alten wollten das Ruder nicht gerne abgeben und mäkelten an den Jungen herum. Die beiden Eheleute ließen sich aber auch überhaupt nichts gefallen, beide redeten ja so gern! Und bald war es so, daß man sich zu Hause immer öfter die Meinung sagte und laute Worte aus den Fenstern drangen.
In den nächsten Wochen kamen böse Nachrichten. Wir Preußen mußten es uns gefallen lassen, daß Franzosen durch unser Land marschierten und alles für ihre Versorgung mitgehen ließen. Da blieb kaum ein Pferd und kein Ochse im Stall. Die Franzosen fielen über unsere Vorräte her, und für uns blieb kaum was übrig, alles mußte mit nach Rußland. Jede Straße, die die „Grande Armée" entlangzog, wurde als Allee mit Pappeln bepflanzt. So hatten wir denn jedenfalls eine Erinnerung an diese schreckliche Zeit.
Als sich die Kastanien zu färben begannen, hörten wir die schreckliche Wahrheit: Siegessicher war man nach Moskau einmarschiert. Aber dann brannte die Stadt, war von den Russen selbst angezündet worden. Die Armee mußte zurück durch

Geschlagene Soldaten

Eis und Schnee, durch Tauwetter und tiefen Matsch, über eiskalte Flüsse ohne feste Brücken, ohne Nachschub, von den Russen immer wieder angegriffen. Man trank aus modrigen Pfützen, man schlachtete die Pferde und aß das rohe Fleisch und marschierte zurück mit Lappen an den Füßen, man beerdigte die Bedauernswerten nicht mehr.

Wir alle machten uns ganz schreckliche Sorgen um Kalle. Würde er nach Hause kommen? Eines Tages hatte Ludde mich mal wieder zum Promenieren abgeholt. Wir waren zum Albrechtsberg hochgestiegen, wo die Kastanienbäume uns vor der Sonne schützten, und setzten uns auf die kleine Bank, den Lieblingsplatz aller Pärchen. Denn von hier hat man wirklich die schönste Sicht über die kleine Stadt. Ludde druckste und hob eine braunglänzende Kastanie auf und drückte sie mir in die Hand. „Justinchen, ich wollte dich nämlich was fragen", und als ich ihn groß ansah: „Ich meine, ob du nicht auch Lust hättest, mit mir die Stufen der Kirche... ich meine, laß uns zusammenbleiben, Justina."
Er hatte mich um meine Hand gebeten, jubelte ich inwendig! Aber als wohlerzogenes Mädchen mußte ich mich eine bißchen zieren: „Ludde, ich bin doch erst 17. Und außerdem ist meine Nase zu breit, und ich habe doch meine Aussteuer noch gar nicht fertig..." „Aber ich bin schon 29 und möchte nicht mehr lange warten! Justina, ich liebe dich doch!"
Ich spürte die Kühle der Kastanie und nickte. Er rieb seine Schulter sachte an meiner, nahm meine schmalen in seine schwieligen Hände und sah mich glücklich an. Erst nach einer ganzen Weile fuhr er fort: „Sieh mal, zu Hause ist kein Friede mehr. Mutter konnte sich überhaupt nicht mehr mit Marie-Luise und Hannes verstehen. Die beiden sind im Streit ausgezogen und haben sich schon im Kietz eingemietet. Bald wollen sie sich ein eigenes Haus kaufen, denn Marie-Luise hat einiges Kapital von den Eltern bekommen, und auch Hannes hat was gespart. Nun hat Mutter gesagt: Hat auch Hannes schon den Bürgereid geschworen – Schluß aus fertig – keine Lust mehr, mit den beiden! – Ludewig, dann laß ich das Haus eben auf deinen Namen überschreiben! Stell dir vor: auf mich als den Zweitältesten! Dann wärst du die Hausmutter im Hause Tubbe! Dich kann sie leiden. Wir werden ein friedliches Leben führen. Willst du?" Da legte ich meinen Kopf an seine starke Brust und lächelte.
Plötzlich aber fuhren wir auseinander, denn so ein paar freche Gören hatten uns beobachtet und kamen mit Gegröle auf uns zu und umringten uns. „Justina und Ludde! – Justina und Ludde! – das erzählen wir allen."
Was blieb Ludde nun anderes übrig, als gleich bei Mutter und Stiefvater um meine Hand anzuhalten, wenn mich nicht die ganze Stadt für ein loses Mädchen halten sollte. Mir war es recht, verlobt zu sein. Ich war stolz darauf, daß Bruder und Schwester Hein dann mit Schwester und Bruder Tubbe verheiratet sein würden. Aber mindestens ein Jahr sollten wir noch warten, bestimmte Mutter.

Die junge Frau Marie-Luise wurde schwerfällig mit ihrem gesegneten Leib, sie war blaß und weinte viel. Im November bekam sie eine Tochter. Hannes hatte sich natürlich auf einen Stammhalter gefreut. Nun ja, in Charlottchen hatte er eben noch keinen Soldaten fürs Vaterland. Alle zerrissen sich das Maul: „Von wegen im April mit Kranz heiraten – und im November ein Kind haben."
Im Dezember kam eine Nachricht von Kalle: Er lebte! Mit General York hatte er es geschafft, nach Ostpreußen zurückzukommen. Nur jeder vierte hatte überlebt. Nun, zur Jahreswende 1812/13 wurde überall leidenschaftlich über Politik debattiert. „Der York hat sich ohne Wissen des Königs einfach von Napoleon losgesagt!" „Hört euch den von Marwitz an", begeisterte sich Hannes, „unseren Grafen aus dem Oderbruch. Der sammelt unerschrockene Männer, um endlich Napoleon loszuwerden!" „Wenn wir die paar heimkehrenden Franzosen einfach nicht zurück über die Oder lassen, dann muß der Napoleon doch aufgeben", überlegte Heini.
„Der König führt Gespräche, Verhandlungen!" beschwichtigte Ludde. „Ach was, Gespräche!" rief Hannes ungeduldig. „Ist mit Worten schon mal eine Schlacht gewonnen worden? Wir müßten alle zu den Waffen greifen – alle!"

Völlig ausgemergelt war Kalle zurückgekommen. Er hatte, wie so viele andere mit ihm, einen bösen Bauchlauf, erfrorene Zehen und war voller Ungeziefer. Er kam nur mühsam wieder auf die Beine und war gar nicht mehr albern. Nein, er war vom Feldzug gezeichnet. „Nie wieder Krieg!" sagte er.
Es war schwer für die Tubbe-Mutter Schadowin, meinen jungen Schwager zu pflegen. Manchmal kam nun Marie-Luise doch pflichtgemäß ins Tubbe-Haus mit dem kleinen Charlottchen, um mit für den kranken Kalle zu sorgen. Es war die Zeit, wo sich Marie-Luise halbwegs mit der Schadowin arrangierte.
Nun überging Preußen einfach alle Verträge. Man mußte den Tyrannen Europas endlich abschütteln. Der Staat rief im Februar die jungen, besonders auch die Bürgersöhne zu den Waffen, versprach ihnen gute Behandlung, und wer sich nicht innerhalb einer Woche freiwillig meldete, sollte auch später keine Ehrenstellung mehr einnehmen können. Hannes verschlang die Nachricht! Er hielt ein Flugblatt in der Hand:
„*AN MEIN VOLK. Zum letzten entscheidenden Kampf... für unsere Existenz, unsere Unabhängigkeit, unseren Wohlstand... Friedrich Wilhelm lll., König von Preußen.*"
Stellt euch vor: Der König erklärte seinem Volk, warum Krieg geführt wird! Das hatte es noch nie gegeben!
Frankreich wurde der Krieg erklärt und alle, die 18 bis 24 Jahre alt waren, sogar die Adeligen, wurden wehrpflichtig. Man konnte sich noch nicht mal mehr freikaufen! Auch das hatte es noch nie gegeben. Der traditionelle gepuderte Zopf der Preußen wurde nicht mehr getragen. Und – es wurden Offiziere gebraucht, aus

der Bürgerschicht! Stellt euch vor, was das bedeutete, man brauchte nicht mehr adelig zu sein, um Offizier zu werden! Man schnitt in der Tat „die alten Zöpfe ab". Endlich würde das Bürgertum an der Macht beteiligt!

„Das ist doch meine Chance, Marie-Luise. Mutter. Morgen schon geh' ich aufs Amt und kaufe mir dann meine Ausrüstung. Ich will Offizier beim Freicorps werden! Was soll ich hier am Webstuhl sitzen, statt das Vaterland mit Glorie zu verteidigen?" strahlte Hannes. Kalle stöhnte. Marie-Luise war einverstanden. Das wäre der Aufstieg aus dieser kleinbürgerlichen Welt. Sie als Offiziersfrau!

Viele wie Hannes meldeten sich freiwillig. Es ging nicht mehr ums exakte Paradieren wie früher. Die Hauptsache war die Begeisterung fürs Vaterland, das gute Schießen und Reiten und der Wille zu Preußens Sieg!

„Bringt, was ihr habt!" hieß es, „Spendet für die Befreiung! Opfert eurem Vaterland!" Mutter lieferte ihre letzten Silberlöffel ab. Stiefvater gab seine Schrotflinte und Lisa ihre wenigen Spargroschen. Ich schnitt mir heulend meine schönen langen Zöpfe ab, um daraus Bänder und Ringe zu flechten, dessen Erlös ich ablieferte. Die Männer bis 40 wurden zur Landwehr eingezogen, aber Ludde mußte nicht fort. Er allein war es, der das Brot verdiente für die Mutter und den invaliden Bruder Kalle. Aber von Marie-Luise bekam er so manch spitzes Wort: „So, so, der Schwager läßt sich's gut gehen, während echte Patrioten im Dienste fürs Vaterland . . ."

Und da Ludde nun den Bürgereid geleistet hatte, kam mir eine Idee, wie ich die Marie-Luise ausstechen konnte! „Du, Ludde", schmeichelte ich, „ich bewundere dich immer, wie gut du vermitteln kannst. Nie wirst du laut oder gemein. Du bist Bürger, der Ernährer deiner Familie, es ist ein Jammer, daß du deine Fähigkeiten nicht voll ausschöpfst!" „Wieso, was meinst du damit, Justinchen?" „Ich denke nur: Die Zeiten sind schwer, die Stadt hat Sorgen, sie braucht die Allerbesten. Ludde, du solltest dich in den Dienst der Bürgerschaft stellen. Die neue Städteordnung verlangt verläßliche Männer in den Magistrat." Ich beobachtete sorgsam seine Miene: „Ja, du solltest dich bewerben, bei der Stadtverordnetenwahl." Es dauerte eine Weile, bis ich ihn endlich dahingebracht hatte. Er bewarb sich!

Aber der Herrgott strafte gleich meinen Hochmut: Nicht er, nein, sondern ausgerechnet mein alter Lehrer Astfalk wurde aus dem Angermünder Bezirk gewählt! Ich ärgerte mich fürchterlich, aber seltsamerweise reagierte Marie-Luise sehr nett. „Paß auf, dein Ludde wird noch was, immerhin ist er zum Ersatzmann gewählt. Nur Geduld!" Und sie nickte mir freundlich zu.

Dann stellte man auch noch den Landsturm auf. Da mußten alle anderen Männer mitmachen, alle, die Jungs von 15 bis zu den alten Männern bis 60 Jahre, wenn sie nur kriechen konnten. Sie wohnten zu Hause. Auch Ludde, meine Brüder, selbst mein alter Stiefvater mußten zwei Tage in der Woche exerzieren. Es war ein seltsames Bild. Ohne Uniform latschte der Haufen mit Äxten, Heugabeln und Forken bewaffnet. Wenn der Feind denn mal käme, sollten sie Kähne und Brücken verbrennen, Brunnen verschütten, Lebensmittel verderben, und die eigene Stadt anzünden – wie Moskau. Die Männer waren ja gewohnt, sich nach Befehlen zu richten. Aber von sich aus, ohne allerhöchsten Befehl? Das kannte man nicht. Viel lieber hätten sie sich um ihr Handwerk und die Aussaat der Felder gekümmert.

Am 29. Mai 1813, meinem 18. Geburtstag, ich hatte einen schönen Topfkuchen gebacken, obwohl das Essen überall knapp wurde, da klopfte es. Ich öffnete, und mein Schwager Hannes stand in der Tür. Donnerwetter, sah er fesch aus! Er trug die wunderbare Uniform des Freicorps.

„Ich wollte es nicht versäumen, meiner reizenden kleinen Schwägerin meine Aufwartung zu machen. Alle guten Wünsche, Justina. Ich hab gerade ein paar Tage Urlaub bekommen und werde den schönen Wonnemonat Mai in Oderberg genießen!"

Es wurde eine gemütliche Kaffeetafel, an die wir noch lange denken würden.

Marie-Luise mußte danach lange auf ihren Mann warten, bevor sie ihm mitteilen konnte, daß sie wieder schwanger war.

Meine Brüder wurden im Sommer auch noch eingezogen, weil sie noch keine 40 waren. „Hab keine Angst, Justina!" winkten sie. Aber ich weinte doch, schluckte und schaute zu Boden. Würde es preußische Erde bleiben oder französische werden? Es wurde ein schlimmer Herbst. So viele kräftige Arme fehlten! Sollten Greise und Kinder das Getreide schneiden? Die Frauen banden die Garben, aber wie sollten wir sie ohne die Hilfe der Ochsen nach Hause bringen, wer sollte das Korn mit Flegeln dreschen?

Marie-Luises Vater, der Böttchermeister Geistlich, tat zuviel des Guten. Erst hustete er, dann lag er krank, und im Oktober mußten wir ihn begraben. Marie-Luise trauerte ohne ihren Mann am Grabe. Sie stand da, kreidebleich.

Auch sechs aus der Runde der Stadtverordneten waren noch ins Feld gezogen. Es sollte sich entscheiden, wie das Europa der Zukunft aussehen würde. Gemeinsam mit den Preußen würden auch die schwedischen Truppen gegen Napoleon kämpfen. Sie waren mit ihrem Feldherrn Bernadotte von der damals schwedischen Stadt Stralsund anmarschiert. Aber, der Bernadotte war doch früher französischer Marschall gewesen, ein Bürgerlicher noch dazu! Wie konnte es sein, daß er – ein Feind! – von den Schweden zum Kronprinzen ernannt worden war? Wieso kann man einen zum König wählen ohne königliche Geburt?

In der Völkerschlacht von Leipzig am 18. und 19. Oktober standen 800 000 Mann gegen Napoleon. Aber dann hieß es: „Sieg. Napoleon ist geschlagen!" Ein Glückstaumel erfaßte uns.

„Herr Tubbe!" Der Herr Bürgermeister klopfte stürmisch an die Haustür. „Bitte begebt Euch unverzüglich ins Rathaus. Ich muß Euch bitten, sofort Euer Amt als Stadtverordneter anzutreten. Soeben wurde mir mitgeteilt, daß auch der hochwohllöbliche Magistrat einige schmerzliche Verluste zu beklagen hat. Es sind vier unserer Stadtverordneten auf dem Feld der Ehre geblieben! Helden, gefallen für König und Vaterland!"

„Justina!" Ludde kam angestürmt. „Justina, mein Schatz, gerade bin ich vereidigt worden. Weißt du, was der Bürgermeister gesagt hat? Erst hat er mir gratuliert. Und dann meinte er: ‚Na, denn man schnell geheiratet – ein Junggeselle, als Stadtverordneter, nein, das geht nun wirklich nicht. Ihr habt doch eine so nette kleine Braut! Worauf wartet Ihr?' Justina, komm gleich mit zum Pastor Gründler, damit er dreimal das Aufgebot von der Kanzel verkünden kann, komm!" Wir brauchten nicht weit zu gehen, denn er wohnte zwischen uns, in der Hausnummer 8. Er fragte uns ausführlich aus, ob wir auch der Moral entsprechend gelebt hätten und ich nicht etwa bereits eine „deflorata" sei, eine Entjungferte. Dann hätte ich natürlich keinen Schleier zur Hochzeit tragen dürfen.

Die überlebenden Soldaten kamen einer nach dem anderen zurück. Gar nicht mehr so jung und munter. Auch Hannes war wieder da, einen Arm in der Schlinge. „Die Schlacht tobte", erzählte er, „ich war ganz in der Nähe vom jungen Offizier von Massow. Der war erst 16! Da ging ein ganzer Pulverwagen in die Luft, der Junge war gleich tot. Seine beiden großen Brüder nahmen ihn mit, und ich kriegte diese dumme Verletzung", er versuchte zu lachen, „dabei sollte ich noch zum Offizier ernannt werden. Ringsum überall Verletzte und Tote, Geschrei und Gemetzel, aber wir haben gewonnen, wir haben das Vaterland gerettet. Es lebe Preußen!"

Schlachtgetümmel Anno 1813

Marie-Luise schaute sich mit Mutter Tubbe die Wunde an. Sie war tiefer als Hannes wahrhaben wollte. Ein tüchtiger Schluck Weinbrand half über die schlimmsten Schmerzen. Die Frauen reinigten die Wunde und belegten sie mit Kräutern, mit Hirtentäschel und Pimpinelle. Wenn es gegen die Pest half, dann bei Wundbrand sicher auch. Der Barbier wurde gerufen, der Puder aufstreute und mit einem Stück Leinwand den Arm verband und zur Sicherheit gleich noch einen Aderlaß machte. Besser helfen würde jetzt ein Hemd, dessen Garn von einem siebenjährigen Kind gesponnen worden ist, aber woher so schnell nehmen . . . ? Schon in der Nacht kam das Fieber. Am nächsten Tag war der Arm rot, und Hannes begann zu phantasieren. Marie-Luise saß an seinem Bett und streichelte ihren Mann. Mutter Tubbe holte den Prediger. Ludde breitete das Sterbestroh im Zimmer aus. Am nächsten Tag war der älteste Sohn der Tubbes tot. Er war gerade 32 Jahre alt!

Pastor Gründler (Scherenschnitt)

Wie hätten wir denn eine große Hochzeit feiern können! Wir gingen noch mal zu Pastor Gründler und baten ihn, uns zu Hause zu trauen. Er mußte dazu extra nach Berlin schreiben und eine Erlaubnis vom Amte einholen, und am 16. Dezember 1813 konnten wir heiraten.

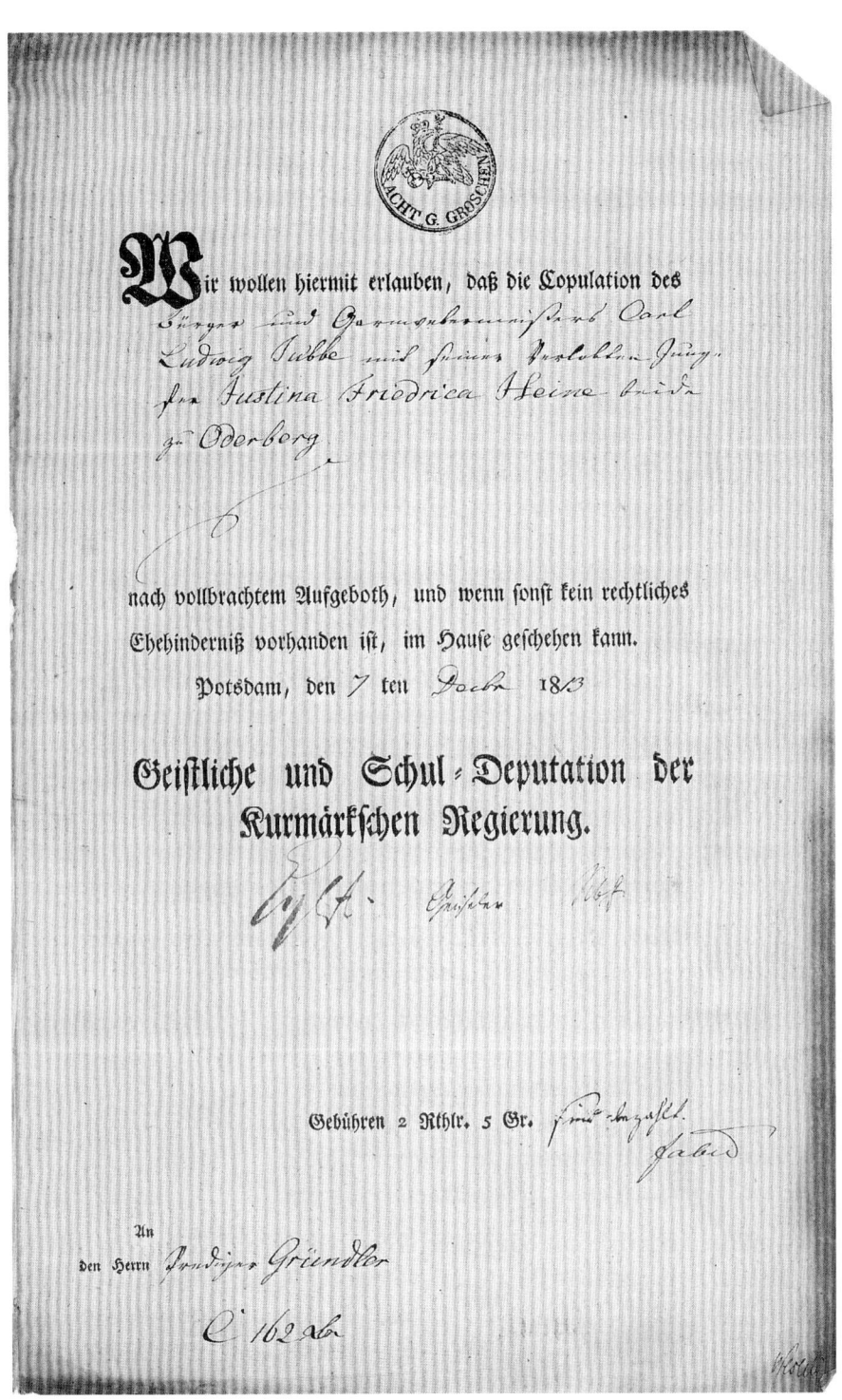

Haustrauungsconsens für Carl Ludwig Tubbe und Justina Hein

Unter der Haube

Jetzt hieß ich Justina Friederica Tubbe. Ludde holte meine Truhe ab und brachte sie ins Haus Tubbe, wo die 62jährige Schwiegermutter Schadowin mich nur mit einem „Na denne..." begrüßte.

Als Schwiegervater Tubbe 1793 in die Ewigkeit gerufen wurde, war mein Ludewig gerade sieben Jahre alt gewesen. Wie gut, daß die Mutter das Haus und die Wiesen gehabt hatte und mit der eingenommenen Miete solange ihre Kinder vorm Verhungern retten konnte. Nun hatte sie also das Haus auf meinen Ludde eintragen lassen. So war ausgerechnet das Unglück von Hannes nützlich für uns. Denn ohne den Besitz dieses Hauses wäre später manches für uns unmöglich gewesen. Wie hätten wir die Überfahrt nach Amerika je bezahlen sollen... Wie Gott doch die Fäden in der Hand hält in seinem unerforschlichen Ratschluß! Wie sagte man bei uns? *„So wie die Schwalben unter dem Dach ihr Nest bauen, wird Glück sein im Haus, aber auf die Frau kommt es an, das Beste daraus zu machen."* Ich würde mir Mühe geben.

Marie-Luise zog zu uns, aber in ihrer Trauer und Depression war sie unfähig, viel zu tun. Ihr kleines Lottchen hängte sich gleich an meine Schürze.

Drei neue Aufgaben hatte ich nun: Erstens war ich mit meinen 18 Jahren die Hausmutter, die Frau, die den Haushalt verwaltete. Ludde überreichte mir eine schöne Kette mit den Haus- und Schrankschlüsseln, nahm mich an die Hand und schritt feierlich dreimal um den Herd herum. Damit hatte er mir die Verantwortung für seinen Hausstand übertragen. Wie oft schaute ich in mein Buch „Nützlicher Rathgeber", um die grämliche Schadowin nicht immer fragen zu müssen. Es war an so vieles zu denken! Marie-Luise hatte kunstvoll ein Tuch gestickt und mit Myrthe und zierlichen gehäkelten Girlanden aus ihrem eigenen Haar geschmückt.

> *Für den Mann schuf Gott das Weib, Ihn für sie nicht minder,*
> *Eins fürs andre leben soll, Beide für die Kinder*

Später stickte sie noch ein Tuch, auf dem die wichtigste Regel für die Hausmutter stand:

> *Ich muß des Morgens zuerst aufstehen,*
> *und des Abends zuletzt zu Bette gehen,*
> *und für das Auslöschen des Feuers*
> *und Verschließen des Hauses selber sorgen.*

Zweitens mußte ich mich mit Säuglingspflege befassen. Völlig gebrochen gebar Marie-Luise im Februar 1814 ihr zweites vaterloses Kind: Wilhelmine Tubbe. Wir nannten sie „Minchen". Trotz der Tränen ihrer Mutter überlebte Wilhelminchen. Und drittens mußte ich mit der Weberei besser Bescheid wissen, denn der erste Wanderbursche hatte angeklopft und zünftig um Arbeit gebeten. Den ganzen Tag klapperten im Haus die Webstühle. Wenn Ludde viel schaffte, dann waren es so an die drei Meter Stoff am Tag. Aber unsere hübsch gestreiften Stoffe und die guten Tuche für Uniformen waren auch unglaublich schön und hielten fast ewig. Verschwenderische Leute gaben neuerdings ihre schwerverdienten Taler für elegante Seidenstoffe oder für Sammet aus, oder gar für den zweitklassigen, dünnen Stoff aus dieser Baumwolle. Man behauptete, die Engländer hätten dazu eine Spinnmaschine erfunden und webten mit Dampfmaschinen! Ach nein, wir würden dabei bleiben, ordentlichen Stoff aus selbstgesponnenem Flachs mit unserer Hände Fleiß zu schaffen. Ludde webte auch schöne Mantelstoffe, bei denen der Schuß aus Wolle bestand. Aber grobe Pferdedecken aus Wolle, ganz schlichtes Gebrauchsleinen und Säcke aus Hanf machte er nicht. Was das betraf, schnaufte er verächtlich: „Mit so was Primitivem geb ich mich doch nicht ab! Das können sich die Bauern selber weben – oder die Dorf-Leineweber, die ihr kümmerliches Lehrergehalt aufbessern wollen, aber ich bin schließlich ein städtischer Garnwebermeister!"

Im März 1814 wurde Napoleon auf die kleine Insel Elba verbannt. Das geschah ihm recht, diesem Tyrannen! Wir freuten uns riesig.
Und noch was Gutes gab es: Ich war schwanger! Ludde strahlte! Unsere Ehe war gesegnet! Er arbeitete hart, denn er hatte nun seine Mutter, unsere Schwägerin Marie-Luise mit ihren zwei kleinen Mädchen und mich als seine Frau zu ernähren. Der Lehrjunge und der Geselle wollten auch ihr Brot.
Kalle war wieder gesund, wollte sich aber möglichst bald ein eigenes Haus kaufen. Dazu brauchte er den Erbteil aus dem Vaterhaus. Das mußte Ludde auch erstmal auszahlen können.
Am Weihnachtsgottesdienst 1814 mußte Ludde mich stützen, damit ich nicht im Schnee ausrutschte. Mein Kind sollte jeden Tag geboren werden. Wir zündeten die Kerzen auf der Weihnachtspyramide an. In einem Buch vom Geheimrat Goethe hatte Marie-Luise von einem neuen Weihnachtsbrauch gelesen. Nun ließ sie auch eine kleine Kiefer schlagen, stellte sie in die Stube und dekorierte darauf ein paar Lichter und etwas Glitzerkram. Es sah reizend aus. Schwiegermutter las aus der Bibel vor und schenkte dem Lottchen einen bunten, bedruckten Papierbogen zum Ausschneiden. Daraus bastelten wir eine niedliche Krippe. Ludde hatte eine wunderschöne Wiege machen lassen. Alles lag bereit, was ich zur Geburt haben mußte: Gestrickte Jacken, Tücher und Bänder und Windeln aus feinem Gewebe, die sich gut kochen ließen. Sogar einen Beutel aus Stoff hatte ich schon gemacht, so klein, daß ich ein wenig Sirup hineinbinden und es dem Kind zur Freude in den Mund stecken konnte. Auch das Stroh in der Wiege war aufgeschüttet, und der Waschbottich für das heiße Wasser zum Waschen stand bereit. Den hatte mir mein Bruder zu Weihnachten geschenkt.
Die alte Wehmutter Schumannin war schon ein paarmal bei mir gewesen und hatte mich untersucht. „Alles in Ordnung!" stellte sie zufrieden fest, „du hast

ordentlich breite Hüften. Wird gut laufen, Justina, wird gut laufen! Ein paar Tage sind noch Zeit, das Kind wird sich noch ein bißchen senken." Sie schlug ein Buch auf und las:

> **Eine leichte Geburt zu befördern.**
> Die letzten 20. oder nur 12. Tage erweichende Bäder zu gebrauchen, den Leib dabey offen zu halten, und mit verschlossenem Leib die Geburts-Schmertzen nicht anzutreten, dabey sich nüchtern der langen Rosinen zu bedienen, und, wanns die Jahres-Zeit leidet, Spinat fleißig mit guter Butter angemacht, zu geniessen.

(* Leib offenhalten bedeutet: gut abgeführt)

Als meine Zeit kam, eilte Marie-Luise zu ihr und half, den Wagen durch den Schnee zu uns zu ziehen. Darauf war der Gebärstuhl und all die anderen notwendigen Dinge verstaut. Er wurde mitten in der Stube aufgebaut und Kissen daraufgelegt, während Marie-Luise aus dem Krug das Wasser in den Topf auf dem Herd goß. Mutter Tubbe entfachte ein starkes Feuer im gußeisernen Ofen und steckte als Kienspan den größten und fettigsten getrockneten Quappen-Fisch in die Halterung und zündete ihn an.

„Den Vater, den schicken wir jetzt ins Gasthaus. Der hat hier jetzt nichts zu suchen!" befahl die Hebamme. „Sind die beiden kleinen Mädchen im Bett? Das ist gut. Vielleicht sollten wir auch den Hund nach draußen schicken. Nun setz dich auf den Stuhl und leg dich schräg zurück. So. Mach die Beine ein bißchen breit." Sie untersuchte mich. „Wird noch dauern, Justina, wird noch dauern. Aber ich kann mit zwei Fingern den harten Kopf fühlen, also liegt das Kind gut, Justina, alles wird gut." Sie nahm ihr dickes Buch:

> *„ Um die Wehen zu befördern wird gerühmet das Pulver von der schwartzen Raden, und Frauen-Glaß, deme füge man noch bey die Diptam-Wurtz und das Pulver der getrockneten Aal-Leber sammt der daran befindlichen Galle. "*

„Da, schluck dies hier! Wenn Wehen kommen, faß hier an den Griffen an. Und nun müssen wir nur noch warten. Wird schon werden, Justina, wird schon werden..." Ich hatte Angst, schluckte und schaute auf mein Nachthemd mit dem hübsch gestickten Monogramm „J H" und meinen hochgewölbten Leib darunter. Ich durfte die allervornehmste Aufgabe einer Frau erfüllen, meinem Mann ein Kind gebären. Und das erfüllte mich mit Stolz und Dankbarkeit und ließ mich die Schmerzen leichter ertragen.

„Mutter Schumannin, bitte, erzählt mir doch was. Habt Ihr auch Kinder?"
„Aber ja doch, Justina, du kennst ja meine Tochter Anna-Maria, die mit dem Ackerbürger Junge verheiratet ist? Vor drei Wochen hab ich selber mein drittes Enkelkind in die Welt geholt, einen kleinen Fritz." Damals ahnte ich noch nicht, daß dieser Fritz Junge einstmals mein Schwiegersohn werden würde.

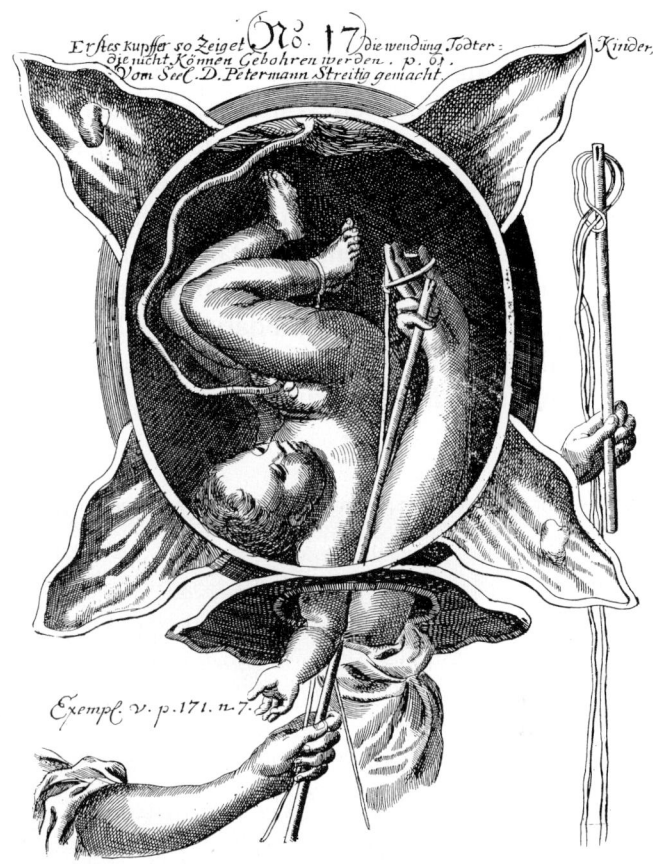

Totgeborenes Kind
(um 1750)

„Was ist das für ein Buch, Mutter Schumannin?" „Die Hof-Wehmutter beim Alten Fritz hat beschrieben, was ich machen kann, wenn das Kindchen falsch im Mutterleib liegt."
„Dann", sagte ich, sah auf das Bild und schluckte tapfer, „ich weiß, daß es dann Gottes Wille ist zu sterben!" Denn das hatte uns der Pastor beigebracht. „Nein! Als Wehmutter werde ich immer Gott fürchten und emsig im Gebet sein. Aber trotzdem behaupte ich, daß es mir erlaubt sein muß, Ihm zu helfen. Liegt der Steiß unten, kann das Kindchen schwer, aber glücklich geboren werden. Manchmal dauert so eine Geburt drei oder vier Tage. Ich habe aber kaum Kinder am

Leben behalten, wenn die Beine zuerst kamen. Dafür habe ich eine Zange und einen Stock mit Schlingen, um wenigstens die Mutter zu retten. Ruhig atmen, Justina, ganz ruhig." So vergingen die Stunden. Und dann war es soweit: Gut ein Jahr nach meiner Hochzeit, am 18. Januar im Jahre des Herrn 1815, konnte ich stolz meinen ersten Sohn in den Armen halten. Natürlich hieß er wie mein Mann: Carl Ludwig! Unser Stammhalter!
Ludde hatte zwar einen kleinen Kater vom Abend davor, aber er ließ sich strahlend das kleine Bündel reichen, dankte mir mit einem herzlichen Kuß und lief gleich wieder durch die Stadt, um die Gevattern zur Taufe zu bitten. Ich mußte im Wochenbett liegen bleiben. War das schön, sich auch mal von den anderen versorgen zu lassen! Die Schumannin kam jeden Tag und erklärte mir, wie ich das Kind pflegen sollte: „Die Arme müssen nach dem Wickeln eng anliegen und die Beine müssen gerade sein. Das Kind darf sich nicht bewegen. Anfangs schreit es sehr, es muß ja seine Lungen üben, aber dann wird es ganz ruhig und du hast nicht viel Sorge damit. Die Bänder mußt du nur fest genug um die Tücher winden. So . . . und noch ein paar bunte Bänder darum. Schlaf gut, kleiner Ludwig", sagte sie und legte das Paket in die Wiege. Sie gab der Wiege einen Schubs, daß sie sachte schaukelte und sang: „Morgen früh, wenn Gott will, wirst du wieder geweckt . . ."

Wickelkind (Kupferstich von Chodowiecki)

Es war im März. Ich stillte gerade meinen achtwöchigen Ludwig, und Marie-Luises kleines Mädchen spielten mit ihren Stoffpüppchen, da stürmte Ludde herein. Er war bei der Quartals-Sitzung der Weberinnung gewesen, wozu er als Meister verpflichtet war. Der sonst so friedliche Mann stöhnte: „Justina! Nun geht alles von vorne los. Stell dir vor, Napoleon ist von Elba zurückgekommen. Die Franzosen jubeln ihm zu, und er stellt schon wieder eine große Armee zusammen." Und wieder rief der Staat zu den Waffen. Drei Monate später kam es zur Entscheidungsschlacht: 18. 6. 1815 Waterloo! Napoleon mußte abdanken. Mehr als drei Millionen Opfer hatten seine Kriege gekostet! Wenigstens hatten wir wieder Frieden, aber es war das Jahr ohne Sonne, das Jahr „achtzehnhundertunderfrorn". Im fernen Indonesien, so berichtete der Herr Pfarrer aus der Zeitung, hatte ein Vulkan eine ungeheure Menge Asche in die Höhe gespuckt und verdunkelte die Sonne. Es wurde ein Elendsjahr, denn nichts wurde richtig reif. Glücklich war, wer noch Fässer mit Vorräten hatte. Nur das allernötigste Saatgut wurde zurückbehalten.

Behaglich in der kleinen Stadt

Wir führten eine ruhige Ehe. Ludde achtete mich und ich wußte, daß ich bei ihm versorgt war. Das allein war, was zählte. Und wenn die Schadowin mal keifte, beruhigte Ludde mich wieder mit seinem friedlichen: „Och, laß sie doch!"
Die Kinder von Marie-Luise ließ er mit unserem kleinen Ludwig auf seinen Knien schaukeln. Die Schwägerin selber war blaß, las sehr viel und erfreute uns oft mit vorgelesenen Gedichten. Eines gefiel uns besonders, weil es vom Stolz des Bürgertums handelte:

> „Tausend fleiß'ge Hände regen, helfen sich in munterm Bund,
> und in feurigem Bewegen werden alle Kräfte kund.
> Meister rührt sich und Geselle in der Freiheit heil'gem Schutz,
> jeder freut sich seiner Stelle, bietet dem Verächter Trutz.
> Arbeit ist des Bürgers Zierde, Segen ist der Mühe Preis,
> Ehrt den König seine Würde, ehret uns der Hände Fleiß."

Das Gedicht von der „Glocke" war sehr lang, aber wir konnten es bald alle auswendig. Friedrich Schiller, ein Dichterfreund vom berühmten Geheimrat von Goethe, hatte es vor ein paar Jahren geschrieben, aber der König verbot die Aufführung seiner Stücke. In einem Drama hatte der Schiller nämlich seinen Helden zum Herrscher sagen lassen: *„Sire, geben Sie Gedankenfreiheit!"* Welch eine Idee! Wie oft noch in der Geschichte würden wir uns das in Oderberg wünschen.
Mein Schwager Kalle Tubbe als Schuster und geselliger Mensch hatte die lebenslustige Caroline Hanisch geheiratet und neben der Werkstatt noch eine Schenke eröffnet. Die Männer qualmten, sparten nicht am Branntwein und diskutierten

alle Neuigkeiten. Hatte da doch ein Herr Thaer nahe bei Freyenwalde eine Landwirtschaftsschule eröffnet! Der, als Studierter, machte sich Gedanken um die Landwirtschaft und erzählte den Leuten, daß man ein Feld nicht alle drei Jahre brach liegen zu lassen brauche, sondern daß es auf die rechte Fruchtfolge ankäme. Daß man Schafe nach bestimmten Eigenschaften züchten könnte und daß man zum Düngen auch irgend so ein Steinmehl statt den Misthaufen auf Felder streuen könne! „Auf diese Weise werden viel mehr Menschen vom gleichen Land satt werden!" behauptete er. Aber so recht glaubten die Männer es nicht und machten weiter wie gewohnt.

Öfter nach der sonntäglichen Predigt ging Ludde in den Krug, um sich mit den anderen Männern beim Branntwein zu trösten, vor allem, wenn der neue Pastor mal wieder fürchterlich von der Kanzel gewettert hatte: „Geht es denn nicht rein in eure dämlichen Dickschädel ...? Bei jedem Leichenbegängnis dasselbe! Kommt das ganze Gewerk angelaufen, bringt ein ganzes Faß voll Branntwein mit und Krüge mit Bier und dann läutet ihr aus Leibeskräften, nicht wie es sich geziemt, nein! Zwei Stunden oder den ganzen Vormittag! Der ganze Kirchturm schwankt hin und her und wird bald brechen, genau wie die vermaledeiten Glockenläuter! Ja, Gottverdammich. Ich schreibe an die Obrigkeit, ihr Sünder!"

„Prost. So war es nun mal immer Sitte bei uns!" stießen die Zecher trotzig an. „Wenn auch Glocken zersprungen sind und der Turm bröckelt, die Ehre geben wir unseren Innungsbrüdern!"

Meine erste Tochter bekam ich 1817, die kleine *Tine*. Eigentlich hieß sie wie ich: Justine Friederike. Aber leider war sie sehr schwach: Präparierte rote Korallen in Täschelkraut-Wasser gab ich dem Kindchen, und später Katzenmünz mit Eichenlaub-Wasser gemischt, die Kräuter, die ich beim Apotheker kennengelernt hatte. Sollten wir vielleicht noch den Herrn Doktor holen, den der Magistrat neuerdings in die Stadt gerufen hatte? Der würde eine Menge Geld verlangen, und deshalb versuchten wir es doch lieber mit den altbewährten Methoden: Wir hoben meine Tochter mehrmals durch die Speichen eines Wagenrades: und siehe, es half! Tine überlebte. „Was soll denn auch so ein Doktor bei uns?" fragte beleidigt der Barbier. „Hab ich etwa nicht gut Zähne gezogen, Furunkel aufgeschnitten und Aderlaß gemacht?" Auch unsere drei tüchtigen Hebammen schimpften: „Traut man uns etwa nicht mehr?" O doch! Wir wußten zu schätzen, daß bei uns nicht sehr viele Frauen im Kindbett starben. Stand der Arzt nicht genauso hilflos der Diphtherie, der Lustseuche oder der Schwindsucht gegenüber? Die Miasmen kamen durch die Luft geflogen, das wußten wir ebenso wie der Herr Doktor. Er würde wenig bei uns verdienen! Denn schließlich kannten wir ja selbst viele Heilmittel: Wollte man seine Warzen loswerden, mußte man einen roten Seidenfaden dreimal kreuzweise darumbinden und ihn dann unter einem Schweinetrog verstecken. Wenn Blut zu stillen war, suchte ich einen Stein unter der Dachtraufe, ließ drei Tropfen Blut darauf träufeln und bestrich die Wunde damit. Ist die Frau unfruchtbar, soll sie Mistelsaft nehmen. Bei Hautkrankheiten bestreicht man den Kranken am besten mit einer Totenhand. Bei Zahnschmerzen muß man einen Besen in die Kirche legen. Hilft das nicht, so schreibt man seinen Namen in dreimaliger Verstellung auf ein Blatt Papier und nagelt es an die Stubentür. Wenn man sich ein Gründonnerstagsei aufbewahrt, bekommt man keine Kreuzschmerzen. Und im Frühling muß man mit dem ersten Froschgequake tüchtig mitschreien, dann wird man bestimmt nicht heiser.

Weberfamilie

Wie oft bin ich in Wald und Feld gegangen und habe Heilkräuter gesucht. Es gereicht zur Ehre, wenn man jemandem helfen und ihn heilen kann. Außerdem war es herrlich, mal herauszukommen aus dem Gewimmel der Stadt. „Immer das Singen der Vögel zu hören, das Blätterrauschen, dem Eichkätzchen zuschauen können", träumte ich, „wär das schön!" Ich sammelte Augentrost und Frauenmantel, Ehrenpreis und Kalmus, Kamille, Labkraut und Pimpinelle und wie sie alle heißen. Sicher bin ich deshalb so alt geworden, weil ich mir immer ein Gläschen Lebenselexier aus der guten Schwedenkräuter-Tinktur genehmigt habe. Das war nämlich ein Geheimrezept des Apothekers. Es entfernt nicht nur Schleim und Galle, die schädliche Säure und die Fäulnis im Leibe, es tötet die Würmer und reinigt das unreine Blut und stärkt auch das Gedächtnis.

Vor mir auf dem grobgezimmerten Tisch unter dem Pecan-Baum steht nun leider die letzte Flasche mit meinen Schwedenkräutern aus Oderberg. „Komm, Maria, teile das letzte Gläschen mit mir. Prost! Auf deine Gesundheit!" „Cheerio, Grand-Ma Justina, die Männer trinken so viel, manche saufen sich mit ihrem Whisky bald zu Tode und dann behaupten sie, es schütze vor der Cholera! Warum sollen wir nicht auch mal einen Kleinen heben?"

Wenn alle unsere Hausmittel versagten, dann war klar: Der Tod – er war eben Gottes Wille. Schwiegermutter Schadowin starb – ihre Kraft war mit Jahren einfach verbraucht. Wir bezahlten den Pastor für eine Parentio, eine besondere Leichenpredigt, und die Kinder der Schule mußten hinter dem Sarg herlaufen und singen: „Was Gott tut, das ist wohlgetan." Dafür bekam jedes eine Leichensemmel. Wir setzten ihr ein eichenes Kreuz auf den Friedhof oben auf dem Berg, gleich neben Hannes und ihrem Mann Martin Friedrich Tubbe, den sie Jahre überlebt hatte. Nun war ich die alleinige Herrin im Haus! Endlich! Wenn ich auch viel zu tun hatte, ich war gerne die, die zu bestimmen hatte. Schon bald danach haben Marie-Luise und die Magd und ich wieder Lieder in der Küche gesungen, von tieftraurigen Liebschaften und grausliche Moritaten.
Die lernten wir von den Jahrmarktssängern, die auf dem Marktplatz auftraten. Der Mann sang von irgendwelchen Neuigkeiten und schlug dazu die Schellen, und seine Frau zeigte mit einem Stock auf bunte gemalte Bilder, so daß wir uns alles genau vorstellen konnten, und ihre Kinder sammelten Pfennige ein. Manchmal war da auch eine Gauklertruppe, dann strömten wir hin und amüsierten uns sehr über den Jongleur und den kleinen Affen, das Mädchen mit seinem Sternentanz und die Leierkastenmusik. Wie wunderbar war solch eine Abwechslung!
Manchmal lagerten auch Zigeuner auf der Wiese.
„Gib ihnen um Gottes willen ein paar Münzen, Justina", beschwor mich Marie-Luise, „dann stehlen sie auch keine Wäsche und verhexen nicht das Vieh."
Es war spannend, wenn sie an die Haustür kamen, denn sie konnten aus der Hand lesen. Da hörte ich es dann schon wieder: Ich würde noch ein ganz besonderes Schicksal haben. Aber welches bloß?

Meistens vertrieben wir uns die Abende damit, Geschichten zu erzählen, während wir Frauen am Spinnrad saßen.

Da war die Geschichte vom Heiligen Geiste im Oderbruch. Einmal hatte sich nämlich der Pastor von Wrietzen sehr über seine Schäfchen geärgert. Es war ja richtig, er konnte nur alle sechs Wochen nach Alt-Reetz zur Predigt kommen. Aber mußten deshalb die Bauern gleich so stur sein, gar nicht mehr in die Kirche zu kommen? „Irgendwas muß ich mir ausdenken, damit ich meine Herde wieder ans Gotteshaus fesseln kann. Irgend etwas ganz Besonderes! Oh ja – die Idee ist gut!"

Und so mußte der Schulmeister den verwunderten Bauern mitteilen: „Am nächsten Sonntag wird der Heilige Geist erscheinen!" Natürlich wollte sich das keiner entgehen lassen. Die Kirche war gerappelt voll. Was keiner der Bauern wußte: Der Pastor hatte mit dem Schulmeister verabredet, schon am Abend vorher eine Taube unters Kirchendach zu bringen. Damit keiner dieses Tier erkennen konnte, hatte er ihr alle schwarzen Federn ausgerupft, so daß es ziemlich dürre und fast weiß aussah. Dann hatte er die Taube über Nacht unter ein Sieb gesperrt. Der Pastor donnerte nun mit starken Worten von der Kanzel und beschimpfte die aufgeregt Lauschenden wegen ihrer Gottlosigkeit. „Oh, Heiliger Geist, erscheine und bekehre diese verirrte Herde!" Nun machte er das verabredete Zeichen, das der Lehrer von oben durch das Loch in der Kirchendecke sehen sollte. Das Wunder konnte geschehen. Aber der Heilige Geist ließ sich Zeit. „Oh, Heiliger Geist, komm über uns!" rief der Prediger etwas lauter. Nichts. „Erscheine uns, o göttliche Taube!" brüllte er. – Ruhe. Da endlich steckte der Schulmeister den Kopf durch das Loch der Kirchendecke und klagte nach unten: „Tjää, Leut'. Tut mir ja leid. Der Heilige Geist kann leider nicht kommen – ähm – den hat nämlich heut Nacht der Iltis erwürgt."

Meine Schwägerin Marie-Luise kümmerte sich rührend um die Kinder. Sie brachte den Kleinen vieles bei. Allerdings setzte sie ihnen auch manche Flausen in den Kopf. Ihre eigenen unerfüllten Träume vom herrlichen Leben in der Großstadt Berlin, mit Theatern und Hofleben und all seiner Kultur, waren nun auch in den Köpfen von Lottchen und Minchen. Selbst mein vierjähriger Ludwig plapperte immerzu: „Hänschen klein, ging allein in die weite Welt hinein...", setzte sich auf sein Steckenpferd und hoppelte herum. „Wenn ich groß bin, reite ich mal nach Afrika und Amerika, und dann... dann... dann will ich Euch heiraten, Frau Mutter!" Tinchen stand dann mit dem Daumen im Mund und schaute sich alles wortlos an. Aber Marie-Luise wurde immer dünner und blasser.

„Wenn du nicht schlafen kannst, mußt du die Schuhe mit den Spitzen zum Bett hinstellen", riet ich ihr. „Außerdem, Marie-Luise, darf man seine ausgekämmten Haare niemals zum Fenster hinauswerfen, sonst bekommt man Kopfschmerzen."

„Meinst du, das wüßte ich nicht?" fragte sie gequält. „Ich habe aber trotzdem welche!" „Dann versuch's doch mal so: einen Faden dreimal um den Kopf binden, den Faden dann als Schlinge in einen Baum hängen, und wenn ein Vogel durch die Schlinge fliegt, nimmt er den Kopfschmerz mit." „Justina, ich kann nicht mehr! Ich muß mich hinlegen." „Du hast Fieber, Marie-Luise. Hast du denn nicht im Frühling das erste Veilchen gekaut?" „Doch, natürlich! Morgen vor Sonnenaufgang will ich rausgehen und im Namen des Vaters, des Sohnes und des Heiligen Geistes die Knospen eines Kirschbaumes abbeißen. Hilft das nicht, werde ich noch versuchen, abwechselnd mit dem Hund einen Napf mit Milch auszutrinken. Dazu muß ich laut sagen: Prosit Hund, du krank und ich gesund. Dann übernimmt er das Fieber, sagt man."

Ach, wie nett und friedlich war meine stolze Schwägerin geworden. Sie stickte noch ein wenig, lag viel, war dankbar für unsere Pflege. Aber auch der Arzt konnte nicht helfen, sagte nur: „Wenn die Seele krank ist, dann hilft auch keine Medizin!" Sie starb 1819 mit erst 36 Jahren.

Nun hatten wir ihre zwei Töchter mit großzuziehen. Ludde, als der nächstälteste Bruder des Vaters, war zum gesetzlichen Vormund bestellt worden. Tod und Leben sind immer dicht beieinander. Im Mai heiratete meine Schwester Lisa den Schuhmachermeister Wilhelm Marowski und zog in das schöne Fachwerkhaus,

Das Marowski-Haus von 1680 im Malerwinkel ist das älteste Haus in Oderberg

das er sich im Oberkietz gekauft hatte. So gern sie das Haus mochte, um eines hat sie mich immer beneidet: Um meinen modernen Küchenherd. Sie mußte sich nämlich immer noch mit der alten „Schwarzen Küche" behelfen.
Noch im gleichen Jahr 1819 wurde meine Eveline geboren und im Jahr darauf Henriette.
Das Lottchen war keß und reichlich altklug. Sie sah meinen dicken Bauch und fragte: „Tante Justina, wenn Euch der Klapperstorch wieder ein Kindchen bringt, wie wollt Ihr denn das dann nennen?"
„Meinst du, wir kriegen eins?"
„Aber klar, ich weiß doch Bescheid! Ich hab doch wieder ein Stück Zucker aufs Fensterbrett gelegt! Wißt Ihr, nennt es doch einfach nach mir, Charlotte." So geschah es denn auch. Siehst du, Charlotte, so hast du 1822 deinen Namen bekommen!

Meine Tochter Charlotte ist nämlich gerade mal wieder zu mir, die ich hier in der Bruthitze unter meinem Pecan-Baum sitze, auf einen kurzen Besuch gekommen. Wir sehen uns selten. Stark ist sie geworden! Sie erzählt von der Arbeit. Braungebrannt strahlt selbstsicher ihr Gesicht unter dem Häubchen. Sie ist genauso, wie die Männer sich in Amerika eine Pioniersfrau vorstellen: Tüchtig und hart, dabei freundlich und fromm. Sie schlägt mir freundschaftlich auf die Schulter. Aber mein Buch interessiert sie nicht. „Ach, das ganze Geschreibe... was soll das, Mum? Was früher war, ist vorbei. Ich hab genug zu tun mit meinen vier Kindern."

Damals, 1823, hatte ich außer meinem Mann, dem Gesellen und dem Lehrbuben sogar sieben Kinder zu versorgen. Wieviel die alle essen wollten! Bald waren es nur noch sechs. Eveline, der kleine Schmetterling, war mit vier Jahren unter die Räder einer Kutsche gekommen. Der Kutscher hatte furchtbar geschimpft. Ludde trug das kleine Bündel ins Haus und wischte sich heimlich die Tränen ab. Ein Mann durfte nicht weinen, aber ich! Ich mußte sie wieder in die Arme des Herrgotts zurückgeben. ER hatte es so beschlossen – ich mußte mein Schicksal tragen. Wo Kinder geboren werden, werden Menschen sterben. Wir waren an den Tod gewöhnt, so schrecklich er auch immer wieder von neuem war. Aber selbst der Königin waren Kinder gestorben. Es gibt so viele Krankheiten, gegen die man gar nichts machen kann: Durchfall, Krämpfe, Blutvergiftung und all die bösen Kinderkrankheiten.
Die hübsch bemalte hölzerne Hutschachtel, die als Hochzeitsgeschenk auf dem Regal steht, so oft dient sie gleich als Kindersarg! Wie dankbar müssen wir sein, wenn überhaupt Kinder am Leben bleiben!
Arbeit gab es mehr als genug für mich. Natürlich konnte ich mich kaum um die Nöte der Kinder kümmern, und Ohrfeigen mußte ich mehr austeilen, als mir lieb sein konnte. Es war gut, daß wir immer ein junges Ding zur Hilfe hatten. Wenn Wasser geschöpft wurde, um die Kinder einmal in der Woche im Bottich zu schrubben, half auch mal meine alte Mutter mit, aber sie schnaubte verächtlich:

„Körper sind von Natur aus schmutzig! Jeder Mensch muß seinen Geruch behalten! Wie sollten sonst die Männer Lust auf uns haben? Halte die Stube sauber, Justina, und auch die Wäsche – aber Wasser zieht die Lebenssäfte aus der Haut!" Sie wollte es nicht glauben, was der Pastor und der Rektor uns beigebracht hatten, daß nämlich Körperpflege Krankheiten verhindern kann.

Die Waschfrau, die alle sechs Wochen für die große Wäsche kam, mußte mit dem Mädchen und dem Lehrbuben viele Male gehen und Wasser schleppen. Sie schüttete das heiße Wasser vom Topf auf dem Herd in den Waschzuber und schrubbte die Wäsche mit einem Stück Seife. Wenn sie dann den schmerzenden Rücken streckte, erzählte sie Neuigkeiten. „Habt Ihr schon gehört, Meisterin, daß unser Großer Stein oben am Waldrand beim Gut Neuendorf gesprengt werden soll? Der König will 'ne riesengroße Schale draus schlagen lassen, so groß wie'n Wohnzimmer. Das wird vielleicht 'ne Suppenschüssel!" ulkte sie. „Für Berlin, für'n Neubau von so'm Museum oder so ähnlich, neben dem Schloß!"

Mit Stolz schaute ich auf die flatternde Wäsche, auf die linnenen Laken und Bezüge, die Handtücher und Lappen, die gestreiften Schürzen, die Häubchen, die langen Röcke und die Hemden. Wenn die Wäsche gebleicht und mit heißen Eisen geplättet war und die großen Stücke in der Mangel gerollt waren: Dann waren wir so recht glücklich.

> Wie man waschen soll: Den Tag vorher bereite ich die nöthige Lauge aus Asche darzu. Man nimmt den Laugenkorb, breitet ein grobes leinernes Tuch in den Korb, und legt etwas Stroh unten hinein. Sodann wird zwey bis vier Metzen klargesiebte Asche auf das Stroh getan, und darüber kaltes Wasser geschüttet ... Zuunterst werden die Strümpfe gelegt, weil diese die meiste Beize nöthig haben, dann die bunte Wäsche, deren Farbe nicht ausgeht, auf diese das Tischzeug und was sonst fettige Flecken hat ... Nun wird die Lauge kalt darüber gegossen und die Wäsche bleibet darinnen auf sechs Stunden lang stehen, ehe angefangen wird, solche mit Seife zu herauszuwaschen ... ausgerungen ..., in alter Ordnung zum zweytenmal in das Faß geleget, neue Lauge kochend gemacht und wenn etliche Stunden darinnen gestanden, dann folget dasselbe ein zweytes und ein drittes mal. Über Nacht gießet man reines kaltes Spülwasser darüber und nimmt sie früh zum Aufhängen und Trocknen heraus. Auf das Trocknen folget das Rollen, wobey man die Wäsche in die Queere um das Rollholz wickelt ... Die Regel sey zu beachten, daß man weder Hemden noch Tisch- und Bettzeug zu sehr einschwärze, sondern die ersten alle Wochen, und die Bettüberzüge alle 6 bis 8 Wochen wechsele. Für die schwarze Wäsche müssen auf einem luftigen Boden Stangen aufgemacht seyn, wo sie gut austrockne. Bey unordentlichem Hinwerfen wird sie leicht von Mäusen zerfressen.

Es waren drei friedliche Jahre, bis Wilhelm geboren wurde, das war 1826. Ludde freute sich doch sehr, daß er mit ihm noch einen Namenserben und Helfer hatte. Willi wurde unser ganz pfiffiges Kerlchen.

Aber im nächsten Jahr 1827 verloren wir gleich zwei Kinder! Ein böses Fieber nahm uns erst unsere älteste Nichte und Pflegetochter, unser kesses Lottchen – 16 Jahre war sie alt geworden! – und dann unser liebes achtjähriges Töchterchen Henriette.

*Das tote Kind
(Ludwig Richter)*

Während Tine im Fieberschweiß lag, betete ich nächtelang. „Herr Gott, nimm mir nicht auch noch diese Tochter!" Und siehe, sie kam darüber hinweg. Sie lebte, aber sie blieb ein Kind. Sie konnte nicht mehr richtig lernen.
Minchen weinte lange um ihre Schwester. Als eine sehr gute Schülerin wurde sie 1828 konfirmiert, und am liebsten wäre sie noch länger auf eine Schule in der Stadt gegangen. Was sie sich wohl vorstellte! Sie als Waisenmädchen – hatten wir nicht lange genug das Schulgeld für sie bezahlt? „Laß sie man reden", meinte Ludwig, „auch ihre beiden Geistlich-Onkel finden sie ein bißchen sehr verrückt!" Minchen aber schmollte. „Versteht mich denn keiner, ich will weg hier! Immer soll ich auf diese blöde Ziege Tine achtgeben. Immer bin ich schuld, wenn sie wieder mal was in Scherben schmeißt, und ich krieg dann die Ohrfeige! Und immer noch kann sie keinen Brei kochen, ohne daß er anbrennt. Ich will nach Berlin!"
Sie stampfte mit den Füßen auf und heulte 'rum. Da setzte es öfter mal tüchtige Schläge!
Als Mädchen in Stellung wollte sie dort gehen. Das taten zwar viele heutzutage, aber Ludde bestimmte: „Nein, Minchen, das dulden wir nicht, dazu bist du noch zu jung. Was meinst du, wieviel Unmoral in solch einer Stadt ist. Das wichtigste für ein junges Mädchen ist, den guten Ruf zu wahren. Kommt gar nicht in Frage!"
Nun wurde es sehr schwierig mit ihr. Ach, war sie eigensinnig! Sie sträubte sich mitzuhelfen beim Melken und Buttern und Harken und auf dem Feld. Aber im Hause war sie geschickt. Wir erkannten das stolze Näschen ihrer Mutter wieder an

ihr. Tine sah sie mit wäßrigen Augen an und sagte: „Wat will se . . . ?" Sie war leider nicht aus der dritten Abteilung der Schule in die zweite versetzt worden. Sie hatte zwar etwas lesen gelernt, fand aber alles langweilig: „. . . is mir doch egal."
Minchen dagegen las und las, was immer sie in die Hand bekam, und erzählte uns die interessantesten Dinge: „In Berlin haben sie jetzt Licht in der Nacht! Da stehen Laternen, die sind an einem Rohr angeschlossen, aus dem ein Gas ausströmt und brennt! Ohne eine Kerze!" Ein andermal: „In England hat einer eine Maschine gebaut, die hat riesige Räder und eine Dampfmaschine, und die Räder drehen sich auf Eisenschienen. Lokomotive hat er sie genannt. Die soll so schnell sein, daß ein Pferd nicht nebenhergaloppieren kann." Und dann: „Sie bauen in den großen Städten jetzt überall Fabriken, auch welche, in denen Maschinen Stoffe weben. Man muß nicht mehr mit Füßen treten und mit den Armen ziehen – das macht auch alles die Maschine." „Na, laß sie doch!" meinte Ludde. „Ich weiß nicht, Onkel Ludde, die schreiben, daß die Fabriken die Stoffe viel, viel billiger verkaufen als die Handweber. Dann wirst du für deine Ware nicht mehr das bekommen wie bisher!" Da wurde mein Mann blaß.
1829 bekam ich noch ein Kind: Caroline wurde geboren. Meine gute Caroline! Kalles Frau hatte ihr als Patin den Namen gegeben. Ob sie auch so ein fröhlicher Mensch würde?

Eines Tages brachte Ludwig einen Klassenkameraden mit ins Haus. Er war sehr dünn, war ärmlich angezogen und schaute verängstigt umher. Als ich die Kartoffeln kochte, schaute er so sehnsüchtig, daß ich fragte: „Na, Fritz? Hast Hunger?" Statt einer Antwort biß er sich auf die Lippen und drehte sich um. Er wußte, daß er nicht betteln durfte. „Komm her, setz dich. Hier hast 'n Semmel, iß man ruhig. Mutter hat nichts zu Hause, wa?" Da strahlte er und haute tüchtig rein.
Meine gute Hebamme Schumann hatte damals von ihren Enkelkindern erzählt – heute saß der Fritz als Hungerleider vor mir. Mutter Anna-Maria hatte es aber auch wirklich bös getroffen. Mit sechs ganz kleinen Kindern stand sie hilflos da, als ihr Mann krank wurde. Er lag und konnte nichts zum Lebensunterhalt tun. Sechs Jahre lang war sie es, die das Brot heranschaffen mußte: säen, hacken, ernten, und den schwerkranken schwindsüchtigen Mann pflegen, und dazu noch die Schwiegermutter Osterloffin, die völlig durcheinander war. Ihr Mann, der Friedrich Junge, war Ackerbürger gewesen und ein Mittelbürger wie wir. Die eineinhalb Morgen Aussaatacker reichten nicht zum Leben, aber dann besaßen Junges noch zwei Gärten und vor allem vier große Wiesen. Sie wohnten im Oberkietz, unterhalb vom Steilhang des Geißbergs. Ihr Haus war klein, hatte nur eine Stube und war ziemlich baufällig. Aber Anna-Maria Junge konnte es nicht renovieren, denn es lagen mittlerweile schon 800 Taler Schulden drauf!
Ein gut verdienender Handwerker hatte seine 100 bis 150 Taler im Jahr, ein Tagelöhner immerhin 60! Der Färbermeister Schulz, der mit 400 Thalern sehr viel ver-

diente, oder der Kaufmann Abraham Gutherz, der sogar 450 Taler jährlich verbrauchen konnte, oder der reiche Bauer Zernikow, der bald hundert Morgen Land besaß – die hätten es schnell abbezahlt, aber die Armen?
Vater Friedrich Junge war lange Jahre zusammen mit Ludde als Stadtverordneter tätig gewesen. Die Braugerechtigkeit lag auf seinem Haus. Früher hatte er reihum mit den anderen Braubürgern Bier herstellen und verkaufen dürfen. Es wurde sehr viel Bier getrunken – schwaches, mit wenig Alkohol –, aber man war sich sicher, daß man davon nicht wie von faulem Wasser krank werden konnte.
„Bier und Branntwein muß jeden Tag auf dem Tisch stehen", behaupteten deshalb alle Männer. „Und wenn wir krank sind, brauchen wir Wein!" Aber den hatte Mutter Junge schon lange nicht mehr bezahlen können. Auf dem Südhang hinter ihrem Haus gab es zwar noch einige Terrassen, auf denen früher Wein angebaut worden war, aber der war so sauer, daß der König den Anbau persönlich verboten hatte.
„Sieht aus wie Wein, ist aber kein! Kannst nicht bei scherzen und fröhlich sein!" lästerten selbst die Oderberger.
Wie sollte die arme Frau aber nun allein alles bewirtschaften? Die drei Mädchen, die Helmine, die Amalie und die Henrieke waren doch noch so klein! Aber die drei Söhne, der Bartolomäus, aber auch schon der Fritz und der Ferdinand mußten sehr viel mitarbeiten und hatten keine Zeit mehr, in die Schule zu gehen. Mochte doch der Schulrektor wettern!
Dann aber kam es noch schlimmer über die Familie. Im Jahre 1826 war die Oder schon sehr lange über die Ufer getreten und hatte die Wiesen überschwemmt. Die Kühe hatten kein Futter mehr und mußten verkauft werden. Im nächsten Jahr, als Fritz gerade zwölf war, starb der Mann schließlich nach sechs Jahren Auszehrung. Man beerdigte ihn im Gottesacker, was viel Geld kostete.
Aber wieder gab es ein furchtbares Hochwasser und vernichtete alles Heu.
Für die Kinder wurde ein männlicher Vormund benannt. Das Gericht beurkundet die Erbfolge: Da die Witwe bei uns ebensoviel erbt wie jedes Kind, konnte sie nicht mal das Haus ohne die Zustimmung des Vormundes ihrer Kinder verkaufen. Es kam noch härter: die alte Schwiegermutter Osterloffin wurde immer schwachsinniger, kannte selbst die Kinder kaum noch, schlug alles mögliche kaputt und tobte rum.
Und auch im dritten Jahr hintereinander überschwemmte das Hochwasser die Wiesen so sehr, daß alles immer mehr versandete und unbrauchbar wurde. Das Wasser war gar nicht mal so sehr hoch gestiegen, aber es hatte jeweils monatelang angehalten. Es wuchs kein Gras mehr auf den Wiesen. Doch der Magistrat verlangte Steuern für die Obrigkeit. Kirche und Schule forderten Abgaben, und die Feuerversicherung wollte ihre Prämie haben.
„Komm, Fritz, iß noch einen Teller Grütze!" sagte ich. „Sag deiner Mutter, wenn sie will, ich könnte ihr helfen, einen Brief zu schreiben."

Und die verhärmte Witwe Junge kam auch, setzte sich auf die eicherne Sitzbank und weinte. Es gab keinen anderen Weg. Sie war gezwungen, sich zu erniedrigen und Hilfe zu erflehen. Also nahm ich Luddes beste Feder und schrieb.

> An die königliche Regierung
> 28. 8. 1829 ... muß ich in großer Noth, in welcher ich mich befinde ... Ich bin seit zwei Jahren eine Wittwe mit 6 unmündigen Kindern, besitze eine Ackerbürgerstelle und ein sehr baufälliges Wohnhaus von einer Stube, 1½ Morgen Aussaatacker, 4 Wiesen und zwei Gärten ... wovon ich ein kümmerliches Brod erwerbe ...
> ... laßen mich huldreich hoffen, eine Unterstützung von einer königl. hochlöblichen Regierung allergnädigst angedeihen zu lassen, worum ich allerunterthänigs und gehorsamst bitte, damit meine große Noth doch einige Beruhigung und Sorgen Milderung sich getrösten kann. In dieser hohen Erwartung und gnädigen Erhörung ersterbe in Ehrfurcht und Treue einer königlichen hochlöblichen Regierung allerunterthänigst die ... (Orginal: Landeshauptarchiv Potsdam)

„Unterschreiben müßt Ihr selber, Anna-Maria!" „Ach, Jottojottojott", stöhnte sie und nahm schwerfällig die Feder, konzentrierte sich lange und schrieb ganz langsam: „Wwe. Friedrich Junge".

Es kam die Antwort: „Der Witwe Friedrich Junge kann keine Unterstützung bewilligt werden, weil es uns an einem Fonds dazu mangelt." Weiter nichts.

Am nächsten Abend saßen der Pastor Adolphi und der Bürgermeister Heuduck, Christian Junge, Glasermeister und Großcousin, und der Großbauer Zernikow zusammen, aßen feines Franzbrot mit Gänseleberpastete, tranken teuren Bordeauxwein und freuten sich, so gute Christen zu sein.

„Schade eigentlich, daß der Händler Gutherz ein Jude ist. So können wir am Sonnabend keinen Wein bei ihm bekommen, denn dann macht er Sabbat."

„Er hat sich das Haus zwischen Tubbes und dem Pastorat gekauft", erzählte der Bürgermeister. „Auch die anderen vier jüdischen Familien möchten Geschäfte in der Angermünder Straße aufmachen. Übrigens haben die Juden ihre kleine Synagoge in der Rittergasse sehr nett ausgestattet. Ich durfte zum 5. Jahrestag mal reinschauen." „Ja, und mit der Versorgung klappt es ja auch wirklich gut, zweimal die Woche fährt Abraham Gutherz mit dem Ochsenkarren nach Neustadt-Eberswalde, und von dort bringt er alles mit, was man bestellt, auch Bücher..." „Neulich – da gab es ein Geschnatter! War bald ein Weiberaufstand, als der Gutherz vergessen hatte, Hefe für den Pfingstkuchen mitzubringen!"

„Sie sind geschäftstüchtige und gebildete Leute, die Juden, das muß man sagen", nickte Zernikow, „aber seltsam ist es schon. Weil sie uns am Sonntag nicht im Gottesdienst begegnen, bleiben sie uns fremd."

„Sie kleiden sich anders, feiern andere Feste, sie verschmähen unser Fleisch", sagte der Pastor und dozierte: „Die Juden sind es, die unseren Herrn und Heiland Jesus Christus ans Kreuz verraten haben – und nun wollen sie wie die Maden im Speck leben." „Aber haben sie nicht, genau wie wir, reichlich für die Kriege bezahlt?"

„Doch, das schon", nickte Herr Heuduck. „Wir sind hier ja auch großherzig zu ihnen. Hier wurden sie nie verjagt wie in anderen Städten und nun ist ihnen sogar erlaubt, Bürger der Stadt zu werden! Dazu mußte man früher schon ein Christ sein!" „Ach ja, wie gut, daß wir den wahren Glauben haben – Liebe deinen Nächsten", bestätigte der Glaser Junge, „Prost, meine Herren!"

Die Kinder der Witwe Junge wuchsen in beißender Armut auf. Anna-Maria zog in ein Zimmer zur Miete und mußte als Waschfrau arbeiten. Sie wird froh gewesen sein, wenn alle halbwegs satt wurden. Deshalb wurden Fritz und Ferdinand auch Bäcker, da fanden sie immer was zu essen.
Alle hielten sich daran: „Ruhe ist die erste Bürgerpflicht". Wir hatten unsere sichere Stellung innerhalb des Städtchens. Natürlich waren sonntags die Stiefel auf Hochglanz geputzt, Luddes schwarzer Rock ohne einen Fussel, und ich trug mein Sonntagskleid fein gefältelt und gebügelt mit einem passenden Hut zum Kirchgang. Auch die Kinder gingen im Sonntagsstaat. Wehe, wenn sie sich darin

Spaziergang zur Biedermeierzeit

schmutzig machten! Sofort hätten alle über uns schlecht geredet. Damals in unserer zivilisierten Welt hätte ich das nie erwähnt, so selbstverständlich war das alles! Hinter unserem Spiegel steckten eine ganze Menge kleiner Karten. Jeder, der einen Anstandsbesuch bei uns machte, hatte ein Visitenkärtchen abgegeben, hübsch gedruckt und mit goldenen Verzierungen.

„Ludde, wir müssen noch zu Familie Winter und Gauert, und..." „Muß denn das sein? Ich habe dazu gar keine Lust!"

„Aber Ludde! Das kann doch nicht dein Ernst sein! Selbstverständlich! Wir würden uns vollkommen unmöglich machen! Am Brunnen habe ich neulich auch zu Rieke gesagt: ‚Rieke, stell dir vor, die Familie Lüben hat uns doch tatsächlich noch keinen Gegenbesuch gemacht. Das ist doch ungeheuerlich. Ja, wissen die denn nicht, was sich gehört?' Die Rieke hat es der Elisabeth erzählt und die Elisabeth hat es der..."

„Schweig stille, Frau!" schnauzte Ludde, und milder: „Justina, laß doch die anderen klatschen, aber du als Frau Meisterin solltest deine Zunge im Zaum halten."
Da hatte ich meinen Tadel weg!

Ludde hielt sich jetzt gern ein wenig abseits. Er war auch nicht mehr Stadtverordneter. „Hab ich lange genug gemacht, nun kann mein Bruder Kalle weitermachen. Die Hauptsache ist, daß ein Tubbe im Rat sitzt!"

Natürlich machten wir doch unsere Besuche. Wir konnten erkennen, wie hoch man uns schätzte, je nachdem, ob wir uns an die Kaminwand oder nur gegenüber setzen durften. Ludwig hatte da schon mal einen sehr peinlichen Fehler gemacht, den uns die Tubbe-Fuchsin nie verziehen hat! Sie, die Fuchsin, hatte Luddes Großcousin Heinrich Tubbe geheiratet, den Schneider. Sie machten ihren Anstandsbesuch und Ludde – ich mag es kaum gestehen! –, er hatte sich nach dem Händedruck wieder auf das Sofa gesetzt! Stellt euch das bloß vor! Jeder weiß doch, daß dieser Platz nur der Hausfrau und einer Dame zusteht! War das unangenehm! Natürlich hat sie es überall rumgetrascht und hinzugefügt: „Nee, och nee, also, bei Meister Tubbe lasse ich bestimmt nicht mehr weben!"

Ludwig hatte nach seiner Konfirmation natürlich gleich als Lehrling bei seinem Vater angefangen. Er hätte auch die Statur gehabt, um Bauer zu werden – kräftig, ruhig, besonnen, breite Schultern und ein friedliches Lachen – der Sohn seines Vaters. Als Ludwig 1832 ausgelernt hatte und gerade auf Wanderschaft auszog, bekam ich noch eine Tochter. Albertine nannten wir sie. Tine sollte das Kind versorgen. Eines Tages lag es tot in der Wiege. Sie starrte mit offenem Mund darauf. Was war bloß geschehen? „Bist du sehr traurig, Tine?" fragte der Onkel Kalle.
„Nee, gar nich, so hab ich weniger Arbeit."

Oh, meine Tine, sie hatte kein Herz! Dabei war sie schon 18! Ob wir wohl für sie mal einen Mann finden konnten?

Meine Charlotte war zehn und half mir tüchtig. Sie war sehr kräftig, aber an der Schule hatte sie keinen Spaß. Sie tobte lieber mit den Jungen auf den Bäumen 'rum.

Es hatte keinen Zweck, es zu verbieten, sie tat es trotzig dennoch. Sie hatte ihren eigenen Kopf! Eine echte „Tubbe". Ganz anders die kleine Caroline, sie war ein ganz liebes Kind, wohl eher eine „Hein", wie meine Mutter. Sie war zart und empfindsam.

Minchen in Berlin

Als unsere Nichte 17 Jahre alt war, erlaubten wir ihr, in der großen Stadt in Stellung zu gehen. Mut hatte sie wirklich! Sie ging einfach zum Herrn von Massow und erzählte ihm, daß ihr Vater selig, anno 1813 bei Leipzig, mit des Herrn von Massow jüngerem Bruder verletzt und zu Tode gekommen sei. Nun sei sie hier und suche Arbeit. Ob man nicht jemanden brauche?

Und wirklich. Man nahm sie in Dienste. Herr von Massow war Hofmarschall des Kronprinzen Friedrich Wilhelm, dem kunstsinnigen Prinzen, der Hoffnung der Preußen... der mit der Drehorgel. Sie verdiente gut und arbeitete sich in dem vornehmen und kinderreichen Haushalt in der Jägerstraße nach oben. Der Hausherr war verheiratet mit Hermine von der Schulenburg, und die hatte sich Minchen zwei Tage angesehen und bestimmt: „Wilhelmine, Sie kümmern sich um den kleinen Anton!" Der lag noch in der Wiege. Minchen erzählte, daß sie einen extra Raum eingerichtet hatten, ein sogenanntes „Kinderzimmer". Wozu das gut sein sollte, weiß ich nicht.

Haben unsere Kinder denn schlecht geschlafen in der Küche und in der Webestube? Und tagsüber haben sie sich ja doch da aufgehalten, wo einer der Großen arbeitete. Das ist doch viel interessanter, als in einem Raum eingesperrt zu sein!

Minchen erzählte auch von einer seltsamen Einrichtung für die Herrschaft: Ein Schrank, in den man hineingeht und von oben naßgeregnet wird. Sie mußte das Wasser von unten dann wieder oben in den Eimer mit den Löchern zurückgießen. Eine „Douche" nannte sie es.

Als Dienstmädchen konnte Minchen manchmal den anregenden Gesprächen ihrer Herrschaft lauschen, und es wurde ihr erlaubt, Bücher aus der Bibliothek zu lesen. Sie war sogar mal im Theater, wo ein Herr Mendelssohn-Bartholdy ein großes Orchester dirigierte und eine neue beliebte Oper gespielt wurde, der Freischütz.

Die haben wir auch so gerne angeschaut: In Kalles Gastwirtschaft, wenn er uns einlud zu Vorstellungen seines Papiertheaters. Auf einer bunten Bühne aus Papier, so groß wie ein Stuhl, ließ er mit seiner kleinen Mathilde die Papierfiguren spielen, und seine Frau Caroline sang die Arien, und einer aus der Lange-Familie begleitete sie dazu auf dem Klavichord. Mit Blitz und Donnner und Feuerwerk – welch ein köstliches Vergnügen! Manchmal wurden auch „lebende Bilder" aufgeführt oder kleine Theaterstücke gespielt, oder es wurden Pfänderspiele gemacht. Wie herrlich, solch eine Abwechslung!

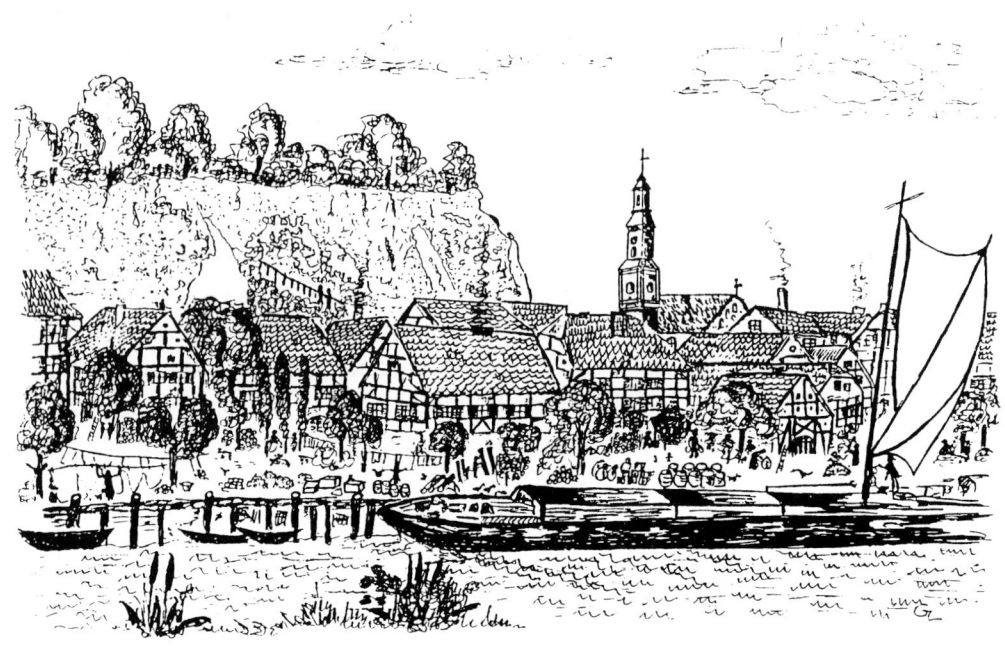

So mag Oderberg um 1830 ausgesehen haben

Von Zeit zu Zeit kam Minchen uns besuchen. Wenn die Postkutsche gegenüber vom Oderberger Rathaus hielt, stieg sie strahlend und elegant gekleidet aus. Bei uns fühlte sie sich doch daheim und erzählte immerzu. „Tante Justina, stellt Euch vor: Neulich bin ich mit dem kleinen Anton die Prachtstraße Unter den Linden entlangspaziert. Ich hab gerade vor der neuerbauten Neuen Wache gestanden, gegenüber vom Kronprinzenpalais, als mich ein netter junger Mann sehr höflich angesprochen hat: Gnädiges Fräulein, darf ich mich erdreisten. Aber mein Herr, Sie irren sich, ich bin doch keine Dame, habe ich gestammelt und bin ganz rot geworden. Ich diene doch nur beim Herrn Ludwig von Massow. Da strahlte der junge Mann. Er heißt Rudolf Förster, stammt aus Liegnitz und ist dort aufs Gymnasium gegangen. Seine Mutter ist früh gestorben. Sein Vater wollte ihn studieren lassen, aber denkt Euch, auch der starb, als Rudolf erst 16 war. Wir sind alle beide Waisenkinder! Deshalb mußte er von der Schule gehen und eine Lehre machen. Er ist Gürtler und Optiker, dazu muß man sehr viel wissen. Nicht wie bei einer Weberlehre..." „So, das ist dir schon wieder mal nicht gut genug!" fauchte ich sie an.

„Justina, laß sie doch! Wer der Hände schwere Arbeit verachtet, der ist nicht wert, zu essen. Nicht wahr, Minchen, das hast du wohl nicht so gemeint?"

„Nein, Onkel Ludde, ich verachte ja die Weberei nicht, aber können es Maschinen nicht ebenso gut?" Da waren sie schon wieder, die Maschinen! „Nein, Minchen, so gut wie handgewebter Stoff wird die Maschinenware nie sein. Und sie hält auch nicht dein Leben lang wie unser Gewebe." „Aber das macht doch nichts, Onkel Ludde. Dann kauft man sich eben mal was Neues!"

Es war unglaublich, was diese Städter so für Ansichten hatten! Das, was eine Braut in der Truhe hatte, mußte doch ihr ganzes Leben reichen! Ludde schaute finster, aber Minchen plapperte glücklich weiter: „Neulich, an einem Sonntag, war ich gerade dabei, für die Herrschaft Fasanenbraten und ein Eisparfait zuzubereiten. Wir hatten besonders viel zu tun, denn Herr von Massow hatte seine Untergebenen zum Diner gebeten – vielleicht habt Ihr die Namen schon mal gehört? – es kam der Herr Lenné, der legt so wunderschöne Gärten an, und der Herr Persius, der entwirft sehr hübsche Bauten. Ich hab den Herren gerade aufgetragen und komme in die Küche zurück. Da hör' ich draußen ein Getrappel. Ein Ruf läßt mich neugierig nach unten schauen. Und was meint Ihr? Es ist mein Rudolf! Auf einem herrlichen Rappen hat er gesessen, stattlich gekleidet in einem weißen Reitanzug mit Peitsche und Sporen. Und langsam, ganz langsam ritt er unter meinem Fenster Parade und – ja! – grüßte stolz zu mir hoch! Tante Justina, was haben mich die anderen Mädchen beneidet, ach, war das schön!"

Gerade wollte ich sie zur Tugend ermahnen, aber bevor ich anfing zu sprechen, seufzte sie: „Ja, ja, ich weiß, ein Mädchen darf nie protzen, darf nicht stolz sein! Ihr habt es mir oft genug gepredigt, zu oft!" Aber dann fuhr sie gutgelaunt fort: „Ich hab Euch was mitgebracht, Tante Justina", und zwinkerte mir zu, „das wird Euch Freude machen!" Und schon zwitscherte es mir entgegen. Ein wunderschöner Vogel! Ein Buchfink! „Ach Minchen, ist das schön . . . ! Das Zwitschern der Vögel macht mich froh. Und außerdem: Ein Vogel im Käfig verhütet den Blitzschlag! Hab Dank!"

Meistens brachte sie aus Berlin eine Zeitung mit.

„Prinzessin Radziwill zieht ins Schloß Freyenwalde. Bekanntlich durfte Prinz Wilhelm sie nicht heiraten, weil sie zwar königliches Blut hat, aber keinem regierenden Fürstenhaus entstammt." „Geheimrat von Goethe ist gestorben. Sein letztes Werk Der Faust erregt überall Aufsehen". „Gründung des deutschen Zollvereins". Als ich die Annoncen in der Zeitung las, lag ich meinem Mann lange in den Ohren: „Ludde, könnten wir uns nicht auch solche wunderschönen Möbel anschaffen?"

Und wirklich, so nach und nach ließen wir uns einige Stücke vom Tischler bauen. Wie freundlich sah unsere Stube nun aus! An der einen Seite stand unser Bett mit den vier Pfosten und den hübschen Vorhängen. Gegenüber hatten wir das Sofa hingestellt, davor den zierlichen ovalen Tisch mit den gedrechselten Beinen und einige Stühle mit schön geschwungenen Lehnen, und an den Wänden hingen Kupferstiche in ovalen Rahmen. Das schönste für mich aber war ein kleiner kunstvoll verschnörkelter Sekretär mit einem winzigen Geheimfach. Die besten Federn unserer Gänse schnitt ich zu Schreibfedern. Beim Materialisten leistete ich mir ein grünes Tintenglas und Tinte, und Minchen schenkte mir ein leeres Büchlein. Seit dieser Zeit liebe ich es, mein Leben zu beschreiben.

"Ja, du hast schon so viele Seiten geschrieben! Denn erst mal Guten Appetit, Grand-Ma Justina!" sagt Maria und stellt mir ein Brett auf meinen rohbehauenen Tisch, vollbeladen mit trockenem Maisbrot und einem Berg kleingeschnittenem gerösteten Speck und Wassermelonen-Scheiben. Daneben stellt sie einen Blechbecher mit Goldruten-Tee und setzt sich auf einen Baumstumpf. "Schau nur, Mister Hill bringt gerade ein paar von seinen Sklaven. Vater hat sie sich für ein paar Tage gemietet. Sie sollen Bäume roden. Schau doch nur, wie die aussehen. Ich geh lieber ins Haus, irgendwie mag ich nicht zusehen, wenn der Aufseher mit der Peitsche danebensteht!"

„In England wurde die Sklaverei verboten", lasen wir 1833 in der Zeitung . . . na, das wird auch Zeit, sagten wir! Sklaverei ist nun mal gegen Gottes Gebot.

„Die Schleuse von Güstebiese ist abgebaut worden, und die alte Oder wurde damit vom Hauptstrom abgetrennt. Dadurch werden weitere Hochwasserkatastrophen unmöglich gemacht." Gottlob! dachten wir, endlich ist Schluß mit dieser Geißel!

„Zwischen Nürnberg und Fürth soll eine Probestrecke der englischen Eisenbahn gebaut werden. Sie fährt schneller als ein Pferd galoppieren kann. Noch ist unklar, ob diese ungeheure Geschwindigkeit nicht zu geistigen Schäden führt."

1835. Eines schönen Wintertages kam Minchen mit ihrem Schatz Rudolf Förster in einem Pferdeschlitten vorgefahren. Tadellos gekleidet war der junge Mann und hatte beste Manieren! „Meister Tubbe, ich freue mich, Eure Bekanntschaft machen zu dürfen. Ich hoffe, Ihr werdet erlauben, wenn ich Euch noch so anrede. Denn in der Stadt, müßt Ihr wissen, redet man sich neuerdings mit Sie an. Daß Ihr, als ihr Onkel, mein verehrtes Minchen in Obhut genommen habt, als sie – ach! – schon mit fünf Jahren ein Waisenkind wurde, wird Euch immerdar zu Ehren gereichen." Ludde verneigte sich höflich. „Ja, also . . .", fuhr Rudolf fort, „ich habe in Berlin meine Profession als Optikus mit gutem Erfolg, wenn ich so sagen darf, absolviert, und möchte mich auf Anraten eines geneigten Freundes in Prenzlau etablieren. Meine frühverstorbenen Eltern in Liegnitz, Gott hab' sie selig, hinterließen mir die dazu notwendigen Mittel. So also", er räusperte sich mit einem Blick auf Minchen, die, so selbstsicher sie auch sonst war, doch ein bißchen rot wurde, „bitte ich Euch hiermit um die Hand Eurer Ziehtochter und Nichte Wilhelmine. Ich werde alles mir zu Gebote stehende tun, um ihr ein angenehmes und sicheres Leben zu bieten."

Natürlich sagte Ludde „Ja". Er wußte, daß Rudolf Förster mit seiner städtischen Art zu ihr paßte, und wir waren die Sorge um sie endgültig los. Das einzige, was Ludde nicht gerne hörte, war die Forderung, die natürlich noch nachkam.

„Meister Tubbe, wie Ihr wißt, hat Minchen als die Tochter Eures älteren verstorbenen Bruders das Erbe desselben zu bekommen, und zwar handelt es sich um den Anteil an diesem Haus. Ich darf Euch bitten, diesen Betrag alsbald zu übergeben. Ich werde auch sogleich noch mit den Gebrüdern Geistlich – Minchens Onkeln – wegen des Erbteils mütterlicherseits sprechen."
Sehr klug war er, hart in der Verhandlung – er würde bestimmt seinen Weg machen. Er hat das Minchen im April 1835 in der Nikolaikirche in Berlin geheiratet. Wie schade, daß wir nicht dabeisein konnten!

Rudolf legte den Bürgereid in Prenzlau ab, fand ein Haus direkt am Markt, richtete sich darin eine Gürtlerwerkstatt ein, baute Barometer und Thermometer und Metallgegenstände und verdiente gut damit. Ich möchte wirklich wissen, warum sich Minchen später über unsere zu harte Erziehung beklagte! Ist etwa nichts Ordentliches aus ihr geworden?

Im gleichen Jahr starb meine alte 73jährige Mutter. Taufen und Beerdigungen – sie begleiteten uns immerfort. Sie gehörten zum Leben wie das Ein- und Ausatmen. Der Pastor Alberti gab uns wieder und wieder den Trost. Wenn es Kinder waren, sprach er: „Gott der Herr spricht: Lasset die Kindlein zu mir kommen!" Und bei den Alten: „Unser Leben währet 70 Jahr und wenn es lang währt, achtzig Jahr und wenn es köstlich war, so war es Mühe und Arbeit."
Davon hatte ich wirklich reichlich, denn mit meinen 40 Jahren ging mir alles nicht mehr ganz so leicht von der Hand. Doch wir waren zufrieden und hatten unser Auskommen. Zwei Söhne und drei Töchter waren gesund, und mein fleißiger und häuslicher Mann Ludde achtete mich noch immer. Aber ihn plagten immer öfter die Zahnschmerzen. „Geh zum Barbier und laß den Bösewicht herausziehen, Ludde", beschwor ich ihn. „Aber bring den Zahn mit! Du weißt, daß du hinter den eisernen Ofen gehen mußt, den Zahn rückwärts auf den Ofen werfen sollst und sagen mußt: Maus, gib mir deinen eisernen Zahn, ich will dir meinen knöchernen geben! Dann bleiben die anderen Zähne gesund!"
Ich strich ihm über seinen schütteren Kopf: „Schau uns an: Graue Haare, du bist nun schon über 50! Das Kinderkriegen überlaß der nächsten Generation! Hast du das Briefchen gesehen? Minchen hat eine Tochter gekriegt, ein kleines Mariechen. Nicht mehr lange, und wir könnten selber Großeltern werden!"
„Na, darauf wart man noch ein bißchen, Justina!" lächelte er „Ich hoffe ja auch, daß sich die Tine bald verloben wird."

Und wieder einmal hatte 1838 ein furchtbares Hochwasser alles Heu vernichtet. All' unsere menschliche Technik wird nichts ausrichten können gegen diese Kraft des Flusses. Immer wieder werden wir denken: Nun kann es nie mehr passieren, und immer wieder wird der Fluß uns unsere menschlichen Grenzen beweisen.

Bauer mit Pflug (Rudolf Zacharias Becker, 1836)

Der Alte Fritz hatte dem Fluß all' seine Auwälder genommen – waren die Hochwasser nicht eher schlimmer seitdem geworden? Sollte es sein, daß der Fluß sich rächt? Sollte der Herrgott uns zurechtweisen und uns immer wieder zeigen, daß wir nicht ungestraft in seine Schöpfung eingreifen dürfen?

> Die Oder ließ sich nicht so einfach überlisten, es folgten in den nächsten 170 Jahren noch viele schlimme Hochwasser. Das Hochwasser 1947 überschwemmte auch Oderbergs tiefgelegene Häuser viele Meter hoch. Eisgang hatte den Ablauf des Winterhochwassers verhindert, und man hatte versucht, diesen mit einer Sprengung zu beseitigen. Statt dessen beschädigte man den Deich. Beim Katastrophen-Hochwasser im Juli 1997 brach der Deich im Süden von Frankfurt, im nördlichen Oderbruch dagegen konnte mit enormem technischen und menschlichen Einsatz trotz des Abrutschens des Deiches bei Hohenwutzen das Wasser gerade noch gehalten werden. In Oderberg sind viele Menschen, die Bank, die Post, das Museum und die Bücherei zwar evakuiert worden, aber der große Schaden konnte vermieden werden.

Wie schmuck sah mein Ältester aus, als er, 24jährig, in der Uniform der preußischen Garde vor uns stand und uns im Dezember 1838 zu unserer silbernen Hochzeit gratulierte. Unsere Charlotte, schon 16 Jahre alt, die so tüchtig zupackte, hatte mit Willi und dem neunjährigen Carolinchen eine Girlande aus Tanne geflochten

und bunte Papierblumen und Zöpfchen mit Glasperlen darin befestigt. Willi hatte ein langes Gedicht auswendig gelernt, stellte sich vorn hin, machte einen Diener und rezitierte es mit Betonung. Wie schön er das machte mit seinen zwölf Jahren! Ach, wir waren so stolz auf unsere fünf Kinder! Na ja, Tine stand wieder etwas abseits. Sie hatte unser Fest vergessen.
Meine Brüder schenkten uns etwas ganz Besonderes: Eine neuartige Lampe. So was hatte ich noch nie gesehen! Man tat kein Rübenöl hinein wie bei den Laternen, sondern Petroleum. Das mußte man vom Apotheker kaufen. „Es kommt als Öl aus der Erde", sagte er. „Das Dicke davon kennt man ja als Schmieröl zum Schmieren der Achsen." Diese Lampe gab ein unglaublich helles Licht, viel heller als die Talgkerzen und die Kienspäne. Von Rudolf und Minchen bekamen wir auch etwas ganz Wunderbares: ein Barometer aus seiner Werkstatt. In goldenen Lettern stand „Rudolf Förster, Prenzlau" darauf.
„Ob der Ludwig sich wohl bald ein Mädchen zur Frau holt, wenn er vom Militär zurückkommt?" fragte oft mein Mann. „Mir wird es doch bald ein bißchen viel so allein. Meinen Husten werde ich einfach nicht los! Früher hat mir der Staub ja nicht viel ausgemacht! Caroline, nimm den Krug und hol mir ein gutes Bier von Onkel Kalle. Und du, Willi, komm her und hilf mir beim Kette-Aufziehen! Und dann reichst du mir die Fäden zu, damit du schon mal lernst, wie man das Garn durch die Litzen zieht. Sobald du Ostern konfirmiert wirst, kommst du zu mir in die Lehre." „Aber Vater, ich will nicht Weber werden!" trotzte Willi. Aber da war was los! Mein sonst so ruhiger Mann war nicht wiederzuerkennen. „Wie?" polterte er. „Das Weben ist dir nicht fein genug? Ja, was glaubst denn du, mein Sohn? Das wär ja noch schöner! Haben wir nicht seit vielen Generationen mit unseren treuen Webstühlen und dem Fleiß unsrer Hände unser Brot verdient? Die schönsten Stoffe haben wir hergestellt, feine Tuche, die auch für die Uniformen nicht zu schlecht waren. Die Leute brachten uns Garn, und sie konnten sich darauf verlassen, daß sie bei Meister Tubbe immer was Ordentliches dafür bekamen! Du wirst Garnweber wie dein Bruder und wie ich, wie dein Großvater und dein Urgroßvater – beide hießen Martin Friedrich Tubbe, und auch dessen Vater Friedrich Tubbe war schon Weber. Seit fünf Generationen sind die Tubbes Garnweber in Oderberg! Du wirst mir natürlich auch zur Hand gehen auf dem Acker, den wir von unseren Vorvätern geerbt haben, du wirst lernen zu pflügen und zu säen und zu ernten. Wir werden gemeinsam das Korn dreschen und das Vieh versorgen. Natürlich werden uns die Frauensleute helfen, aber vergiß nie, mein Sohn: du als Mann bist es, der seine Familie ernährt."
„Und vorher?" fragte Willi listig, denn er wußte genau, wie stolz Ludde auf seine Ahnen vor langer Zeit war. „Bitte, Vater, sagen Sie: Was haben die Tubbes denn vor den fünf Generationen gemacht?" „Na ja. Der Martin Tubbe muß so um 1680 nach Oderberg gekommen sein, hat hier ins Haus des Webermeisters Jödicke eingeheiratet. Er kam aus Cremmen – das liegt nördlich von Berlin... wenn du von

hier bei Oranienburg über die Havel kommst. Martins Vater war dort zur Zeit des Dreißigjährigen Krieges Stadtschreiber und ist auch Bürgermeister gewesen, hat im Stadtbuch von Cremmen viele Verträge beurkundet und die Chronik der Stadt aufgezeichnet. Seine Mutter kam aus der angesehenen Familie Grüvels. Der Vater muß studiert haben, und damit jeder auch gleich wußte, daß er Latein kann, hat er sich statt Martin Martinus genannt: Martinus Tubbeke." „Sehen Sie, Vater, das will ich auch werden: ein Studierter." „Was ist bloß mit den jungen Leuten heutzutage los! Wollen sich den Kopf vollstopfen mit gelehrten Dingen. Arbeiten ist es, was ihr lernen sollt! Verlaßt euch lieber auf eure Hände als auf euren Kopf. Du lernst die Weberei und dabei bleibt es!" Ludde war gereizt und ärgerlich. Er hustete noch mehr.

Charlotte hatte gehört, wie gut man in der großen Stadt verdienen kann. „Also hört zu! Ich such mir Arbeit in der Fabrik!" teilte sie uns mit. „Da arbeitet man zwölf Stunden am Tag – und danach herrscht ein fröhliches Leben. Was ist hier schon los? Nischt!" Es hatte keinen Zweck, sie zurückzuhalten, sie hatte immer einen dicken Kopf und so gar nicht den Hang zum Höheren wie Minchen. Dafür hatte sie zwei rechte Hände und konnte tüchtig zupacken. Der Fabrikherr erkannte das bald und sie verdiente im nächsten Jahr viel mehr als Ludde. Aber

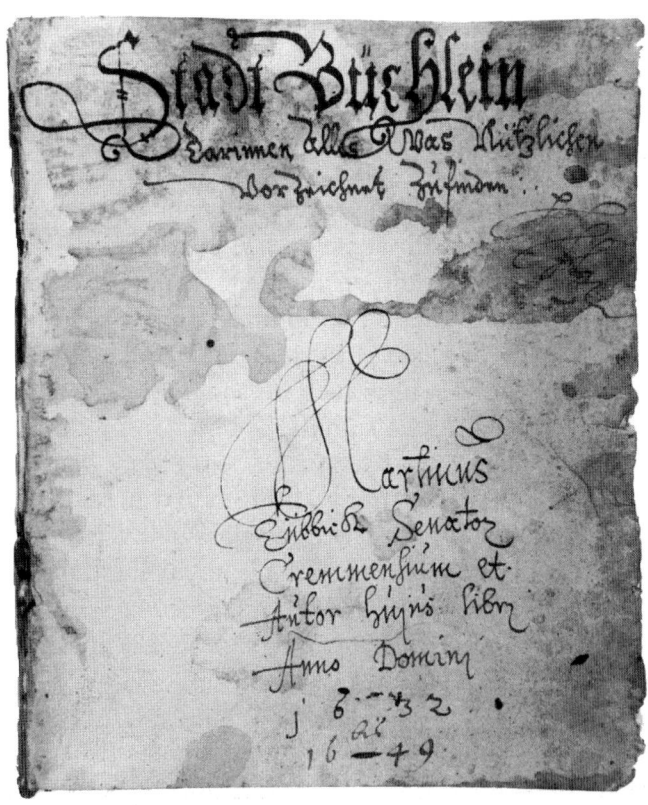

Das Stadtbuch von Cremmen

immer, wenn sie mal nach Hause kam und wir sie fragten: „Na, Charlotte, wieviel hast du denn schon gespart?" fuhr sie auf und gab patzig in schlimmster Berliner Mundart zurück: „Jespart? Wat meent'er denn, wat ick inner Stadt allens ausjeben muß, wa? Alleene de Miete! Un da jeht man denne ooch ma zum Tanz und trinkt ooch ma 'ne Berliner Weiße un soo..."
„Charlotte, Charlotte, wie sprichst du bloß! Hast du denn gar keinen Bürgerstolz?" „Nee, Mutter, Bürjer sin' wer nicht. Wir sin' Arbeeter. Wer schwitzen jenuch für unser Jeld, det kannste jlooben!"

1840. Eine Sorge waren wir los: Der Schiffbaumeister Jänicke wollte tatsächlich unsere Tine nehmen. Die Aussteuer hatte ihn überzeugt. „Ich brauche eben wen zum Arbeiten und auch was fürs Bett", sagte er ebenso nüchtern wie Tine: „Mann ist Mann!" Ich mochte ihn nicht, den Jänicke, aber Tine war es zufrieden. Als ich ihr die Dinge des Lebens erklären wollte, lachte sie mich aus: „Ach Mutter, es war ganz schön im Heu..." „Um Gottes willen, Tine, wenn du nun ein Kind kriegst! Welche Schande würdest du über die Familie bringen, gebe Gott, daß du kein Kind kriegst!" Wie oft habe ich noch an diese Worte gedacht. Hatte ich das Unglück über sie gewünscht? Lag es an mir? Tine hat nie ein Kind bekommen.
Mein Mann arbeitete immer härter – er war nun auch schon 57. Die Prenzlauer Dampfwebereien verkauften recht guten Stoff, aber viel billiger! „Laß sie doch!" würde er gerne sagen, aber es kamen nicht mehr viele Kunden, die Garn brachten. Wir freuten uns über jede Bestellung, aber für die gleiche Arbeit bekamen wir weniger Geld. Auch wenn ab und zu mal ein Schiffer kam und Stoff für ein ganzes Segel bestellte, war das nur eine kurze Erleichterung. Es half nichts: Wir mußten selbst Garn kaufen, um Stoff auf dem Markt anbieten zu können. Es galt also erst mal viel Geld anzulegen, bevor wir überhaupt anfangen konnten zu weben. Und manchmal fand sich danach noch nicht mal ein Käufer.
Widerwillig fing Willi nach der Schule mit der Weberlehre an und träumte mit seinem Cousin Eduard, der auch schon bei uns lernte, von der weiten Welt. So friedfertig mein Mann sonst immer gewesen war, so ungeduldig war er jetzt mit Willi.
Ludwig kam vom Militär zurück. Er war sehr schmal geworden. Ohne viele Worte setzte er sich gleich wieder an den Webstuhl. Er hatte noch niemals viel geredet. Schon als Kind war er gerne mit dem Fährmann ans andere Oder-Ufer gefahren und war dort stundenlang in der Wildnis des Oderbruches herumgestreift. Aber seine Augen leuchteten, wenn er von dem Rauschen des Windes in den Erlen berichtete, von den geheimen ruhigen Plätzen, von den Kranichen und Störchen und Fischadlern, weitab von allen Menschen. Es war sein Traumland und keiner durfte mit ihm gehen, nicht mal Willi.
Wenn Jahrmarkt war, schaute Ludwig sich das Treiben lächelnd an, aber irgendwann hielt er es nicht mehr aus. Er beobachtete die fröhlichen Menschen von ferne noch ein Weilchen, genoß es, wenn die Flöten und Geigen langsam leiser wurden

und ging irgendwohin, wo er alleine war. Dann setzte er sich ins Gras, umfing seine Knie mit den Armen und begann, die Sterne anzuschauen.
„Wird dir denn dabei nicht langweilig?" wollte ich wissen. „Nein, Mutter, Sie können mir glauben, das sind für mich die schönsten Stunden. Ich wünschte, ich müßte nicht in dieser engen Stadt leben. Manchmal denke ich, ich kriege hier keine Luft mehr!"

7. Juni 1840. Der König ist tot! Es lebe der König! Der Kronprinz übernahm die Regierung – der kleine Fritz, der in Freyenwalde einst die Drehorgel gespielt hatte. Nun hieß er Friedrich Wilhelm der Vierte. Würde er endlich, endlich dem Bürgertum die Stellung einräumen, die ihm gebührte, würde er eine Verfassung erlauben?
„Es kann wirklich nur besser werden", sagte Ludde, „komm, laß uns darauf anstoßen, Justina." „Prost, mein guter Mann! Ich trinke lieber auf deine Gesundheit!" „Prost! – Hast du gehört, Frau, daß viele träumen – von einem einzigen großen Land Deutschland? Einem Staat, in dem alle Länder vereint sind, in denen die deutsche Sprache geprochen wird? Sie sagen, sie wollen eine neue Fahne haben: Schwarz-rot-gold! Einer hat ein Lied gedichtet: *Deutschland, Deutschland über alles, über alles in der Welt.* Aber der König hat es verboten, weil es sich gegen Preußen richtet."
Wir redeten an jenem Abend noch lange von besseren Zeiten, von ein bißchen Wohlstand und Freiheit und Gleichheit und waren richtig ein bißchen beschwipst.
Ein paar Wochen später fragte ich mich: Fingen bei mir die Wechseljahre an? Meine Monatliche Reinigung blieb aus, ich hatte keine Lumpen mehr im Topf auswaschen müssen. Auch nicht im nächsten Monat. Ich trank Frauenmanteltee. Oder war ich vielleicht krank? Aber plötzlich begriff ich verblüfft: Ich war noch einmal in gesegnete Umstände gekommen!

Mein Nesthäkchen

würde geboren werden, wenn ich schon 46 Jahre alt bin! Und mein Mann wäre dann 58! Unglaublich!
Da staunte die ganze Stadt und besonders mein Ältester, der Ludwig, der ja immerhin zu der Zeit schon 26 war. Ganz böse Klatschmäuler wagten sogar zu vermuten, mein Sohn und ich hätten... Diese gemeine Johanna Fuchsin, die Frau von Luddes Cousin Heinrich Tubbe, die alte Ziege! Wie sie dastand am Brunnen und tuschelte! „Wer weiß, wer weiß, was da so im Hause zugeht..." Dabei hat die das gerade nötig, was hat sie denn geboren: Mädchen nur! Das hat sie nun von ihrer spitzen Zunge. Ich ärgerte mich so sehr, daß ich das erstemal dachte: Was für eine stickige enge Welt!

Die Hebamme machte ein bedenkliches Gesicht. „Was für ein Risiko bei einer derart alten Mutter! Legen Sie sich oft hin", riet sie mir. „Es ist Ihre neunte Geburt, da sind die Bänder ganz weich! Nicht husten, sonst kommt das Kind zu früh."

Die Schwangerschaft und die Geburt strengten mich außerordentlich an, aber dann hielt ich glückselig einen gesunden Knaben im Arm. Mein Johann August wurde am 17. Februar 1841 geboren. Alle Nachbarinnen kamen und plapperten lautstark um mein Bett herum und bestaunten den kleinen August: „Ach Jott, ach Jott, nu kiek ma bloß den kleenen Juste, an, wa?" „Juste" – nannten sie ihn – beinahe wie mein Vorname: Justina. Das klingt hübsch!

Nachbarinnen am Wochenbett
(Paul Lacroix 1878)

Schuhmacherwerkstatt

Kalle lud zum 7. März die Familie zur Taufe in seine Wirtschaft neben der Schuhmacherwerkstatt ein. Meine beiden Brüder Hansi und Daniel Hein baten wir als Taufpaten und dazu noch Kalle Tubbe's zweite Frau, die Henriette Krumrey, die er sich nach dem Tod seiner lebenslustigen Caroline Hanisch genommen hatte. Charlotte kam nicht zur Taufe, sie hatte ja schon immer einen harten Kopf, und mit ihren 19 Jahren war ihr mein Kind ziemlich peinlich. „Ihr in Eurem Alter!" sinnierte sie. „Könnte ja meine Jöre sein, wa . . . ?"
Für unsere zwölfjährige Caroline aber war es wunderschön, sie schleppte das Kind wie eine Puppe herum und verwöhnte es sehr und sang ihm die schönsten Kinderlieder vor: „Summ, summ, summ, Bienchen summ herum . . ." und auch wieder: „Hänschen klein, ging allein, in die weite Welt hinein . . ."

Alle sind um mich herum und hämmern eifrig. Hinten am Horizont wird es dunkel. Es zieht ein Unwetter auf. Hier in Texas kommen manchmal Stürme mit solcher Macht, daß sie alles fortreißen. Alles, von dem man glaubt, daß es auf ewig halten würde, nimmt so ein Hurrican mit sich und nichts bleibt übrig. Alles wirkt bleiern, und die Luft sieht seltsam grün aus. Sicher werde ich gleich von hier unter meinem Pecan-Baum abgeholt. Es hilft nichts, man muß in ein Kellerloch steigen. Dort werden wir beten, daß kein Tornado über uns hinwegzieht. Wenn wir danach noch leben, werde ich wohl in meinem stillen Winkel im Hause weiterschreiben müssen. Herr, es ist spät und der Tag hat sich geneiget. Die dunkle Wolke ist schon ganz nah.

Mein kleiner Juste entwickelte sich prächtig und war meine ganze Freude. Ich hatte sie bitter nötig, denn das Leben wurde immer schwerer. Früher scheffelte man als Garnweber zwar keine Reichtümer, aber nun braute sich wirtschaftlich ein Unwetter zusammen.

Willi hatte 1843 ein ganz wunderbares Gesellenstück gewebt und wurde freigesprochen. Mit solch einer guten Arbeit wird er bestimmt Arbeit finden, glaubten wir. Er hatte seinen Sonntagsrock mit Weste, drei Vorhemdchen, vier Hemden, seine Nachtmütze mit zwei Schnupftüchern und ein Arbeitsbeinkleid in sein Ränzlein gepackt, hatte seinen Paß, das Wanderbuch und 10 Thaler in seinem Hut verstaut, seinen Wanderstock genommen und war nach Süden gegangen. Rudolf hatte ihm vorgeschlagen: „Setz dich doch auf ein Oderschiff und geh nach Liegnitz. Da bin ich geboren und kenne noch ein paar Leute." Aber in Liegnitz bekam er keine Arbeit und in Breslau erst recht nicht.

„Werter Herr Vater, herzliebe Frau Mama!" schrieb er. „Von der Wanderschaft tue ich Euch kund, daß es mir wohl ergeht und grüße ich Euch herzlich. Ich habe bei vielen Meistern vorgesprochen, aber bislang will mir keiner Arbeit und Brot geben.

Liebe Eltern, solche unglaubliche Not wie hier auf den Dörfern habe ich noch niemals gesehen! Ich habe das Haus eines Webers angesehen. Er und seine Familie trauen sich nicht mehr in die Kirche, weil sie sich ihrer Lumpen schämen.

Vier einfache Webstühle stehen in der Stube, daneben im Alkoven schläft der Weber mit seiner Frau. Die Kinder liegen auf dem Boden in Lumpen gehüllt,

Der Nachbar beim Weber

obwohl an den Wänden das Wasser herunterläuft und sich in einer Vertiefung im Lehmboden sammelt. Außerdem ist da noch das Strohlager einer Einliegerfamilie. So nennt man Leute, die keine eigene Wohnung haben und dafür ein paar Pfennige an Miete zahlen. In diesem Zimmer arbeiten alle von früh bis in die Nacht. Hier wird auch gekocht, aber die Fenster werden nie geöffnet, denn es muß acht Monate teuer geheizt werden.

Die Weber jammern, sie bekämen schlechtes Garn geliefert. Die Händler aber behaupten, sie müssen das schlesische Leinen immer billiger verkaufen, weil das englische besser und günstiger ist. Die Weber kriegen jedes Jahr weniger, Steuern und Abgaben aber bleiben. Sie haben ohnehin fast nur von Kartoffeln gelebt, aber wegen der Kartoffelfäule gibt es keine mehr. Fleisch gab es sowieso nur zu Pfingsten und Weihnachten, für alle sechs Personen ein halbes Pfund. Bisher hatte ihnen ein Bauer für die gesammelten Kartoffelschalen ein Glas Buttermilch gegeben. Das war ein Fest! Aber nun kriegen sie nichts mehr. Vor Hunger müssen sie die Schlichte löffeln, so nennt man hier die saure und stinkende Brühe mit Stärke, durch die der fertige Stoff gezogen wird, bevor er gebleicht wird.

Es wird bestimmt zu noch mehr Weber-Aufständen hier in Schlesien kommen, aber die Regierung läßt höchstens ihre Soldaten auf die Weber schießen!

Liebe Eltern, es ist schlimm zu erleben, daß Menschen ihr Schicksal nicht in die Hand nehmen. Nun werde ich meinen Blick nach Westen wenden. Seid gegrüßt von Eurem treuen Sohn Willi."

War es das Ende der ehrlichen Handwerksarbeit, das Ende der Garnweberei?

1845. Ludde hatte es nicht fassen können und hustete immer mehr. Nachts bekam auch ich kaum noch ein Auge zu. Es muß wohl bei dem Ernteregen gewesen sein, daß er sich einen Schnupfen holte. Sein Magen schmerzte – hatte er etwa überhitzt von kaltem, abgestandenem Wasser getrunken? Man sagt, daß darin manchmal Eidechseneier sind, die im Magen ausschlüpfen und wachsen und lebensgefährlich sind. Er legte sich hin und fieberte. Ich saß an seinem Bett, hatte Angst, schluckte und schaute in meinen Schoß, auf meine betenden Hände. Jeden Tag stieg das Fieber höher. Ich schickte Caroline nach Freyenwalde, um den guten Heil-Schlamm zu holen. Jede Stunde machte ich kalte Wadenwickel. Aber das Fieber stieg. Ludde fing an zu phantasieren. Der Doktor sagte bedenklich: „Eine Lungenentzündung! Und das mit 62 Jahren und mit dem Staubhusten . . ."

Wir nahmen Abschied. Drei seiner Kinder standen um sein Bett: Caroline, Ludwig und der kleine Juste. Willi war in der Fremde, irgendwo im Westen, Charlotte in der großen Stadt . . . und Tine, wo blieb Tine?

„Lebt wohl!" flüsterte er. „Meine Zeit auf dieser Erde ist abgelaufen. Im Himmelreich sehe ich euch alle wieder! Behüte euch Gott." Ich küßte ihn zum letztenmal.

Die Erde blieb stehen

21. 8. 1845. War mein Leben vorbei? „Nein, und nein! Justina, sei nicht undankbar!" sagte ich mir immer wieder selber. Wie viele Menschen sterben viel jünger! Wie wenige Frauen hatten einen so friedfertigen Mann wie Ludde – ach, wie selten hatte er mich geschlagen! Es war eine gute Ehe gewesen! Gott vergönnte uns eine gemeinsame Zeit von 31 Ehejahren und gab mir neun Kinder, von denen immerhin sechs am Leben blieben!

Die Leichenfrauen kamen und schenkten sich zuerst einen großen Branntwein ein, bevor sie ihn wuschen. Die Waschschüssel wurde zerbrochen, wie es der Brauch war, der Kamm mit in den Sarg gelegt. Sein Leichenkleid war aus dem allerfeinsten Leinen. Wir legten ihm das Gesangbuch unter das Kinn und die Münze unter die Zunge. Sollte er Petrus an der Himmelstür etwa völlig mittellos gegenüberstehen?

Als er begraben war, mit dem Kopf nach Osten, und die singenden Schulkinder ihren Wecken mit dem eingebackenen Pfennig bekommen hatten und lärmend

Beerdigung (Rudolf Zacharias Becker, 1836)

nach Hause gingen, blieb ich noch einen Augenblick mit der Familie am Grabe stehen, während von ferne die Glocken immerfort läuteten und läuteten ...
„Die Tränen des Hinterlassenen empfindet der Begrabene als frisches Blut in seinem Herzen und als sengendes Feuer in seiner Brust – das hat unsere Mutter immer gesagt", tröstete mich mein Bruder Hansi und reichte mir seinen Arm.
„Aber man darf auch nicht vergessen", ergänzte Kalle, der seine liebe Frau Caroline schon lange hier auf dem Kirchhof liegen hatte, „man nimmt dem Verstorbenen die Ruhe, wenn man ihm zu heftig und zu lange nachweint."
Da schaute seine zweite Frau, Augusts Patentante Henriette, ihn recht spitz an, nahm Juste an die Hand und ging mit ihm zum Leichenschmaus vorweg. „Immer redet er noch von ihr!" schimpfte sie still vor sich hin, „und immer öfter trinkt er viel zu viel!"
August hüpfte an ihrer Seite. „Tante Henriette? Wann kommt Papa denn wieder?" „Dein Vater? Der ist jetzt erst mal im Fegefeuer. Da bleibt er so lange, bis er seine kleinen Sünden abgesessen hat. Wenn er ein schlechter Mensch war, kommt er dann in die Hölle und schmort auf ewig beim Teufel in der Hitze – ja, ja, da treffen sich alle Säufer und Spieler! – Aber wir guten Menschen, August, wir klopfen bei Petrus ans Himmelstor. Dann fragt er uns, wie wir heißen und wiegt unsere Taten auf seiner Waage. Dann läßt er uns ein, und wir dürfen als Engel das Halleluja singen und Harfe spielen und auf einer Wolke sitzen. Ob ich meinen Kalle dort treffe, ich weiß es nicht. Hüte dich vorm Alkohol, Juste. Er macht die Männer zu Kindern. Wie viele haben schon Haus und Hof versoffen, und die Frau steht daneben und kann nichts machen. Selbst über das Geld, das sie mit in die Ehe gebracht hat, darf sie nicht verfügen, weil sie ja nur eine Frau ist, sagt man. Aber das verstehst du vierjähriger Bengel ja noch nicht. Lauf, spiel mit den anderen Kindern. Das Leben geht weiter!"
Ja, das Leben mußte weitergehen. Ob unser kleiner Drak – der unsichtbare Kobold, der Glück ins Haus bringt und dem ich immer ein paar Käsestücke hingelegt hatte –, ob er bei uns bleiben würde? Haus und Besitz wurde vom Gericht meinem Ludwig, den vier Geschwistern und mir überschrieben. Jeder von uns hatte ein Sechstel des Wertes geerbt, ich als Witwe den gleichen Anteil wie jedes Kind. Nur Tine nicht, die war durch ihre Aussteuer schon abgefunden. Ludwig leistete den Bürgereid als seines Vaters Nachfolger als Garnwebermeister.
Wie oft ging ich zum Grab und in die Kirche zum Beten und nahm den kleinen Juste mit! Er hörte mir aufmerksam zu, wenn ich ihm all' die alten Geschichten aus der Bibel erzählte. Mein Mann hätte sicher geschimpft und gesagt: „Laß den Bengel zufrieden und laß ihn toben und tollen", aber ich band ihn dicht an mich und hatte Angst, seine Nähe zu verlieren.

„Das muß wahr sein!" sagt Maria, die mir gerade wieder über die Schulter geschaut und neugierig gelesen hat, nachdem sie mir den Maisbrei in meinen stillen Winkel brachte. Der Orkan ist vorüber. Aber draußen wird es ungemütlich. Wir haben den Kamin angezündet.

„August hat oft gesagt: Wenn Mutter mich bloß ein bißchen losgelassen hätte! Aber, wie heißt es doch? Wer von uns frei von Schuld ist, der werfe den ersten Stein! Vielleicht werde ich mich wiederum dereinst zu wenig um meine Kinder kümmern können, bei all der Arbeit!"
„Du hast aber auch wirklich viel zu tun – du und deine Mutter! Wenn ich euch nur helfen könnte! Aber ich kann wirklich kaum noch laufen!" „Du hast genug gearbeitet, Grand-Ma Justina... hast die Spuren deines Lebens gezogen. Keiner braucht sich zu schämen, wenn er im Altenteil lebt."

Justina Tubbe

Meine Haare waren ganz plötzlich grau geworden. Ich sah meine Falten im Spiegel, jeden Morgen, wenn ich mir meine dünnen Haare zum Knoten hochsteckte und mein schwarzes wollenes Tuch um die Schultern legte. Manchmal nahm ich mir mein Bildnis zur Hand. Ein Kunststudent – ein Freund vom jungen Lehrer Schmidt – hatte es von mir gemacht. Sah ich wirklich so aus? Hatte ich tatsächlich eine so breite Nase? Ich fand mich gar nicht so gut getroffen.
Nachts schob ich mein Federbett zurück, weil ich solche Hitzewallungen hatte. Ich suchte mir wieder Hirtentäschel und trank täglich ein Gläschen von meinem Schwedenkräuter-Likör. Meine Augen wurden immer schlechter. Ich konnte nur noch spinnen, aber mit dem Stopfen war es aus. Jeden Abend legte ich mir ein Läppchen über die Lider, das ich mit Augentrost-Tinktur getränkt hatte. Aber dann war es wieder Rudolf Förster, der half: Er machte mir eine Brille!

Eines Tages kam Onkel Kalle mal ganz vergnügt zu einem Plausch. Hatte er vielleicht ein bißchen viel getrunken? „Gratuliere zur Aufnahme als Bürger, mein Herr Neffe!" strahlte er Ludwig an. „Ich wollte dir einen Vorschlag machen. Hast du nun nicht Lust, bei uns in die Schützengilde einzutreten? Dein Vater, was mein Bruder Ludde war, dieser Eigenbrötler, der wollte das ja nie! Aber du? Wir sind so ungefähr 50 angesehene Bürger, fast alle sind Handwerksmeister, aber auch der Hegemeister und der Bürgermeister sind mit dabei." „Lust hätte ich schon, aber..." „Umsonst ist es nicht. Wir bekommen vom Magistrat ein Grundstück und wollen darauf ein Schützenhaus bauen. Jeder unterschreibt und bürgt für seinen Teil an den Krediten, die wir von der Witwe Schulz aufnehmen, zu fünf Prozent. Dafür bauen wir aber auch für unsere Feste ein schönes Gebäude, das wird lustig werden..."

Ich hörte zu und kriegte einen Schreck. Würde etwa Ludwig für die Schützen Schulden machen? Wir hatten doch kaum Aufträge! Aber gottlob regelte es sich von allein, denn Kalle fiel plötzlich ein: „Mensch, Ludwig, geht ja gar nicht – du bist noch nicht verheiratet! In den Statuten steht, daß man seinen eigenen Hausstand haben muß – und du lebst ja noch bei deiner Mutter! Na man 'ran, alter Junge, such dir was Nettes fürs Bett. Dann spendier ich dir auch ein gutes Fäßchen Bier." Aber da war kein Mädchen, das ihm den Kopf verdrehte. Oder doch? Willis Wanderjahre waren vorbei. Eines Tages stand er braungebrannt vor der Tür. Ich hätte ihn kaum wiedererkannt! Wir gingen zusammen zu Luddes Grab. „Nun hat er seinen Frieden", sprach er ergriffen. „Mein Herr Vater, ruhet sanft und selig! Und mit Euch die ehrbare Weberei! Wissen Sie, Mutter, ich bin nur weitergewandert, damit Sie nicht sagen, daß ich nicht arbeiten mag. Nun muß ich bald zum Militär, da geht kein Weg drumherum. Aber dann, was wird dann..."

Die Unzufriedenheit mit den Zuständen im Lande wuchs. Der neue König interessierte sich für italienische Bauten, aber nicht für das Regieren und für uns. Immer mehr Leute verkauften ihre Wiesen und hatten kein Land mehr neben ihrem Gewerk, waren fast genauso gestellt wie die Tagelöhner – schlimmer manchmal als früher die Leibeigenen, denen ihr Herr im Alter doch wenigstens ein bißchen zu beißen gab.

Arbeiter wurden gebraucht, nicht nur für die Fabriken, sondern auch für die Eisenbahnstrecken, die durchs ganze Land gebaut wurden. All die Maschinen brauchten Holz für den Kessel, und ganze Wälder wurden kahlgeschlagen.

Die Welt veränderte sich. Bares Geld kam immer weniger ins Haus. Also mußten wir versuchen, von unserem bißchen Land möglichst viel Nahrung zu ernten. Aber das ging nicht: 1846 hatte es schon eine schreckliche Mißernte im ganzen Land gegeben. Und der Sommer '47 wurde ebenso schlimm. Erst wochenlang Trockenheit, und dann vernichtete der Hagel die Ernte. Es gab kein Korn. Und dann noch diese schreckliche Kartoffelseuche! Wer nicht die sündhaft hohen Preise für ein-

geführte Waren bezahlen konnte, mußte auf Brot verzichten. Buchweizengrütze, Bohnen und ein bißchen Leinöl wurden wiedermal zum Leibgericht.
Unser Freund, der Webermeister Maasch, erzählte, daß sie in Irland Hunderttausende glatt haben krepieren lassen. Dort lebten sie fast nur von Kartoffeln, und nun war die ganze Ernte durch die Kartoffelfäule matschig und ungenießbar. „Ganz viele der Iren haben einen Ausweg gefunden, sind nach Amerika!" Er spuckte aus. „Ich hab auch die Schnauze voll! Ich warte doch nicht tatenlos, daß ich mit meinen fünf Kindern auch verhungere! Wie im Paradies ist es in der Neuen Welt – Frieden und Freiheit! Ich geh' aufs Amt und wandere aus." Er war der erste aus Oderberg. Das war 1847.
In dem Jahr kam Klein-August in die Schule. Ohne Zuckerzeug in der Schultüte. Barfuß – ohne Lederschuhe.
Über vierzig Jahre lag meine eigene Schulzeit nun schon zurück. Da hatte sich viel geändert! Inzwischen waren sechs Lehrer für die 500 Schulkinder angestellt worden. Alle 75 Schüler in Justes Klasse durften sich auf den Holzbänken einen Platz suchen, die Mädchen auf einer Seite und die Jungs auf der anderen. Nur für die beiden Abschlußklassen vor der Konfirmation, wenn die Jungs mit 13 anfingen, die Mädels anzugaffen und die Mädchen die Köpfe zusammensteckten und kicherten, gab es getrennte Klassen.
Mein Juste hatte einen ganz jungen Lehrer, der richtig auf einem Lehrerseminar ausgebildet war. Nicht so einen wie Herrn Astfalk, der nur mit Mühe selber lesen konnte. Nein, der Herr Schmidt – das war ein Tausendsassa!

Die Dorfschule (Albert Anker)

Er war Mitglied im Botanischen Verein. Er grub ebenso gerne, wie früher mein väterlicher Freund, der Apotheker, alte Scherben aus der Erde. Er sprühte vor Energie und hatte sogar noch Zeit, einen Männer-Gesangverein zu gründen.
Das war das richtige für unsere Tubbe-Männer! Singen – das taten sie gern! Sie probten alle mit, der Schwager Kalle, meine großen Söhne und sogar die Cousins Heinrich und Christian Tubbe, die zwei Geistlichs, die beiden Marowskis und zwei aus den Junge-Familien. Schon bald hatten sie ihren großen Auftritt: Der Bürgermeister Heuduck feierte sein 25jähriges Dienstjubiläum. Die Sänger trafen sich bei uns, unterschrieben alle den kunstvoll geschnittenen Glückwunsch und zogen die paar Meter zu Herrn Heuducks Haus, um unter seinem Fenster „Die Loreley" zu singen. War das ein Ohrenschmaus! Die ganze Stadt stand darum herum und klatschte. Welch eine Kultur in unserer Stadt!
Ludwig erstand für viel Geld beim Händler Gutherz eine Laute und übte so lange, bis er seine eigene wohltönende Baßstimme hübsch begleiten konnte. Wenn dann Caroline mit klaren, hohen Tönen und Juste mit seiner Knabenstimme einstimmten, dann fing ich auch an, mitzusummen und uns allen war so recht wohl ums Herz. Ganze Abende haben wir die schönen ruhigen Lieder gesungen. Wenn die Sonne untergegangen war und die Flamme in der Petroleumlampe brannte – war es nicht wunderbar gemütlich in unserem Haus?
Natürlich wurde nach den Übungsabenden des Männergesangvereins bei Onkel Kalle ein Bier getrunken, und der Lehrer Schmidt hielt nie mit seiner Meinung hinterm Berg: „Unsere Regierung versagt! Was wir brauchen, ist Freiheit der Presse, der Lehre, des Gewissens und des Glaubens, egal welcher Konfession. Man muß sich versammeln dürfen, Vereine gründen, ohne von der Polizei gequält zu werden!"
„Jawohl!" jubelten die Zuhörer.
„Die Menschen müssen sich lösen von ihrer Buckelei, auch vom alten Aberglauben. Wir haben ein Anrecht auf persönliche Freiheit, müssen reisen können, wohin wir wollen. Ein Recht gibt es auf Arbeit und Verdienst."
„In der Tat!" – „Recht hat er!" „Vorsicht, Vorsicht mit solchen Reden. Wenn uns der Gendarm hört . . . wechseln wir lieber das Thema."
Herr Schmidt seufzte und rieb sich das Kinn. „Das Oder-Hochwasser hat wieder so schlimme Versandungen angerichtet! Wenn ich erlebe, was für Armut das Wasser Jahr für Jahr mit sich bringt! Wir haben nicht genug Arbeit hier, wir brauchen Fabriken. Man müßte wirklich die Herren in Berlin mal aufrütteln!" „Ach, wer kümmert sich schon um Oderberg?" „Wenn wirklich mal einer kommt, gibt er uns nur gute Worte."
Herr Schmidt nickte. „Ich glaube, ich werde mal einen Artikel schreiben und an die Zeitung in Berlin schicken! Vielleicht tut endlich jemand was für unsere Wirtschaft! Vielleicht wird auch endlich weitergebaut an den Deichen und Schleusen."
„Aber was kostet das? Übrigens, bestimmt wird bald die Decke in der Kirche ein-

stürzen." "Sieht nicht gut aus, neulich war da auch noch ein Riß am Turm." "Wir brauchen eine neue Kirche!" "Das wird dem König besser gefallen als Deiche bauen. Paßt auf, dann kriegen wir auch so eine im italienischen Stil, den der König so liebt!"
"Kann ja hübsch sein, aber zahlen, das dürfen wir!"
Jeden Tag, den Gott werden ließ, fragte ich mich: "Wie sollte es bloß weitergehen mit uns Tubbes?" Ludwig versprach: "Natürlich weiß ich, was meine Pflicht ist, Mutter! Ich bin der, der die Nahrung heranschafft, ich werde für Sie und den kleinen Juste und für Caroline sorgen." "Ludwig", klagte ich, "ich mache mir dennoch Sorgen! Die Zeiten sind schlecht. Wenn du auch für unseren Hunger arbeiten kannst – aber Charlotte wird irgendwann heiraten. Dann wird sie für ihre Aussteuer den Erbteil vom Vater verlangen." "Dieses Haus und die Felder mögen so an die 2000 Thaler wert sind. Dann müßte ich für Charlotte ein Sechstel – also etwa 350 Thaler ausbezahlen – das ist unmöglich! Sie kann eben nicht heiraten!" "Ludwig, sie kann ihren Anteil einklagen! Und Willi auch! Und was ist, wenn Caroline mal heiratet?" fragte ich. "Dein Anteil, Ludwig, zusammen mit meinem und Justes – das ist ja nur die Hälfte des Hauses! 1000 Thaler. Nimm den Rest auf zu fünf Prozent! Dann zahlst du im Jahr allein 50 Thaler Zinsen!"
"Mutter, Sie wissen sehr gut, daß ich höchstens 100 Thaler Einkünfte habe, und zwar einschließlich der Miete aus der ersten Etage: von Familie Schönicke, den beiden Schlafherren und der Tagelöhnerfamilie, die hoffentlich bald in das freistehende Zimmer zieht. Selbst ein Tagelöhner hat seine 60 Thaler zum Leben. Wie sollen wir denn mit nur 50 auskommen?" "Laß uns hoffen, daß alles besser wird, Ludwig, verzage nie." "Sie haben gut reden, Mutter!" Er seufzte tief. "Was hat Vater immer gesagt? Das Korn kommt keinem nachgerannt, mein Sohn. Geh nach dort, wo dir das beste Brot wächst..."

Zu Neujahr '47/'48 hatte Willi einen Ratgeber für Auswanderer besorgt. Vor zwei Jahren, 1845, war er von einem Prinzen Solms-Braunfels geschrieben worden. Willi saß im Sessel und las wie gebannt und hatte schon richtig rote Ohren. Als er seine Porzellanpfeife stopfte, fragte er: "Sie kennen sich doch aus, Mutter! Carl von Solms-Braunfels..." "Aber natürlich!" Ich war richtig in meinem Element. "Unsere verehrte Königin Luise – Gott hab sie selig! – hat eine Schwester Friederike, die mit 19 schon das erstemal Witwe wurde. Da hat man sie bald in ein winziges Fürstentum im Hessischen verheiratet – nach Solms-Braunfels. Der Carl muß der Jüngste aus dieser Ehe sein. Inzwischen ist sie mit dem König von Hannover verheiratet."
"Dann ist also, wart mal, die Königin Victoria von England jetzt ihre Cousine?" Ich nickte und er fuhr fort: "Der Prinz ist Bevollmächtigter des Vereins zum Schutze deutscher Auswanderer. Du, Ludwig, hör mal zu, was er hier schreibt!"
Willi blätterte und faßte zusammen: "Der Verein will eine Deutsche Kolonie

gründen, Handel treiben und die Auswanderer glücklich machen. Die Landschaft ist paradiesisch, wilder Wein wächst dort in großen Mengen, es ist immer herrliches Wetter, und es fließen die schönsten klaren Flüsse. Unendliche Ackerflächen gibt es, mit schwarzer, guter Gartenerde, die man nicht mal düngen muß – grenzenlose Freiheit, nur reizende einheimische Eingeborene, Reichtum für alle fast ohne Arbeit. Das einzige ist, daß du 60 Thaler für die Überfahrt bezahlen mußt. Dort kriegst du dafür ein Ochsengespann für den Weg von der Küste ins Vereinsland. Da leben nur Deutsche, mit Kaufmannsläden, Kirche, einer Schule und einem Hospital, wo jeder gratis behandelt wird. Du kriegst Essen vom Verein, bis du selbst geerntet hast. Deine Hütte baust du dir aus dem Holz, das der Verein dir gibt, und dann brauchst du nur noch einzuzäunen . . . Land kriegst du geschenkt. 160 Acker – über 60 Hektar – 250 Morgen, stell dir das vor!" „Willi, das klingt schön", Ludwig seufzte genüßlich, „zu schön!"
Willi nickte. „Ich werd' mich mal erkundigen nach diesem Adelsverein.
Ihr wißt ja, gestern hab' ich meinen Stellungsbefehl bekommen. Ich muß nach Berlin, vier lange Jahre! Aber dann, was wird dann . . ."

Mein Willi ging also zu den Soldaten. Ludwig wurde brummig. Aber ich hatte ja noch meine liebe Caroline und das Nesthäkchen, meinen Juste. Wie oft und gerne habe ich den beiden abends beim hellen Schein der Petroleumlampe romantische Gedichte vorgelesen! Oft haben wir vor Rührung zusammen geweint, wenn es besonders poetisch wurde.
Ich las meinem Juste auch gerne den „Struwwelpeter" vor, ein ganz neues Buch, eigens für Kinder geschrieben, aus dem sie lernen konnten, wie man ein moralisches Leben führt und wie man ein braves Kind ist. Denn ich selber wollte ja auch schon immer eine brave Bürgerin sein und ein gottgefälliges Leben führen.

Über dem Land lag eine gefährliche Stimmung. So viele Männer hatten Ideen, die gewiß nicht gottgefällig waren. „Das Volk hungert, nach Brot – und nach Rechten!" schimpfte Herr Schmidt. „Aber unser König träumt! Er pflegt zu sagen: WIR König von Preußen, haben es ganz wunderbar erspüret, daß WIR Herrscher von Gottes Gnaden sind . . . Und wie herrlich es wäre, hat er betont, seinem Volk ganz nah zu sein. Im letzten Jahr beim ersten Landtag hat er eine Rede gehalten: *Warum?* so hat er ausgerufen, *warum sollte sich so ein Stück Papier, wie es eine Verfassung ist, denn zwischen mich und mein innig geliebtes Volk stellen?* Da waren alle bitter enttäuscht."
Caroline verstand das nicht: „Was ist denn eigentlich eine Verfassung?"
Ludwig schüttelte den Kopf: „Schwesterchen, wir haben doch schon öfter drüber gesprochen!" „Na ja", kokettierte sie verschmitzt, „aber wir Frauen sind doch nun mal das schwache Geschlecht, nicht wahr? Wir verstehen nun mal nichts von Politik!"

„Fräulein Caroline, Sie müssen wissen", erklärte geduldig Herr Schmidt, „bisher will der König doch alles allein bestimmen, er will ein absoluter Herrscher sein. Aber die Zeit ist reif – überreif! Wir Männer, wir Bürger, wir Arbeiter, wir Beamten, wir wollen mitreden! Alle Besitzenden wollen Volksvertreter wählen, die nicht nur Preußen, sondern alle Deutschen Lande gemeinsam regieren."

Revolution!

März 1848. Atemlos und ohne zu klopfen kam Herr Schmidt in die Haustür gestürmt: „Ludwig! In Berlin ist der Teufel los. Sie wollen den König zwingen: er muß uns endlich Rechte zugestehen!" Ehe Ludwig nur antworten konnte, war er schon wieder draußen. Am nächsten Tag winkte Schmidt auf der Straße mit einer Zeitung in der Hand. „Hier, die Vossische Zeitung von heute. Freitag, den 17. März 1848. Unruhen, eine riesige Menschenmenge vorm Schloß. Ach, am liebsten würde ich mit für die Freiheit kämpfen!" klagte Herr Schmidt. „Aber morgen ist ja Schule, ich werde den Kindern erzählen, was eine Verfassung ist..."
Am Montag, den 20. März, sahen wir ihn nachmittags wieder. Freudentränen standen in seinen Augen. Ludwig lief auf die Straße, und ich sah vom Fenster aus, wie auch der Apotheker und die jüdischen Händler und die Meister angerannt kamen, um die Zeitung zu lesen. Alle Jungs stürzten dazu und sahen staunend auf die Männerrunde, die sich wie die Kinder freute. „Wir haben es geschafft! Pressefreiheit!" „Endlich, Freizügigkeit im gesamten deutschen Vaterland!" „Der König hat eingelenkt! Hier, lest doch: Er hat eine Verfassung für alle deutschen Länder versprochen! Es soll ein konstitutionelles Königtum geben!"
„Er hat gesagt: Deutschland soll ein einiger Bundesstaat werden. Seit heute geht Preußen in Deutschland auf!" Plappern und Schulterklopfen und Lachen. „Überall die deutsche Bundesfahne – schwarz-rot-gold!" „Aber die Soldaten haben geschossen! Über 180 Tote! Selbst Frauen und Kinder waren dabei. Viele Handwerker, Arbeiter, Studenten. Sogar der junge von Holtzendorf ist gefallen."
Mein Gott! dachte ich nur. Charlotte ist in Berlin. Und Fritz Junge und seine Schwester Helmine mit ihrem Mann Wilhelm Marowski und Eduard, meine beiden Neffen! Und vor allem Willi... bei den Soldaten! Ich kriegte eine Gänsehaut. Was nutzen mir alle Bürgerrechte, wenn mein Sohn auf meine Tochter schießen mußte.
Am Freitag nach der Revolution wurden die Namen der Toten veröffentlicht. Meine Kinder lebten! Ich seufzte dankbar. Die Männer waren glücklich wie im Rausch. Sie waren begeistert von ihrem König. Er hatte ja so viel zugesagt! Welch ein guter Herrscher! Ach, alle liebten ihn so sehr! Ich aber fand, daß die Revolution eigentlich gar nichts geändert hatte. Im Gegenteil, gleich im April ging ein Beamter vom Magistrat der Stadt Oderberg von Haus zu Haus mit dem Befehl des Königs: „Zur Herstellung der öffentlichen Ruhe und Sicherheit sollen alle Städte,

die keine eigene Garnison hatten, eine Bürgerwehr bilden." Alle Bürger von 24 bis 50 Jahren mußten sich in eine Liste eintragen, und dazu auch unbescholtene zuverlässige Männer aus den einfachen Schichten, bis es schließlich 400 Namen waren. Ludwig, Daniel, Heini, Kalle, die Geistlichs, die Junges, Conrad... Zwar versprach man ihnen, im Zweifelsfall Verdienstausfall zu zahlen, aber was war das für ein Zweifelsfall: das Schießen auf die eigenen Leute?

August ist gestern kurz wieder von seinem Armee-Camp zurückgekommen. Er wollte uns noch einmal sehen: „Kann sein, daß es jetzt schlimm losgeht mit dem amerikanischen Bürgerkrieg. Kann sein, daß wir Amerikaner bald wirklich auf andere Amerikaner schießen müssen." Maria mußte seine Uniform flicken. Heute morgen ist er mit Ernst Kolb auf die Jagd gegangen, und sie haben im Busch ein wildes Schwein und einen Truthahn geschossen. Ein Prachtexemplar, das gibt einen schönen Weihnachtsbraten. Aber, ojemineh, wie sieht mein Sohn bloß aus! Wenn ich mir vorstelle, daß er so in Oderberg herumgelaufen wäre. Da hätte man gesagt: „Nun schaut euch doch den Bürgersohn an. Hat er keinen ordentlichen Rock? Welche Schande."
Nicht auszudenken, was alle da geredet hätten! Aber wenn sie das Schwein gesehen hätten, wären sie alle gekommen, um eine Wurst vom Schlachten abzubekommen...

„Mutter, was das Schießen betrifft, das sehen Sie völlig falsch", behauptete Ludwig. „Die Bürgerwehr war doch gerade eine Forderung der Bürger! Außerdem – wir sind glücklich, Waffen besitzen zu dürfen. Schau, jahrhundertelang haben immer nur die hohen Herren die Jagdrechte gehabt. Was taten sie? Über unsere Felder sind sie gegangen, haben die Ernte zertrampelt wegen einem lumpigen Hirsch. Wir durften nur 'ne olle Schrotflinte besitzen, um auf Krähen oder Räuber zu schießen." „Außerdem mußtet ihr Hamster und Spatzenbeine abliefern – oder Strafe bezahlen. Aber wenn einer Wild geschossen hätte, der wäre sofort aufgehängt worden", nickte ich. „Nur die Jäger der adligen Gutsherren durften schießen." „Und nun", strahlte Ludwig, „endlich – endlich wird uns erlaubt, auf unserem eigenen Land zu jagen, das ist doch wunderbar! Doch, Mutter, das haben wir durch die Revolution erreicht!" „Aber Ludwig! Jetzt im Frühjahr haben doch die Tiere alle Junge. Du kannst doch nicht. Das geht doch nicht." „Doch! Ich darf jagen – und ich tue es! Ich geh auf unsere Wiese auf dem Ziegenwerder, Mutter, auf meinen neuen Anstand. Bis morgen!" Und wer sollte weben...?

Als Willi auf Urlaub nach Hause kam, wollten die Männer alles ganz genau wissen. Er hatte ja die Märzrevolution unmittelbar miterlebt. Herr Schmidt hatte seinen Freund, den Künstler, mitgebracht, der im grünen Samtjackett und seinem Barett sofort als Studierter zu erkennen war. Er saß neben meinem Bruder Heini am Ofen, und seine Augen leuchteten: „Auch ich hatte die Ehre dabeizusein! O welch ein erhabenes Gefühl! War ich doch erwählt, die ersten der zwölf-

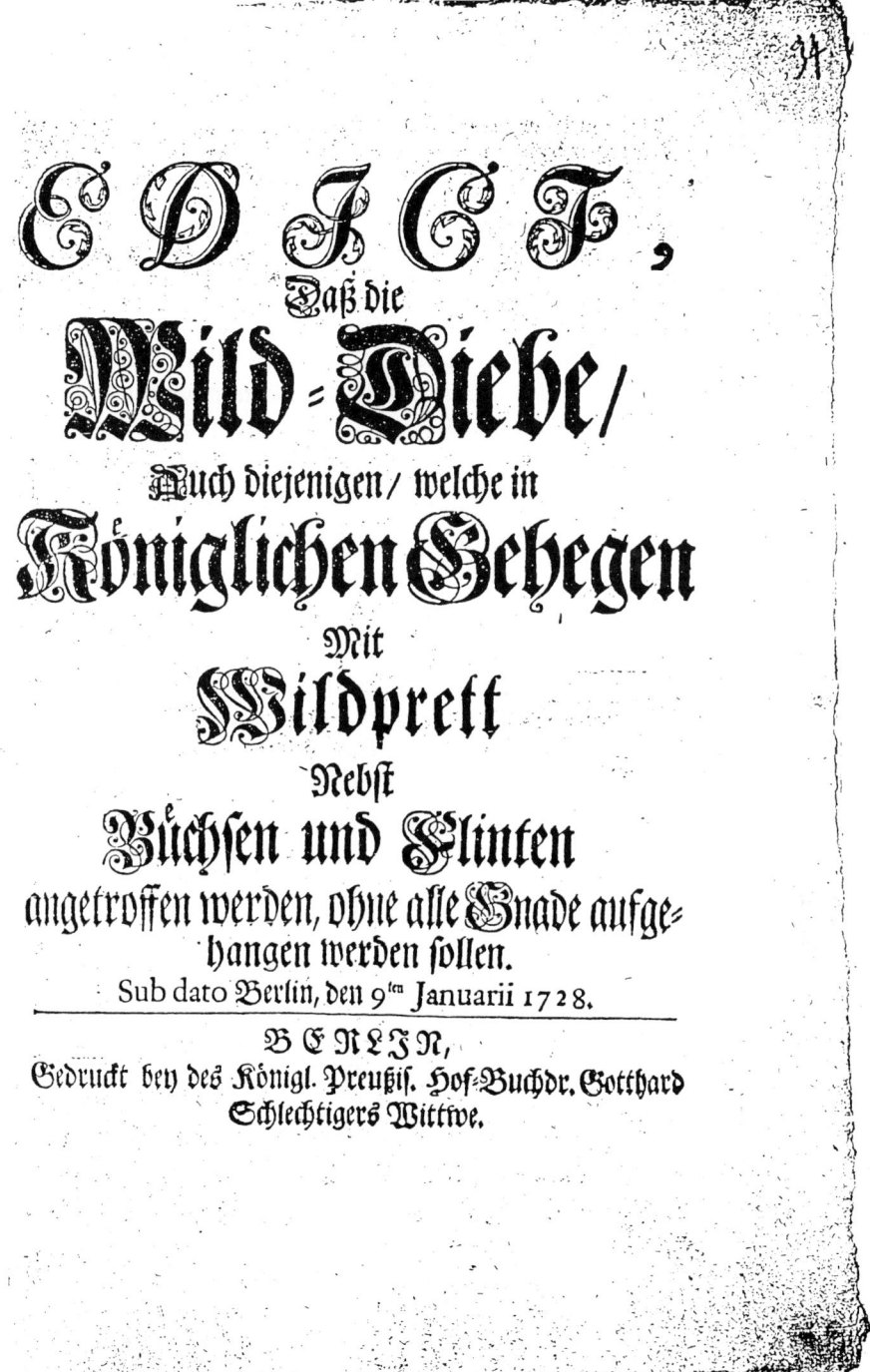

Edikt gegen die Wilddiebe (1728)

tausend Zeitungen mitverteilen zu dürfen, die je ohne Zensur gedrucket wurden."
Pathetisch las er vor:

> *„Fürsten! Tretet mit fester Zuversicht in die Mitte Eurer treuen Bürger! Gewähret die Ausübung der heiligsten Menschenrechte. Fest werden Eure Throne stehen! Die Hand der göttlichen Vorsehung führt durch schwarze Schicksals-Nächte: Menschenwürde, Freiheit, Wahrheit, Gerechtigkeit zu einem glänzenden Sieg!"*

„Ach, ich weiß nicht!" Willi sprach bitter. „Alle glauben hier, es wäre so vieles erreicht worden! Wenn ihr gesehen hättet, wie ängstlich und schwach der König auf dem Balkon seines Schlosses stand! Er konnte kaum sprechen, seine Stimme war krank, keiner hörte auf ihn, und gebeugt und beleidigt drehte er sich um. Wir, das Militär, standen stramm. Mein allerwertester Namensvetter Prinz Wilhelm, des Königs Bruder, der ist es, der die Muskeln spielen läßt! Der war es, der brüllte: ‚Schießt auf die Kanaille! Feuert die Kartätschen!' Schüsse, Schreie, wildes Durcheinander – erst dann wurden die Wagen umgeschmissen, Barrikaden gebaut, Pflastersteine geworfen!" „Ihr Soldaten hättet wohl damals viel lieber auf der anderen Seite gestanden?" „Die meisten, ja! Aber wir mußten gehorchen. Ein Preuße gehorcht immer!" Er lachte ganz unvermittelt auf: „Wißt ihr, was ein Lästermaul in der Zeitung geschrieben hat?

> *‚Die Preußen mit ihrem erlernten Kadavergehorsam hätten sich bestimmt nicht getraut, Revolution zu machen, wenn da nur ein Schild gestanden hätte: Betreten der Rasenfläche verboten!'"*

Ich lächelte amüsiert, aber mein Bruder Heini blickte finster: „Gehorsam muß sein! Wie sonst sollte man Kinder erziehen? Glaubt einem erfahrenen Meister von 62 Jahren! Diese Feuerköpfe! Menschenwürde, Gerechtigkeit, alles dummes Zeug. Das kann man nicht essen. Revolutionen zerstören nur. Wie heißt es doch in Schillers Glocke?

> *‚Wo rohe Kräfte sinnlos walten, da kann sich kein Gebild gestalten, wo sich die Völker selbst befrein, da kann die Wohlfahrt nicht gedeihn.'*

Ruhe und Ordnung. Das ist es, was wir wieder brauchen, Willi!"

„Dann wird es Ihnen wohltun zu hören, lieber Onkel, daß unser Regiment nach Baden marschieren soll. Wir haben den Befehl, dort unten im Süden – ich glaube, die Stadt heißt Rastatt, Ruhe in die erhitzten Revolutionsgemüter zu bringen. Prinz Wilhelm wird uns kommandieren, aber mir graut davor."
Herr Schmidt wiegte den Kopf. „Ja, Ruhe und Ordnung sind die erste Bürgerpflicht, nicht wahr, Herr Hein? Das haben wir immer gehört. Und doch ändert man nichts mit Bravsein". „Nein!" bestätigte der Künstler. „Erst als Steine von den Hausdächern flogen, als aus den Fenstern geschossen wurde und hinter den Barrikaden von Frauen und Kindern neue Bleikugeln gegossen wurden, als der Brandgeruch in die Augen stach und die Verletzten brüllten, während die Sturm-

glocken von allen Kirchen stundenlang lärmten – erst dann schreckten die Mächtigen auf."

Willi nagte bekümmert auf einem Finger herum. „Als wir, die Armee, der Stolz eines jeden guten Preußen, aus der Stadt abziehen durften – meine Güte, was wurden wir angepöbelt! Die Menschen spotteten und pfiffen! Mit Schlamm und Kot wurden wir beworfen! Meine Montur und mein Tornister waren ganz voll Mist! Einer traf mich mit einem Eisenstück – hier, Mutter! Meine Uniform hat einen bösen Riß bekommen. Ob man den wieder flicken kann?"

Ich nahm seine Jacke. „Ich will's versuchen. Solange du stramm stehst, wird's keiner merken. Aber bei ‚Rührt euch' wird man den Flicken sicher sehen können", vermutete ich und fing an zu stopfen.

„Wie gut, daß du selbst nichts abgekriegt hast, Willi!" sagte Ludwig. Willi nickte: „Von außen gesehen bin ich heil. Aber ich werde mich sehr zusammenreißen müssen in den nächsten drei Jahren!"

Schmidt's Freund, der Künstler, hatte sich seine Begeisterung von Willi nicht verderben lassen, räusperte sich und verneigte sich höflich vor mir: „Frau Tubbe, ich habe Ihnen was mitgebracht! Damals hatte ich das Vergnügen, Ihre Charlotte beobachten zu dürfen! Herrlich, wie sie einem Freund – war es Fritz Junge? – geholfen hat, einen verletzten Vaterlandshelden aus dem Kugelregen zu schleppen. Dieses schenke ich Ihnen, Frau Tubbe, das dürfen Sie sich an die Wand hängen zum ewigen Angedenken an die wunderbaren Tage des edlen Heldenmutes: Meine Zeichnung! Ich habe sie für den Neuruppiner Bilderbogen geschaffen – schauen Sie! Das hier links – das ist Charlotte . . ."

Ich nahm das kolorierte Bild und betrachtete es mit Stolz und dachte etwas ganz anderes: „Charlotte als Samariter! Ja, meine Tochter, es gereicht zum Segen, wenn man Kranken beistehen kann!"

Währenddessen berichtete er feurig weiter: „Die heldenmütigen Freiheitsopfer haben wir in Ehren aufgebahrt! Wir Gebildeten im Ornat der Universität gemeinsam mit der ordinären Masse – wir fühlten uns eins als Volk mit dem König. Wir waren überwältigt, als ER sich, in den königlichen Händen die Schwarz-Rot-Goldene Fahne, vor den Toten verneigte . . ." Er tupfte sich die Tränen der Rührung mit seinem riesigen Schnupftuch fort.

Willi spuckte in den Napf und sagte verächtlich: „Und? Er verneigt sich vor denen, auf die Er und sein Bruder uns hat schießen lassen! Glaubt dem König nicht! Er wird sein Wort nicht halten! All das, was der König im ersten Schrecken versprochen hat, beschimpft er jetzt schon als zu demokratisch. Er ist Meister darin, erst Ja und später Nein zu sagen! Er wird auf seinen Bruder hören, die Zensur wieder einführen und einen Polizeistaat schaffen, und wehe, du sagst was Falsches, dann wirst du erschossen oder du kommst ins Loch." „Eine beliebte Methode", überlegte ich, „das werden andere Herrscher bestimmt später auch wieder so machen."

Kampf zwischen Bürgern und Soldaten (Neuruppiner Bilderbogen)

Lange sagte keiner ein Wort.
Ich stopfte immer noch. Der Riß war ziemlich lang.
„Wir können eben gar nichts tun, Willi!" Ludwig zuckte mit den Schultern.
„Ich sage ja nichts Neues", schüttelte Willi resigniert den Kopf. „Unser Handwerk bringt nichts mehr ein. Die Webe-Fabriken nehmen uns die Arbeit weg. Was nutzt dir deine Tüchtigkeit? In den großen Städten qualmen die Dampfmaschinen in den Fabriken – und die Schlotbarone zahlen jetzt immer niedrigere Löhne, weil so unheimlich viele Arbeiter in die Stadt gekommen sind. Die Städte platzen ja aus den Nähten! Alle Kellerräume sind voll mit Proleten, die fast verhungern. Dabei fordert ein Herr Marx sogar die Herrschaft dieser Arbeiterschaft! Ihr wißt doch wohl auch, daß Charlotte... die hat gedacht, sie wird reich in der Fabrik. Und was ist? Sie hat sogar Schulden machen müssen, anstatt sich eine Aussteuer zusammenzusparen."
„Um Gottes willen, Willi...!"
„Ja, so ist es leider. Dabei tändelt sie mit Fritz Junge herum. Aber der erbt nichts und hat auch nichts gespart. Wovon auch? Schau sie dir an, wer ist denn reich hier

in Oderberg? Klar, der Bürgermeister, der Apotheker, der Färber, die jüdischen Kaufleute! Der Pfarrer hat's gut, der hat sein festes Einkommen, zahlt auch keine Steuern. Der kann gut sagen: Das alles ist eben Gottes Ordnung. Die Zeit des Bürgertums wird bald vorbei sein, Ludwig! Ob Arbeiter oder Bürger oder Adliger – alle sollten die gleichen Chancen bekommen, so wie sie das in Amerika machen!" „Da kriegst du Land, falls du Lust hast, Bauer zu sein", träumte Ludwig, „aber das kannst du hier auch!" „Kannst du hier eben nicht, Ludwig!" widersprach Willi. „Wir mit unseren paar Thalern – können wir uns etwa Land kaufen?" „Nein. Aber was können wir denn sonst noch machen?" „Das ist es ja – willst du nicht gerade Arbeiter sein, mußt du für alles ein Zeugnis und ein Papier haben. Der Adel darf oder will nicht arbeiten, und die Junker sitzen in der Armee als Offiziere, egal wie dumm sie manchmal sind. Sie besitzen das Land und lassen die anderen für sich schuften. Machen große Reisen nach Italien, um sich zu bilden ... Ich erleb' es doch jeden Tag beim Militär."

Gefährliche Reden waren das, und ich begann, Angst um meinen Willi zu kriegen. Das schlimmste war, daß er mit seinen finsteren Voraussagen recht behalten sollte. Sogar der Lehrer Schmidt, der als guter Beamter die Krone liebte, hatte bald einen Prozeß an den Hals gekriegt, weil er seine Meinung geäußert hatte. Majestätsbeleidigung hat man ihm vorgeworfen! Aber er ist mit dem Schrecken davongekommen – nur seinen schlechten Ruf hat er jetzt weg.

Irgendwann später, als Willi mal wieder auf Urlaub war, erzählte er angewidert von all den vielen Erschießungen der Aufständischen, die er in Rastatt auf Befehl des Prinzen Wilhelm mit hatte ausführen müssen. „Deshalb habe ich mich jetzt zu den Sanitätern gemeldet. Da kann ich doch wenigstens was Nützliches tun!"

Ich fragte ihn: „Sag mal! Hast du dich eigentlich mal nach dem Adelsverein erkundigt?"

„Ja. Stand was in der Zeitung von diesem Auswanderer-Verein – sie nennen ihn auch den Texas-Verein."

Was ist denn Texas?

„Das ist ja unglaublich! Ludwig wußte nicht, was Texas ist?"
Maria schüttet sich aus vor Lachen.
„Ach, das ist doch kein Wunder – woher sollten wir das wissen? – Irgendwo ein Zipfel Land, am Ende der Welt. Wir hatten natürlich gehört von den Ozeanen und den Erdteilen, aber wir sind doch nie richtig weit weg gewesen. Schon nach Lunow war es ein weiter Ausflug, eine Stunde zu Fuß, und sonntags wanderten wir wohl mal los, jeder mit einem Körbchen mit Proviant, stiegen über den Pimpinellenberg und kehrten ein im Kaffeegarten von Liepe. Schon Berlin war eine weite Reise! Was wußten wir von Amerika?"

„Texas ist ein Land in Amerika", erklärte Willi, „riesig groß! So groß, wie alle deutschen Lande zusammen. Du hattest übrigens recht, Ludwig: Zu schön, sagtest du damals. Weißt du noch? Den Verein gibt es nicht mehr, und die Siedler sind gar nicht in das Koloniegebiet gekommen. Außerdem kamen die Indianer."
Caroline schwärmte: „Das sind edle Männer! Sie schminken sich wunderhübsch und schmücken sich mit wippenden Federn!"
„Indianer sind Wilde!" redete mein kleiner Juste altklug dazwischen. „Das weiß ich, Mariechen aus Prenzlau hat mir aus ihrem Buch ‚Lederstrumpf' vorgelesen. Sie haben rote Gesichter und wohnen in Zelten, sie sind Heiden, schießen mit Pfeil und Bogen und rauchen immerzu Friedenspfeifen."
„Donnerwetter! Du bist ja ganz schön schlau, kleiner Bruder!" freute sich Willi.
„Jawoll, wenn ich groß bin, will ich auch so ein stolzer Reiter werden."
„Der Fürst Solms-Braunfels war auch stolz, viel zu stolz!" Willi schüttelte den Kopf. „Erst ist er im wilden Land rumgereist, aber anders als mitsamt seinem Hofstaat konnte er sich das überhaupt nicht vorstellen! Hatte seinen Hofmarschall und den Stallmeister und seinen Koch und seinen Hofjäger dabei, dazu einen großen Schwarm von Bediensteten. Das schlimmste aber war, daß er sich eingebildet hat: Ich, der Fürst von Solms-Braunfels – ich werde bald der König von Texas!"
„Na ja, als Prinz, warum nicht?" fragte ich.
„Mutter! Dort ist eine Republik – da hat man keinen König! Die Vereins-Herren dachten, daß sie reich werden, wenn sie nur ein paar tausend Untertanen mobilisieren könnten. Der Braunfels hat eine Stadt gegründet, die er nach sich selber Neu-Braunfels genannt hat. Als er nach Deutschland zurückkam, hat er ein Buch geschrieben. Davon hab' ich damals erzählt, weißt du noch, Ludwig?"
„O, ja! Wie deine Augen glänzten, Willi! Geschenktes Land – Reichtum ohne Arbeit – die Weintrauben wachsen dir ins Fenster! Blödsinn – so was gibt's nicht."
„Die Leute sind zu Tausenden ausgewandert, besonders aus Hessen-Nassau", berichtete Willi. „Irgendwie hat alles in einem völligen Desaster geendet. Mein Kamerad beim Militär, der kennt einen aus einem Dörfchen am Fluß Sieg, irgendwo im Westen bei Bonn, der mitgegangen ist. Hab' die Adresse in meiner Hosentasche." Er fingerte einen zerknüllten Zettel hervor und las: „Heinrich Reyder jetzt: Friedrichsburg/Texas. Texas, na ja – nach Neu Jork ist es viel näher."
Wenn man tüchtig ist, macht man dort sein Glück. So hieß es vom Land Amerika.

„Ja, tüchtig muß man sein!" nickt Maria. „Das hat mir August auch wieder gepredigt. Er hatte sich doch neulich den Finger verletzt und mußte kurz ins Lazarett. Du weißt ja, daß Willi dort arbeitet. Sie haben zu wenig Leute. Mary sollte nicht zu Hause rumsitzen, hat er zu August gesagt. Schick' sie her, damit sie lernt, wie man Kranke versorgt. Wenn ihr auch bald heiraten wollt . . . , aber bis dahin kann sie ihrer Heimat dienen. August erzählt, daß dort im Lazarett alles sehr dreckig ist. Sie brauchen Frauen.

Und deshalb, liebste Grand-Ma Justina, muß ich dir was mitteilen: Ich werde mich als Krankenschwester melden und dich viele Wochen allein lassen müssen." „Och ja, mein Mädchen, das tu nur! Es gereicht zum Segen, wenn man Kranken beistehen kann. Ich habe es auch versucht, so oft ich konnte!" „Wenn ich wiederkomme, möchte ich lesen, wie die Reise übers Meer war." „Die Fahrt mit der Hoffnung übers Meer – nach Westen in die Neue Welt – der Weg, den mir der Regenbogen zeigte? Weißt du, das dauerte noch etliche Jahre . . . da habe ich noch sehr viel zu schreiben!" „Adieu, Grand-Ma Justina!" Sie schluckt und streicht mir sanft über die Schulter. „Gott behüte dich, mein Mädchen!" Ich glaube, ich werde sie schrecklich vermissen.

Das Jahr 1849 fing schön an, denn mein Bruder Hansi fragte mich, ob ich nicht mit ihm zusammen für das erste Kind seiner Tochter Patin stehen würde. Sie hatte den jungen Lüben geheiratet, der das Haus mal übernehmen würde. Zur Taufe hielt ich den kleinen Ernst über das Taufbecken. Als ich danach neben dem Prediger Alberti saß, fragte ich: „Herr Pastor, werden Sie denn meinen Neffen Marowski im März noch mit der Helmine Junge trauen können?"
Der schaute mich stirnrunzelnd an und schüttelte den Kopf: „Wieso nicht?"
„Ich weiß nicht, ich fürchte immer, die Kirche könnte zusammenbrechen. Nachts höre ich es knirschen. Der Turm könnte auf unser Haus runterfallen."
„Meisterin Tubbe! Es fehlt Ihnen an Gottvertrauen! Das ist Sünde! Hat mir doch neulich die Fuchsin berichtet, Sie hätten ihr mal eine Tinktur gegeben und des-

In Oderberg wird das neue Rathaus gebaut (etwa 1846)

halb kriegt sie immer nur Mädchen. Dann haben Sie rumgezetert, man sollte die Brunnen säubern, sonst käm die Cholera, und sie kam. Die Kräuter, die Sie suchen. Unheil vorhersagen... Hüten Sie sich, wissen Sie, die Leute mögen so was nicht. Die denken, es wären Hexereien."

Hexereien

Ich wurde blaß. Schon über 100 Jahre verbrannte man keine Hexen mehr. Aber wer nicht an geheime Kräfte glaubte, galt als schlechter Christ. Natürlich gab es Frauen mit übersinnlichen und unerklärlichen Fähigkeiten, mit denen durfte man es nicht verderben! Aber ich? – Ich hatte doch der Fuchsin helfen wollen, als sie schon wieder eine Fehlgeburt hatte! Es stimmte, ja, die Cholera war wirklich gekommen. Im letzten Jahr hatte man 35 Gräber dafür schaufeln müssen und in diesem Jahr waren es schon über 50!
Ein halbes Jahr später wurde die Kirche tatsächlich wegen Baufälligkeit geschlossen. Manche Leute gingen einen Schritt schneller, wenn sie mir begegneten. Der Hausierer machte gute Geschäfte mit Zauberpulver, das man dem Vieh gegen den bösen Blick geben sollte. Zu Silvester fand ich Mohn vor meiner Tür. Das mußte die Fuchsin gewesen sein! Oh, wie ich sie haßte! Jeder weiß, daß man ein Haus so vor einer Hexe schützt, denn sie müßte erst jedes Mohnkörnchen einzeln auflesen, bevor sie darübergehen könnte. Mehr als sonst achtete ich auf die drei Kreidekreuze, die fast alle Nachbarn an die Stalltür gemalt hatten. Man sagte, das half gegen Verhexungen. Ich hatte es in diesem Jahr nicht gemacht, weil der junge Lehrer Schmidt gegen solchen Aberglauben wetterte. Aber nun hörte ich die Fuchsin tratschen: „Seht ihr wohl? Die Alte, die Tubbe, die weiß schon, warum. Wer weiß, vielleicht treibt die's ja selbst. Ich krieg keinen Sohn, ihre Tochter ist unfruchtbar und ihre Söhne finden keine Frauen."
War ich daran schuld? Ludwig hatte mir mal so ganz nebenbei von unserer Nachbarsfamilie erzählt und daß er die kleine Rebekka so nett findet. Da war ich allerdings böse geworden. „Um Gottes willen, Ludwig!" hatte ich gesagt. „Da ruht kein Segen drauf – du weißt, daß die Juden nur Schwiegersöhne wollen, die beschnitten sind!" Ja, es stimmt, damals hatte ich Erde gesammelt, von der Stelle, wo sich zwei Hähne gestritten hatten, und hatte sie zwischen unsere Haustüren gestreut. Das sollte die Liebe trennen, so sagte man. Da vergaß er das Mädchen auch bald.
Ein andermal hatte ich Ludwig gesehen, wie er mit der Ottilie plauderte. Das sah ich gerne. Aber nach einigen Monaten hatte er eine schlimme Zeit. Ich wußte nicht, was los war, und fragte ihn vergebens.
Und Willi war noch bei den Soldaten, der konnte doch noch gar nicht heiraten! Aber ich wußte, daß er die kleine Henriette Kahlow immer zum Tanz aufgefordert hatte, und nun gab ich hübsch acht, daß nicht jemand anderes ihr den Hof zu machen begann. Da würde ich schon ein Mittel finden!

Meine Charlotte hatte sich in diesen Burschen aus der verzweigten Familie Junge verguckt: In Fritz – er war der kleine Schulfreund von Ludwig.
Fritzens Mutter Anna-Maria lebte völlig verarmt, arbeitete als Waschfrau und schaute mich, ihre Helferin aus alten Tagen, immer zweifelnder an. Würde ich meiner Charlotte, der Meisterstochter, erlauben, so einen Habenichts wie ihren Sohn zu ehelichen? Eines Tages, es war im Spätherbst 1851, stand Fritz Junge mit Zylinder in der Hand vor der Tür. Mir klopfte das Herz. Davor hatten wir schon lange Angst gehabt. Es war klar, daß er bei mir um die Hand meiner Tochter anhalten wollte.
„Gott zum Gruß! Frau Meisterin!" sagte er und reichte mir die Hand.
„Guten Tag, Herr Junge. Ach ja, ich kann mich noch gut erinnern, als Schüler sind Sie öfter mal mit Ludwig hereingekommen." Im Stillen dachte ich: „Was für ein Hungerleider warst du damals, hast ausgesehen wie ein Bettlerkind" und sagte laut: „Ja, da haben Sie gern mal ein Stück Brot hier gegessen."
„Das stimmt", lachte Fritz Junge – eigentlich hatte er eine nette Art zu lachen! – „und dann habe ich selber das Bäckerhandwerk gelernt. Aber da ich nun schon 36 Jahre alt bin, so habe ich mich entschlossen, Sie hiermit um die Hand Ihrer Tochter Charlotte zu bitten." Es folgte eine peinliche Pause. Dann räusperte ich mich. „Verehrter Herr Junge", sagte ich mit belegter Stimme, „leider muß ich Ihren Antrag ablehnen." Von Lotte hörte ich einen unterdrückten Fluch. Ludwig saß schweigend neben mir und ich fuhr fort: „Unsere derzeitigen finanziellen Möglichkeiten gestatten es uns nicht, Lotte eine ihr angemessene Aussteuer zu geben, die sie als Bürgertochter hätte erwarten können." Ich hatte es tatsächlich zu Ende gesprochen, aber ich fühlte mich miserabel, senkte meine Augen und blickte auf meine abgearbeiteten Hände, die leicht zitterten. „Du weißt ja, Fritz", sprang endlich Ludwig ein, „mein Vater ging schon vor über fünf Jahren in die Ewigkeit. Die Zeiten sind schlecht, sehr schlecht. Es geht nicht!" Fritz traute seinen Ohren nicht. „Ludwig, ich nehme an, du machst Spaß. Lotte und ich sind uns einig!" „Fritz, mir selbst ergeht es ja nicht anders! Ich kann es mir auch nicht erlauben, an eine Hochzeit zu denken." Ich schaute Ludwig entsetzt an. Ging es ihm nicht gut bei mir? Mußte er sich etwa kümmern um Wäsche, Vorräte, Kochen? Wozu brauchte er eine Frau, wenn er mich doch hatte! Ludwig bemerkte meinen Schrecken nicht. „Fritz, wir haben bislang gehofft, Lotte würde die Situation richtig verstehen. Wir glaubten, sie würde mit ihrem guten Verdienst in der Stadt doch einiges an Ersparnissen zurückgelegt haben. Wir nahmen an, sie würde Rücksicht auf ihre Mutter, auf mich und die beiden Kinder nehmen. Ich weiß nicht, wie wir es schaffen sollten. Und du selbst, du warst doch etliche Jahre nach dem Militärdienst in Brot und Arbeit, du müßtest doch auch einige Ersparnisse haben!"
Es fiel Fritz offenbar schwer, höflich zu bleiben. „Charlottes Anteil an diesem Haus der Familie Tubbe ist im Grundbuch eingetragen. Wenn du also Lotte keine Aussteuer geben kannst, so belaste gefälligst dieses Haus und zahle ihr des Vaters

Hinterlassenschaft in Barem aus." Da war es also. Schulden machen! Ludwig nickte müde. Wir konnten Fritz nicht ablehnen. Die ganze Stadt würde sich das Maul zerreißen. Wir konnten die beiden ein wenig vertrösten, auf einen Schuldner hinweisen, der bald bezahlen mußte. Wenn sie doch noch ein Jahr warteten . . .
Lotte sprach kaum ein Wort mehr mit mir. Sie hatte schon immer einen harten Kopf gehabt, und Fritz bestand auf der Mitgift. Fritz hatte weiß Gott Armut kennengelernt und wußte, daß man von schönen Worten nicht satt wird.
Bald würde Willi von der Armee zurückkommen. Er würde sicher mit uns im Haus wohnen und mit seiner Entschlossenheit und Tatkraft einen Weg für uns finden. Aber er kam nicht. Nur ein Brief.
„Berlin, im März 1852.
Verehrte Frau Mutter, bitte grämen Sie sich nicht, aber ich habe mich entschlossen, nach meiner Entlassung vom Militär das Land zu verlassen. Als Weber bekomme ich keine Arbeit und als zweiter Sohn werde ich unser Vaterhaus nicht bekommen. Deshalb habe ich vor, mein Glück in Amerika zu suchen. Ich kann nicht um eine Erlaubnis nachsuchen, denn, liebste Mutter – ach, Sie kennen mich ja! Ich habe zu viel geredet und mich damit in ziemliche Schwierigkeiten gebracht. Bitte behalten Sie deshalb meinen Entschluß bei sich und erzählen Sie es nur den Geschwistern.
Ich habe eine Menge bei den Sanitätern gelernt und gottlob weiß ich von Vater, wie man mit dem Pflug umgeht und wie man sät und erntet.
Liebe Mutter und liebe Geschwister, ich weiß, wie dieser Brief Euch schmerzen wird, aber ich bin sicher, daß Ihr mich versteht. Am 15ten Mai geht mein Schiff von Hamburg ab.
Gott behüte Euch, Ihr Lieben, denkt alle gern zurück an Euren Willi."

War das ein Schock für uns! Kaum hatten wir erfahren, daß Willi nach Amerika wollte, wurde Charlotte unausstehlich. Sie war nun auch schon 29 und ihr Fritz 37. „Wollen Sie mich unbedingt zur alten Jungfer werden lassen, Mutter?" keifte sie. „Ich will mir von Ihnen nicht mein ganzes Leben versauen lassen. Sagen Sie, was Sie wollen, ich will den Fritz nun heiraten, auch wenn Sie Ihre Einwilligung nicht geben, dann geh ich eben so mit ihm fort . . . ohne den Segen vom Paster . . ."
Ich wollte nicht. Wir redeten im Guten und wir redeten im Bösen, aber es half alles nichts.
„Ludwig, zahl' mir gefälligst meinen Anteil aus!"
„Was willst du denn mit Geld, Lotte. In Geld kannst du nicht schlafen, du brauchst Betten, Handtücher, Bettzeug", beschwor ich sie.
„Das lassen Sie nur unsere Sorge sein."
Ludwig verhandelte mit dem jüdischen Kaufmann Gobitz. Könnte er ihm wohl Geld leihen? „Wohl, wohl", meinte der, „aber wir wollen hübsch die Hypothek

auf das Haus eintragen. Ich will's auch billig machen, sagen wir sechs Prozent – zuviel? Na gut, dann fünf Prozent."

„Ich brauche 400 Thaler für Lotte und 15 Thaler für die Ausrichtung der Hochzeit."

„Das sind 20 Thaler und 23 Silbergroschen Zinsen pro Jährchen."

Ludwig wurde immer einsilbiger. Er war wütend auf Lotte. 20 Thaler allein an Zinsen!

Fritz und Lotte gingen zu Pastor Alberti, der wie üblich die Verlobung an den nächsten drei Sonntagen von der Kanzel verkündigte. Na ja, eine richtige Kanzel war es nicht, denn die Kirche war ja gesperrt und der Gottesdienst fand im Schulraum statt.

Aber am Hochzeitssonntag, Jubilate im Mai 1852, kam der nächste Schock: Gerade hatten wir es uns recht gemütlich gemacht, ich saß bei einer herrlichen Tasse Kaffee mit der Witwe Junge, da standen die beiden Brautleute von der Kaffeetafel auf. „Wir machen eine Hochzeitsreise", riefen sie. „Helft uns mal, unsere Kiste vom Dachboden zu holen."

Ludwig und Ferdinand Junge trugen sie zum Fluß und brachten sie auf einen Oderkahn. Wir glaubten noch an einen Scherz.

„Mutter, wir haben viel gestritten", sagte Lotte im Arm von Fritz, „aber ohne Gruß wollen wir Sie nicht verlassen. Erzählen Sie's keinem! Wir haben uns keine Erlaubnis geholt. Mutter, wir geh'n auch nach Amerika!"

Es schien sich alles um mich zu drehen. Stumm und finster starrte ich die beiden an, als Fritz hinzufügte: „Heut noch nimmt uns ein Oderkahn auf dem Kanal nach Berlin mit. Vielleicht geht's denn per Schiff weiter nach Osten zur Elbe. Wenn nicht, nehmen wir die Eisenbahn nach Hamburg. Dort treffen wir uns mit Willi. Am 15. Mai segelt die ‚Johanne Elise' ab. Hauptsache raus aus diesem kleinen dreckigen Nest . . . die Freiheit ruft!"

„Keine Vorwürfe mehr", strahlte Charlotte, „keine finsteren Mienen, kein Klatsch . . . und . . .", sie stieß Fritz verschwörerisch mit dem Ellenbogen an, „vor allem, keine Gläubiger . . . – ach wat freu ick mir! – Adieu! Muffige, spießige alte Welt. Leben Sie wohl, Mutter!"

Kein Klagelaut, kein Abschiedswort kam aus meinem Mund. Mir schossen die Tränen ins Gesicht, mehr aus Ohnmacht, als vor Enttäuschung und Zorn.

Sie winkte nochmal von ferne: „Caroline wird für Sie sorgen, das hat sie mir versprochen!"

Sie hatten alles Geld vom Hausanteil bar mitgenommen. Natürlich! Sie mußten ja die Fahrkarten bezahlen. Einen eigenen Hausrat besaßen sie noch nicht.

Charlotte . . . ade! Sie hatte ja schon immer einen harten Kopf gehabt. Aber hatte sie es uns wirklich antun müssen, daß sie die Hochzeitsgesellschaft allein ließ und daß die alte Witwe Anna-Maria Junge und ich uns heulend an der Kaffeetafel wiedertrafen?

Meine liebe Caroline tröstete mich immer wieder: „Es wird schon alles gut, Mama!" Sie verstand mich so gut.

Wie unterschiedlich können doch die eigenen Kinder sein!

Wenn die Försters zu Besuch kamen, staunte ich, was aus meinem Pflegekind Minchen geworden war. Eine wirkliche Dame! Ihr Kleid sah aus wie eines aus den Zeitungen, wie die Pariser Mode. Es ging ihnen fabelhaft mit dem Gürtlergeschäft, und ihr Rudolf war sogar Schützenkönig geworden!

Ihre Älteste, das Mariechen, ging mit ihren 16 Jahren in Prenzlau aufs Mädchengymnasium und wollte bei Juste immer Gouvernante spielen, ob er wollte oder nicht. Sie mußte ihre Bildung beweisen und erzählte ihm die alten griechischen Sagen, von Apoll und dem Riesen Herkules, von den feuerspeienden Vulkanen, von den unglaublichen Urwäldern und den Eisbergen an den Polen der Erde, von Karl dem Großen, der Entdeckung Amerikas und Luthers Reformation. Sie konnte sehr poetische Gedichte schreiben und zeigte ihm, wie man mit richtiger

Pariser Mode

Perspektive zeichnet. Sie quälte ihn mit Dreiecken und dem Pythagoras und dem Atomgewicht der Elemente. Sie konnte Klavier spielen und sehr hübsch ein paar Arien aus den neuen Opern singen.

„Weißt du, Juste, stell dir vor", so hatte sie ihm vorgeschwärmt, „du reist mal in ein anderes Land, dann sprechen die Leute eine andere Sprache. Ach, alle sollten Sprachen lernen! Dann bist du in der ganzen Welt zu Hause und kannst die Menschen viel besser verstehen. Sieh mal, ich kann jetzt schon perfekt Französich. Nun lernen wir auch noch Latein und Englisch." „Sag mal was in Englisch", hatte August sie gequengelt.

„Gut! Hör zu und sprich mir alles nach. Das Wichtigste ist immer, daß man jemanden höflich grüßt. Wir sagen hier: ‚Guten Tag', aber die in England sagen: ‚Wie geht es Ihnen?' Das klingt so: ‚Hau ar ju? Mai naim is Oogust' – ‚Ich heiße August. Ich komme aus Preußen' – ‚Ai kam fromm Praschia'."

Sie spielten miteinander Karten, Schwarzer Peter und Quartett, daran hatten beide Spaß, aber draußen im Freien gab es immer Ärger, da hatte sie immer nur Angst um ihr schönes Kleid. Er war auf den Kirschbaum in unserem winzigen Hof geklettert und hatte Kirschkerne gespuckt. Natürlich hatte Mariechen sich beschwert und Juste dafür seine verdienten Prügel gekriegt. Seitdem versuchte er, sie zu übersehen.

„Mariechen hat ihr ‚Poesie-Album' mitgebracht", sagte Juste eines Tages und stampfte beleidigt auf, „aber mich läßt sie nicht einschreiben, sie behauptet, daß ich mit elf noch zu klein dafür bin!" Und beneidete glühend Caroline, als sie mit ihrer zierlichen Handschrift einen Spruch schrieb und daruntersetzte: Deine Tante Caroline."

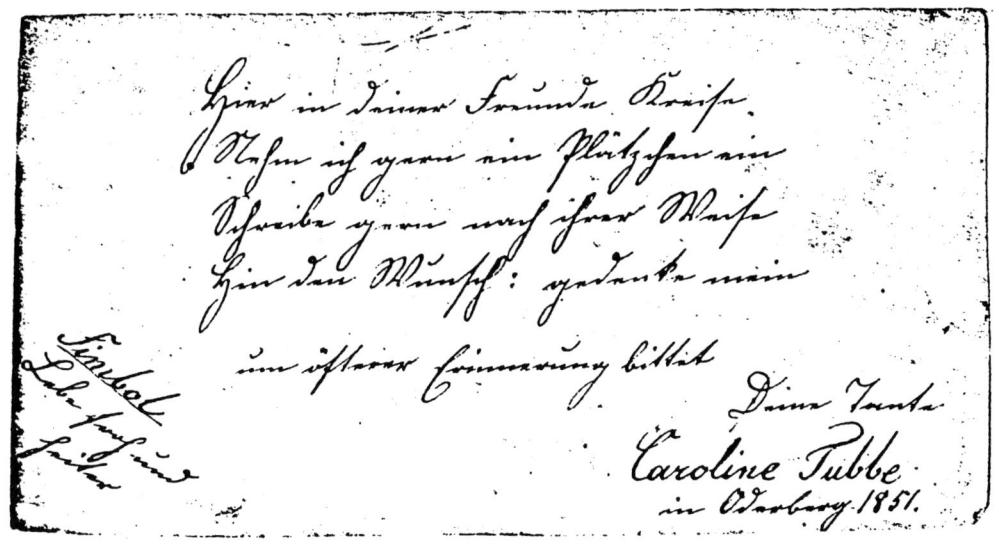

Poesiealbum-Vers von Caroline (Faksimile)

„Eigentlich hätte sie doch ‚Großcousine' schreiben müssen", sagte ich, aber Ludwig verteidigte sie: „Mariechens Mutter, unser Minchen, ist zwar nur unsere Cousine, aber immerhin ist sie wie eine Schwester mit uns aufgewachsen, also darf Caroline doch ruhig ‚Tante' schreiben!"
Während wir noch gemütlich besammensaßen, polterte es draußen laut. Es staubte gewaltig und mit Krachen kollerten große Steine in unseren Hof und zerschlugen den Abortverschlag: Nun war die alte Nikolaikirche wirklich zusammengebrochen!

Schon nach einem dreiviertel Jahr, im Februar 1853, kam ein Brief von Willi:
„Geschrieben im September 1852:
Liebste Mutter und liebe Geschwister. Am 23. Juni 1852 sind wir hier in Neu York wohlbehalten angekommen. Jeden Tag legen Schiffe mit Hunderten von Einwanderern an. Neu York ist eine große Stadt – sie hat immerhin halb so viele Einwohner wie Berlin, nämlich eine Viertelmillion! Von hier sind wir in das Land Pennsylvanien gegangen, wo sehr viele Deutsche leben. Aber Land wird hier schon knapp und teuer. Deshalb habe ich mich an einen Farmer verdungen, denn hier findet keiner was Besonderes dabei, für einen anderen zu arbeiten. Jeder nimmt die Arbeit an, die sich gerade finden läßt, und arbeiten muß ich hart. Aber ich bekomme auch viele Dollars.
Ich habe Nachricht von dem Mann, der mit dem Adelsverein ausgewandert ist. Dieser Henry Reyder wohnt jetzt in der ältesten Stadt von Texas und er schreibt, er könnte Hilfe gebrauchen. Hier in Amerika ist vieles anders: Ein jeder kann angeben, was für einen Beruf er hat, da gibt es keine Innung, die alles vorschreibt, und keiner wird Dich nach einem Papier fragen.
Nein, leicht ist das Leben nicht, es wird auch hier keinem etwas geschenkt. Aber wenn man nur tüchtig zupackt, so wird es schon richtig werden.
Ein bißchen von der neuen Sprache kann ich auch schon. Zu der Stadt sagt man hier ‚Taun', aber eine Kuh heißt genauso wie bei uns auch, das ist ‚ne Kau'. Seid herzlichst gegrüßt von Eurem Willi."

Ich las den Brief immer wieder, bis er ganz abgegriffen war. Nach vielen Monaten kam noch ein Brief.
„Liebe Mutter, ich kann Dir mitteilen, daß wir jetzt in Texas sind. Ich bin mit einem Dampfschiff von Philadelphia gekommen, es fuhr durch einen Kanal zum Mississippi und an St. Louis vorbei. Dann sind wir mit einem Planwagen nach Nacogdoches gefahren. Das müßt ihr sprechen: NACKEDOTSCHES.
Ich arbeite erstmal bei der Familie Reyder, bis ich im nächsten Frühjahr meine eigene Saat in die Erde bringen kann, und verdiene jeden Tag einen halben Dollar. Jede Familie kriegt hier 160 Acker gratis! Und ich als unverheirateter Mann bekomme immerhin 80 Acker Land – 32 Hektar, das sind 130 Morgen!

Ein Dollar ist in preußischem Geld ungefähr eineinhalb Thaler. Man braucht mindestens 300 Dollar für den Anfang. 50 Dollar für ein Holzhaus, noch mal 50 Dollar für ein Pferd und zwei Ochsen, und dann noch Geräte für Haus und Acker, die noch mal fast 100 Dollar kosten. Und für Essen und Kleidung muß man bis zur ersten Ernte immer genug in der Tasche haben!
Verlaßt die Heimat! Ihr könnt in meiner Blockhütte schlafen, und dann wollen wir schon zusammen arbeiten und fleißig sein, und der liebe Gott wird uns schon helfen. Bringt alles an Geld mit, was Ihr habt. Wenn Ihr aber nicht kommt, so schickt mir meinen Erbteil vom Vater und außerdem Gemüsesamen und Nähnadeln ...
Übrigens ist es hier üblich, daß die Frauen gar nicht in der Landwirtschaft mithelfen. Wäre das nicht ein schönes Leben für Sie, Mutter? Kommt nach Amerika!"

Er war wohlauf, der Willi. Gott sei's gedankt. Aber – da war er wieder, der Anspruch auf des Vaters Erbteil.

Auswandern, ein ansteckendes Fieber

Durch diese Briefe war unser Leben irgendwie verändert. Alle möglichen Leute sprachen plötzlich vom Auswandern.
Unser Freund Conrad Winter erzählte von seinem Neffen Theodor Lange: Dessen Freund Carl Schmahsow hatte sich von seinem Patenonkel einfach Geld geben lassen. „Was soll's", hat er gesagt, „hab' Freunde in Neu York, kommst du mit, Theodor?"
„Gott ja, warum eigentlich nicht?" hatte der genickt, „wir beide sind unverheiratet, sind ‚unbrauchbar' gemustert worden – ich hab' eine kleine Erbschaft gemacht! Eltern hab' ich auch nicht zu versorgen, und meine Schwestern werden schon klarkommen", hat seinen Hut geschwenkt, das Ränzel geschnürt und sich kurzerhand und unternehmungslustig auf den Weg gemacht in das Abenteuer der Neuen Welt.
Auch Nagelschmiedemeister Dewitz kam, um sich zu erkundigen.
Ferdinand Junge klopfte oft und fragte nach Briefen. „Immer noch nichts von Fritz und Charlotte?" Er wußte, daß man in der Familie Junge nur ungern zur Schreibfeder greift. „Meine Schwester Helmine ist mit ihrem Mann irgendwo in der Neuen Welt. Die Amalie möchte auswandern – aber sie meint, sie könnt' das unserer Mutter nicht antun", sagte er. „Nur unser Bartolomäus bleibt hier, der hat sich nämlich mit der Caroline Gauert auch zugleich ein Haus geangelt und genießt sein faules Leben. Und unsere Henrieke, die will den Schreiber Puffpaff heiraten." Dieser Gemeindeschreiber Puffpaff hatte einen neuen Chef bekommen, den neuen Bürgermeister Sartorius. Ich mochte ihn vom ersten Moment an nicht leiden. „Mit dem werden wir noch Ärger kriegen...", vermutete ich. Ich hätte lieber schweigen sollen, denn er erfuhr es und grüßte mich nicht mehr. Aber einige

sagten: „Die Alte, die Tubbe-Witwe, die hat schon manches mal recht gehabt."
Was sollte nun aus mir werden? Ich wäre ja am liebsten bei Caroline geblieben, aber sie war mit ihren 23 Jahren noch unverheiratet.
Mit Tine und ihrem Jänicke zu leben, hatte ich keine Lust. Sie kam selten von der Schiffsbauerei herüber über die Oder und kümmerte sich kaum um uns. War sie wohl auch nur einmal gekommen, als ich so krank war? Hatte sie einmal einen Blumenstrauß gebracht? Wenn sie wirklich mal da war, fing sie an, mich mit Vorwürfen zu überhäufen. Alles, alles hätte ich falsch gemacht, und natürlich wären alle ihre Probleme nur meine Schuld! Überhaupt waren es immer nur die anderen, die es böse mit ihr meinten. Sie hatte es schwer mit sich. Ich mußte mir immer wieder sagen: Verurteile sie nicht, sie ist krank in ihrer Seele!
Ludwig lebte lustlos neben uns, redete wenig, verschwand immer öfter, und wir wußten oft gar nicht, wo er war. War er auf dem Feld, saß er irgendwo mit einem Mädchen?
August ging noch zur Schule, und Onkel Kalle hätte als Vormund einer Auswanderung zustimmen müssen. „Ich verstehe euch nicht", sagte er, „warum sollte man denn weg von hier? Meint ihr etwa, daß euch in Amerika die Tauben in den Mund fliegen? Wir leben in friedlichen Zeiten, in einer so hübschen kleinen Stadt, in der jeder jeden kennt. Wir haben den Schützenverein und einen Gesangverein, wo man sich gut amüsieren kann. Manche sind ausgewandert, und dann waren sie dort und das Gejammere war groß. Sag' dem Ludwig, daß er sich ein bißchen mehr ins Zeug legt und nicht nur arbeitet, wenn es ihm gerade mal gefällt! Er ist eben zu träge! Mein Mündel August, der sollte was Ordentliches lernen, oder er geht zur Armee. Und du, Justina, du ziehst zu Caroline. Schau, ich bin nun sogar Bezirksvorsteher geworden und werde mir auch eine Jagd pachten können."
Als Ludwig das hörte, lief er rot an vor Wut.
„Was ist denn los, Ludwig?"
„So ist's recht!" höhnte er „Der Herr Onkel Kalle bekommt ein Amt und jagt auf meinen Wiesen und Äckern! Der König hat . . . oh, ich könnte ihn sonstwo!"
„Ludwig!"
„. . . ist doch wahr! Erst erlaubt er jedem Bürger, auf eigenem Land zu jagen, dann merkt er, daß das mit der Revolution gar nicht so schlimm wurde und sagt, daß das allzu demokratisch war, und nun hat er das Gesetz zurückgezogen. Den Großgrundbesitzern war die neue Regelung für sich selbst ja sehr recht. Also haben sie es umgeändert. Nur noch der hat das Jagdrecht, der mindestens 300 Hektar hat. 300 Hektar! Und wir haben grade mal 14 Morgen Wiese . . . 160 Acker kriegt eine Familie in Texas . . . über 60 Hektar . . . 250 Morgen!"
Selbst der Pastor nahm das Thema Amerika in der Sonntagspredigt auf.
„Was Gott tut, das ist wohlgetan", predigte er. „ER hat euch an diesen Ort seiner

Erde gestellt. Das Schicksal, das ER uns gibt, sollt ihr demütig tragen! Die soziale Stufe, in die er euch gestellt hat, nehmet freudig und ergeben hin. Versuchet Gott nicht. Seid nicht maßlos in euren Wünschen, es ist nicht Wohlleben, das uns die Pforte des Himmels öffnet! Wer dieses Land verläßt, versündigt sich gegen Gott und Vaterland! Deshalb: Bleibet im Lande und nähret euch redlich!"

Da war Ludwig denn doch mal nach dem Gottesdienst mit in den Krug gegangen. "Pastor Alberti sagt eben genau dasselbe wie die Herren der Regierung: Sie möchten nicht, daß Preußen auswandern. Sie fürchten, daß gerade die Jungen und Arbeitswilligen weg wollen und daß zu viel Geld aus dem Land geht. Und so denkt auch der neue Bürgermeister Sartorius."

Ludwig schwieg endlos. "Soll ich gehen...? Oder soll ich bleiben?"

"Ludwig", sagte ich und faltete die Hände. "Du kennst doch die Geschichte vom heiligen Georg? Klagt und jammert er wie die anderen? Läßt er sich vom Drachen auffressen? Nein, der leidet nicht still, der geht los und handelt! Hilf dir selbst, so hilft dir Gott!"

"Ja, Mutter, das ist wahr! Ist nicht auch das Volk Israel nach Ägypten gezogen?"

"Och, Ludwig, das paßt doch nun gar nicht,... denn die sind dort ja in die Knechtschaft gegangen. Und verknechten willst du dich ja gerade nicht!"

"Nein! Mein eigener Herr will ich bleiben! Ich will mich eben nicht als Tagelöhner oder als Fabrikarbeiter verdingen. Nur, was hilft's... die Schulden sind zu hoch! Ich wäre gerne Bauer – Bauer auf eigenem Land! Und dann möchte ich Fische fangen und Wild erlegen... Sagen Sie, Mutter: Wollen wir vier nicht zusammen auswandern? Caroline, August, Sie und ich?"

"Nein, Ludwig!" Ich schüttelte entschieden den Kopf. "Alte Bäume soll man nicht verpflanzen!"

Mal träumte er von Amerikas Einsamkeit, dann wieder saß er entschlußlos rum und sagte: "Ist es nicht wunderschön hier? Wäre es nicht Sünde, von hier wegzugehen?"

> Statistik Oderberg 1852:
> 2600 Einw., 223 Wohnhäuser, 399 Ställe, 17 Manufakturen,
> 548 Familien (430 Ehepaare), ca. 224 Kinder bis 5 J., ca. 500 Schulkinder in 7 Klassen, davon 5 gemischte Evangelische: 2543, Katholiken: 7, Juden: 51 (9 Familien)
> Oderberg 1865:
> 3000 Einw., davon 990 Kinder = 33 %, Vorschulkinder 470 (ca. 80 Geburten/Jahr)
> Oderberg 1900:
> 4100 Einw., davon 1310 Kinder = 32 % (ca.130 Geb./Jahr).
> Oderberg 1998:
> 2800 Einw., davon 319 Schulkinder + 70 Vorschulkinder = 14 % (ca.12 Geb./Jahr)

Eines Tages klopfte es und vor der Tür stand Herr Gobitz. Er trug das schwarze Käppchen der Juden, an den Schläfen hingen ein paar lange Kringellocken. "Meisterin Tubbe!" Er verneigte sich devot vor mir und sprach Ludde an: "Meister Tubbe! Wollt' gern mit Euch ein gut' Geschäftchen machen. Hör ich doch, Ihr seid durchaus in finanzieller Verlegenheit. Die 415 Thaler, die ich Euch geliehen, möcht ich nicht zurück. Möcht Euch das Häuschen abkaufen. Könnt Ihr weiter im ersten Stockwerk wohnen, zahlt mir eben ein kleines Sümmchen dafür, die Stube unten übernehm ich und werd' ein Ladengeschäft eröffnen. Überlegt's Euch, Meister Tubbe!"

Wir überlegten es uns. Es war kein leichter Entschluß. Ostern 1853 verkauften wir unser Haus. Die Nr. 5 gehörte inzwischen der jüdischen Familie Sonnenberg, vorn am Markt wohnten ihre Glaubensgenossen Löwenthal, und neben uns in Nr. 7 lebte Familie Gutherz.

Herr Gobitz reichte sofort einen Bauantrag ein. Das Gebäude sollte umgebaut werden, weil ein großer Raum für sein Geschäft gebraucht wurde, eine Tür sollte direkt in den Keller führen und eine neue Steintreppe als Aufgang gebaut werden. Bald würde es vier jüdische Läden nebeneinander geben.

Jeden Sonnabend ging unsere Hauswirtsfamilie mit den Nachbarn in seltsamen Kleidern in ihre Synagoge. An ihrem Sabbat wurde nicht gekocht und nicht geraucht. Kein Feuer durfte brennen, keine Maschine durfte sich bewegen. Manchmal feierten sie Feste, die wir gar nicht verstehen konnten. Sie waren höflich und sehr gebildet – aber . . . sie waren so anders!

Tubbe-Haus Angermünder Straße 6 (um 1852)

Tubbe-Haus 1997

Unser bißchen Land und die Scheune hatten wir behalten, denn wir wollten nun möglichst viel Heu ernten und Gemüse anbauen. Wir vier Tubbes mußten in die Dachstube ziehen. Es war ein bedrückendes Gefühl, im eigenen Hause zur Miete zu wohnen. Ich schämte mich!
Gleich hinter dem Haus fing man an, die neue Nikolaikirche zu bauen, und August hing immer neugierig am Dachfenster. Er beobachtete das Abhacken der Maulbeerbüsche auf dem alten Kirchhof. Aber als die Arbeiter anfingen auszuschachten, war Juste immer mit dabei. Fröhlich trällernd brachte er immer wieder Skelettreste und Schädel mit, und ich mußte Onkel Kalle bitten, ihn tüchtig zu verhauen, ehe er damit aufhörte.
Vor 70 Jahren war dieser Kirchhof so überfüllt gewesen, daß man beim Ausheben eines Grabes oft noch halbverweste Leichen gefunden hatte. Bevor ein Grab ausgehoben wurde, mußte der Totengräber immer erst mit einem langen Stock prüfen, ob unten auch nichts Weiches mehr war. Deshalb wurde damals auch auf dem Schulberg der neue Friedhof angelegt.

Am 12. Juni 1853 kam der König zur Grundsteinlegung der neuen Nikolaikirche. Seine Majestät, begleitet vom Hofarchitekten Stüler, fuhren mit einer wunderschönen Kutsche vor, und die Oderberger schrien „Hurra", weil er doch fast die Hälfte der Baukosten von 33 000 Thalern bezahlen wollte. Die Mädchen begrüßten ihn in weißen Kleidern und mit Eichenlaub- und Blumengirlanden, und der ganze Ort war geschmückt mit Preußens Farben Schwarz und Weiß.

Der König – so alt wie ich, 58 Jahre! – er war der kleine Prinz gewesen, der die Drehorgel geschoben hatte!

Das Fundament der neuen Kirche sollte aus dunklen, gespaltenen Feldsteinen gemauert werden, genauso wie die neue Schule und der Rathausneubau. Für den Bau war auch das Haus von Großcousin Heinrich Tubbe abgerissen worden – der mit seinen neun Töchtern und der gemeinen Fuchsin. Das hatte ich ihr gegönnt, daß sie mit Sack und Pack umziehen mußte! Das paßte ihr nämlich gar nicht!

Es entstand ein riesiger, viel zu hoher Kirchenraum, und, wie Lehrer Schmidt sich ausdrückte: „ . . . mit 'nem bißchen Barock, 'nem bißchen Gotik, mit 'nem sehr hohen schmalen Turm an der Seite des Kirchenschiffs, fast wie'n Campanile. Der König liebt nun mal alles Italienische."

Nun herrschte den ganzen Tag ein Höllenlärm. Ludwig ärgerte das sehr, und er war mehr denn je drüben im Oderbruch. Aber für meinen Juste war das eine aufregende Zeit. Er war fasziniert vom schnellen Wachsen des Gebäudes. „Wenn ich groß bin, Mutter, dann baue ich auch eine Kirche!" begeisterte er sich, „ . . . und ein Sägewerk noch dazu!"

Wir lachten herzlich darüber. Er hatte nämlich mit Onkel Kalle nach Liepe fahren dürfen und sich die neue Dampfsägerei angesehen. „Das ist herrlich, so eine Maschine, die rattert und qualmt und zischt, und sägt Bretter wie nix, Mutter! Nicht so lahm wie unsere Wassermühle hier am Ufer!"

Er war so ein rechter Bursche, begeistert von allem Neuen!

Caroline lächelte oft über ihn und umarmte den kleinen Bruder fest.

Sie strahlte, denn sie war verliebt. Herr Schmidt kam öfter mal zu uns zum Kaffee, und manchmal brachte er seinen Freund Carl Arning mit.

Herr Arning entstammte einer vornehmen Familie und umschwärmte Caroline sehr. Ich fand sein blasses Gesicht, die städtischen Manieren und sein romantisches Gehabe reichlich seltsam. Caroline allerdings verschlang ihn mit ihren Blicken. Er schenkte ihr auch ein Poesie-Album. Jedesmal, wenn er aus der Stadt kam, brachte er ihr ein Gedicht mit und schrieb es in schwingenden Buchstaben mit seiner Schwanenfeder hinein. Caroline stand dann daneben und tupfte sich gerührt die Augen mit ihrem schönsten Spitzentaschentuch, während er wie zufällig um ihre schlanke Taille faßte.

„Laß das Getändel!" schimpfte ich sie aus, „du bist nur ein Spielzeug für ihn! Du weißt, es kann nichts werden mit euch! Niemals würde seine Familie zustimmen."

„Doch, bestimmt, Mama!" beharrte sie schmollend mit weinerlicher Stimme. „Bald wird er um meine Hand anhalten!"
„Caroline, du bist ein hübsches Ding und aus gutem Hause! Alle Oderberger Burschen himmeln dich an, aber du übersiehst sie. Paß auf dich auf! Das einzige, was passieren wird, ist, daß du deinen guten Ruf verlierst – und dann wird dich gar keiner mehr nehmen."
„Er liebt mich, Mama!" schluchzte sie. „Bestimmt! Glauben Sie mir, Mama!"
Wir lebten von unserem Kapital. 400 Thaler nahm Herr Gutherz für Willi mit nach Berlin. Dort hatte ein jüdischer Händler ein Geschäft gegründet, das er „Bank" nannte. Von dort sollte das Geld zu einer amerikanischen „Rothschild-Bank" gegeben werden. Wie um alles in der Welt sollte das auf diese Weise nur nach Texas kommen?
Ludwig nahm meine Sorge nicht ernst: „Das ist nun mal die neue Zeit, Mutter."
Mit den 400 Thalern für Caroline konnten wir nun beginnen, eine stattliche Aussteuer zusammenzustellen. Kein Abend verging ohne das Schnurren des Spinnrades. Ludwig setzte sich noch mal mit Lust an den Webstuhl. „Für dich immer, Schwesterchen. Du kriegst ganz feines Leinen!"
Sie stickte fleißig ihr zierliches Monogramm auf die Wäsche. -CT- und immer wieder -CT-.
Eines Tages war Caroline mit Carl Arning promenieren gegangen.
Wie weit?
Zu weit?
Und am nächsten Tag zeigten die Kinder mit dem Finger auf sie, und alle Burschen in der Stadt tratschten hämisch: „Na, die hat wohl ihre Unschuld verloren. Ein loses Frauenzimmer ... Wer will die schon haben." Caroline mochte beteuern, soviel sie wollte, keiner glaubte ihr. Carl Arning ließ sich nicht mehr sehen. Nur in das Büchlein hatte er geschrieben:
„Scheiden wir auf immer? Hoffnung säuselt: Wiedersehen. Carl Arning"

Als sie über den größten Liebeskummer hinweg war, stickte sie lustlos weiter. Eines Tages kam ein junger Witwer, schon 37, der Schiffer Andreas Lieske. Ich mochte ihn recht gut leiden. Sie nickte resigniert. „Nun ja, Mama, ich mach's Ihnen nach!" sagte sie tapfer. „Ich werde versorgt sein. Ein zwölf Jahre älterer Mann ist doch wie ein guter Vater, gütig und richtig männlich."
Ja, Caroline verlobte sich mit ihm. Danach stickte sie -C L-. Sie seufzte, aber sie strahlte nicht mehr. Es würde schon werden mit den beiden! Ehen, die aus Vernuft geschlossen werden, werden meistens glücklich. Ich machte Zukunftspläne.
„Du weißt ja, Caroline, daß Ludwig vielleicht auch zu Willi nach Texas will. Er tut sich so schwer mit Entscheidungen! Am liebsten bliebe er wohl immer in seinem eigenen Bett, er reist nicht gern. Aber er hat uns gefragt, ob wir nicht alle zusammen auswandern wollen." „Nein, Mama, niemals, ich jedenfalls nicht, bitte gehen

auch Sie nicht, Mama! Bleiben Sie bei mir bis ans Ende Ihrer Tage, Sie sollen bei mir wohnen, ich möchte Sie bei mir haben . . . !"

„Carolinchen, du weißt, wie ich dich und meine Heimat liebe. Ja, ich möchte wohl zu dir und Andreas ziehen, und ich will gerne bei dir alt werden!" „Und unser kleiner August, der gar nicht mehr so klein ist, wie Sie immer meinen, Mama!" sie schmunzelte. „Nicht böse sein, Mama – aber er wird immerhin schon 13! – was machen wir mit dem?" „Ein gutes Jahr muß er noch in die Schule gehen. Dann wird er konfirmiert."

„Ja, Mama, und dann lassen Sie ihn was lernen, womit er was verdienen kann. Er darf kein Weber werden. Vielleicht kann er ja zu Rudolf nach Prenzlau als Gürtler und Optikus in die Lehre gehen . . . ?"

Ich freute mich sehr auf das Leben mit Caroline.

Auch dem Andreas war es recht. „Bin ich nicht zu Hause, fahr' ich auf meinem Kahn, so weiß ich doch meine Carolinchen in guter Gesellschaft", zwinkerte er ihr zu, „dann paßt wenigstens jemand auf mein kleines Frauchen auf!"

Wir feierten ihre Hochzeit Anfang des Jahres 1854. Andreas nahm Caroline mit auf seinen Kahn, den das Pferd auf dem Treidelpfad nach Berlin zog. Ich sah sie monatelang nicht. Es kam Hochwasser, erst nur so wie üblich im Frühling. Dann hatte es Mitte Juli in Posen und Schlesien solche schweren Unwetter gegeben, daß die Oder furchtbar stieg – so hoch wie seit vielen Jahren nicht! Wir würden kein Heu ernten können und sehr wenig Gemüse.

Für Caroline bedeutete das, daß sie mit dem Kahn nicht bis Oderberg kommen konnten. Andreas konnte nur kurze Fuhren von Berlin aus fahren.

Aber kaum war das Wasser zurück, schüttete der Himmel Mitte August alles auf uns hernieder. Die Dämme brachen. An dreißig Stellen strömte das Wasser durch die Deiche! Nicht etwa das neue Kanalbett nahm sich die Oder. Nein, ihr Bett, das sie sich selber vor Tausenden von Jahren gesucht hatte, den weiten Bogen um die Halbinsel von Hohenwutzen herum, an Oderberg vorbei!

Das Wasser stieg und stieg. Anfang September stand der Pegel bei 13 Fuß, und die Häuser in der Berliner Straße waren überschwemmt. Die Schiffsbauer zogen sich auf die Festungsinsel zurück und konnten nicht über den reißenden Strom kommen.

Was ich noch nicht ahnte: Das Pferd, das den Kahn von Caroline und Andreas zog – es war gestolpert, hatte sich ein Bein gebrochen, mußte geschlachtet werden, und Geld für ein neues war nicht da. „Nicht so schlimm", sagte sich Andreas, „fast alle Schiffer treideln ja ihr Schiff selber." Mal zog er, dann zog auch mal sie . . .

Im Oktober sah ich sie wieder. Mit dickem Bauch.

Wie freute ich mich auf mein Enkelkind! Aber, mein Gott, wie ausgemergelt sah sie aus! Meine zarte Caroline!

„Das kann nicht gut gehen! Leg dich hin, schone dich!"

„Danke, Mutter, es muß . . . irgendwie muß es gehen . . ."

Treidelnde Schifferin

Eine kleine Wiese war ziemlich trocken geblieben und Ludwig hatte brummend ein bißchen schlechtes Heu zusammengeharkt und in die Scheune gebracht. Es würde nicht mal für unsere Kuh reichen. „Paß auf, Ludwig!" warnte ich, „das nasse Heu – wie leicht kann sich das entzünden."
„Wir brauchen aber noch mehr Futter!" stöhnte Ludwig eines Abends. „Ich muß morgen versuchen, irgendwie noch mehr zu schneiden. Sie glauben ja nicht, Mutter, wie stark die Wiesen verdorben sind, völlig versandet... wir werden auf Jahre hinaus nichts einbringen können..."
Aber noch am gleichen Abend ging plötzlich die Feuerglocke.
Ludwig stürmte los, mit Leiter und Ledereimer.
Es war unsere Scheune!
Von Charlotte kam im Herbst ein Brief aus Texas. Der war länger als ein halbes Jahr unterwegs gewesen. Darin schrieb sie in ihrer ungeschickten Art:
„Texas im Januar 1854
Liebe Mutter! Wir sinnt in Amerika. In Filadelfia krigte ik ein Kind, imm Februar 1853. Das heist Fanny. Nun sinnd si Großmutter! Nun ist ein Jar später. Erst furen wier auf dem Schiff. Dan kauften wier einen Planwagen unnd sind nach Westen gefahren. Das war weit. Nun sint wir hier mit Willi. Hier isd es warm. Das wäre fein für Ire alten knochen. Komt man alle! Si könen uns helfen. Charlotte"
Donnerwetter! Ich war also schon Großmutter!

Caroline wohnte in der Zeit bis zu ihrer Niederkunft wieder bei uns. Auf dem Kanalschiff ihres Mannes konnte sie ihr Kind nicht kriegen.

Ich zeigte ihr den Brief, aber sie schüttelte den Kopf. „Nein, das ist doch wieder typisch meine große Schwester. So eine Schmiererei! Nach eineinhalb Jahren greift sie mal zu Papier, bestimmt nur, weil Willi es ihr in die Hand gedrückt hat. Und dann: Sie können uns helfen! Kein lieber Gruß! Aber immerhin: Herzlichen Glückwunsch, Großmama!"

Kurz darauf kam auch ein Brief von Willi. Das Geld hatte er erhalten und bedankte sich dafür sehr. Er hatte gleich eine Hütte auf seinem Land gebaut und freute sich auf die gute Ernte. Ob wir denn wirklich nicht kommen wollten?

Das Hochwasser ging und ging nicht zurück. Wir mochten alle kein Wasser mehr sehen. Es wurde Winter und die Oder fror zu. Meterhoher Schnee überall. Die Eisschollen türmten sich im Hochwasser auf, es knirschte und krachte.

Ach, hätten wir Wärme! Trockenheit! Sonne!

So oft ich Ludwig erinnert hatte, er mochte nicht aufs Amt gehen. Schließlich ging ich selbst. „Herr Sartorius, ich möchte unseren Brandschaden anmelden. Gottlob ist nicht die ganze Scheune abgebrannt. Aber der Schaden beträgt doch immerhin 75 Thaler."

„Jawohl, Meisterin Tubbe, ich will es der Versicherung melden. Das Geld wird von dort zu uns angewiesen, und ich sage Bescheid, falls es kommen sollte... wird dauern!"

„Herr Bürgermeister, ich möchte Sie bitten, doch die Angelegenheit recht zu beschleunigen. Es ist der Verdienst fast eines ganzen Jahres für meinen Sohn..."

Als ich wieder nach Hause kam, saß Lehrer Schmidt gerade bei Ludwig. Sie hörten sofort mit ihrem Gespräch auf, als ich in die Stube kam. Ich hörte nur noch: „... nicht auch den Eindruck, daß er weit über seine Verhältnisse lebt?"

„Von wem sprecht ihr?" fragte ich, aber keiner antwortete.

Ich erzählte von meinem Gang zum Rathaus. „Hat der Sartorius wirklich gesagt: ,... ich melde mich, falls das Geld kommen sollte', genau das?" wollte Herr Schmidt wissen. „Ja... doch... sicher...", stammelte ich. Die Männer tauschten einen langen Blick und nickten. „Paßt dazu...! Mein Gott, wie soll das weitergehen, wenn er selbst..."

So oft ich nachfragte, das Geld kam nicht.

Statt dessen kam die Benachrichtigung, daß der König beschlossen hatte, die Oder besser abzuwallen und daß er auch eine Schleuse bei Hohensaaten zu bauen gedenke. Selbstverständlich müßten alle Besitzer von Wiesen dafür bezahlen und zwar anteilig nach der Lage.

      Zum 1. April 1855 = je Morgen 2 Thaler, 1856 = je Morgen 1½ Th., 1857 = je Morgen 1 Th.

In guten Jahren konnte man an einem Morgen Wiese gerade einen Thaler verdienen, wenn man das Heu verkaufte. In diesem Jahr hatten wir gar kein Heu, mußten sehr teuer welches kaufen, bekamen unseren Brandschaden nicht ersetzt und sollten im April auch noch 29 Thaler bezahlen! Wir waren schockiert. Mir kamen die Tränen. Wasser . . . immer dieses Wasser.
Nur ein Trost blieb mir: Ich freute mich so sehr auf das Enkelkind, das ich bald in meinen Armen halten konnte!
Aber, was soll ich euch sagen: Meine liebe sanfte Caroline, die so wunderhübsch schreiben und malen konnte, die schlank und zart war, die immer ein liebes Wort für alle hatte, und besonders für mich: Sie hatte eine sehr, sehr schwere Geburt. Sie hielt einen Sohn in den Armen und sah ihn kaum vor Erschöpfung. Sie fing an zu fiebern und konnte das Kind nicht stillen. Wir mußten hilflos zusehen, wie Mutter und Sohn nach drei Tagen starben. Ich möchte darüber gar nicht mehr sprechen. Der Junge war nicht einmal richtig getauft worden! Unser Schmerz war unendlich groß.
Wir begruben sie beide zusammen zwei Tage später, am 14. Dezember 1854.

Was sollte mich nun noch in Oderberg halten? All die Gräber? Die meiner fünf toten Kinder, meines Mannes, meines Bruders Heini, meiner Mutter, all meiner anderen Familienmitglieder? Tine etwa? Nur die Vergangenheit?
Die Welt hatte sich für mich völlig verändert. Es gab für mich in Oderberg keine Zukunft mehr.
Ich hörte die Weihnachtsgeschichte anders in diesem Jahr: „Und es begab sich aber zu der Zeit . . . da machte sich auch auf aus Galiläa Joseph mit seinem vertrauten Weibe . . ." Sie blieben auch nicht zu Hause!
Dann ereignete sich noch mehr Furchtbares. Erst fegte gleich nach Weihnachten dieser grausige Sturm übers Land. Von unserer Scheune war wenig übriggeblieben. Einige Schiffer ertranken, auch der alte Herr Fuchs. Aber am meisten entsetzte mich, was mit Conrad Winter passierte. Unser Freund, der Schneidermeister, kam eines Tages völlig verzweifelt zu uns in die Stube. Ludwig setzte ihm erst mal einen tüchtigen Schluck Weinbrand vor. „So, und nun erzähl, Conrad. Was ist passiert?" „Ludwig, als eure Scheune vor der Stadt neulich brannte . . . wir alle haben doch die Ledereimer weitergegeben und versucht, den Brand zu löschen. Ludwig! Vorhin war der Gendarm bei uns! Jemand hat meine Frau gesehen, wie sie an jenem Abend mit der Laterne am Stroh gezündelt hat! Er hat ihr Handschellen angelegt und sie mitgenommen! Nach Prenzlau will er sie bringen, und sie wollen ihr dort den Prozeß machen!" „Um Gottes willen, hatte sie den Verstand verloren?" „Ich weiß nicht . . . vielleicht . . . ? Ich hatte ihr wieder und wieder gesagt, daß wir nach Amerika gehen. Sie hatte immer gestöhnt: Nein, Conrad, das kannst du nicht mit mir machen. Ich will das nicht! – Aber schließlich bin ich doch der Mann im Haus und habe das Sagen! Du wirst dich schon daran gewöhnen,

hab' ich sie getröstet. Da hatte sie angefangen rumzukeifen und heulte und drehte völlig durch. Sie nahm die Lampe und lief nach draußen. Da saß ich im Dunkeln. Aber als dann gleich die Feuerglocke rief, bin ich natürlich sofort zum Löschen losgelaufen. Ich hab doch nicht gedacht, daß sie es war, die Feuer gelegt hat!" „Sie muß schreckliche Angst vor der Neuen Welt gehabt haben, Conrad!" sagte ich. „Wenn schon, ist das ein Grund, eure Scheune anzustecken? Später am Abend hat sie damals im Bett gelegen und haltlos geschluchzt und gestammelt. . . . die alte Hexe, die . . . nein, Amerika . . . oder so ähnlich – aber . . ." „Und nun?" „Ich kann doch nicht mehr mit ihr zusammenleben! Mir graut vor ihr!
Frau Meisterin! – Ludwig! Alle werden mich hier nur noch als den Mann der Brandstifterin sehen! Und was soll aus meiner kleinen Luise werden?"
Am 18. Januar 1855 fand das Schwurgerichtsverfahren statt. Mein Gott! Sie wurde zu zehn Jahren Zuchthaus verurteilt! Gut hatten sich die beiden Eheleute wohl sowieso nie verstanden, aber besonders schlimm war, daß die Innung vorschreibt, daß jeder in der Familie eines Meisters unbescholten sein muß, sonst wird dem Meister das Handwerk verboten.
Conrad stöhnte: „Soll sie doch sehen, was wird, wenn sie aus dem Zuchthaus kommt! Ich will sie nicht wieder haben . . . nein, niemals!"
Ein paar Tage später kam er käsebleich wieder zu uns: „Sie ist weg!" stammelte er.

Auswanderdenkmal in Bremerhaven

„Wieso weg?" „Eben war der Polizist da und suchte sie bei uns! Sie ist ausgebrochen! Gestern ist sie aus dem Zuchthaus entlaufen! Mein Gott, was soll ich denn tun, wenn sie plötzlich vor meiner Tür steht!"
Aber sie kam nicht.
Eine Woche später: „Ludwig! Frau Tubbe!" jammerte Conrad, „Ich halte es hier einfach nicht mehr länger aus!" „Conrad...", ich holte ganz tief Luft und merkte, wie mein Herz raste. „Wir... wir wissen auch nicht mehr weiter... wir... wollen nach Texas..."
Mir wurde schwarz vor Augen.
Dann sah ich Ludwig. Er lächelte. „Laßt uns zusammen gehen!"

2. Buch

... in die Neue Welt

Es gibt hier kaum Hoffnung

„Ich kann euch so gut verstehen", sprach uns Herr Schmidt Mut zu. Kein Haus – kein Verdienst mit der Weberei – keine Caroline, bei der Sie leben wollen – die Scheune abgebrannt – Geld zahlen für die Wiesen statt verdienen, dazu ein Bürgermeister, der in die eigene Tasche wirtschaftet, ... eines Tages werd' ich es beweisen können, dann laß' ich ihn auffliegen! Euer Juste kommt jetzt Ostern aus der Schule. Was soll euch hindern? Laßt den Pfaffen zetern, laß' den Amtmann ein schiefes Maul ziehen, laßt die Leute mit ihrem Schandmaul hier in ihrem Aberglauben leben: Die Neue Welt hat neue Aufgaben!"
Er reichte uns ein Stück Zeitung: „Hier, lest mal. Das hab ich geschrieben." Es war die Ausgabe vom 27. Januar 1855 der Vossischen Zeitung aus Berlin.
Er schilderte in seinem Artikel das furchtbare Hochwasser, die Deichbrüche, schrieb, daß erst im Januar der Pegelhöchststand erreicht war, bezifferte die Kosten, klagte über die entstandene Armut durch die schrecklichen Versandungen, beschrieb, daß es keine Aussicht auf Ernten in den nächsten Jahren geben könnte, und dann noch die hohen Abgaben für jede Wiese . . . , und das ausgerechnet zum 1. April im Jahr nach der Katastrophe!
„Vielleicht setzen sie ja die Beträge herab?" hoffte er.
Das geschah auch. Aber wir sollten trotzdem immerhin noch 23 Taler bezahlen. Das war in besseren Jahren fast der Verdienst eines Vierteljahres gewesen!
Ostern 1855 war Juste mit der Schule fertig und wurde eingesegnet.
Nein. Wir bezahlten für unsere Wiesen nicht!
„Mutter, erledigen Sie das . . . mit dem Rathaus?" bat mich Ludwig. „Sie wissen ja, mir liegt so was nicht! Ferdinand Junge will auch mit nach Texas auswandern."
Ich ging. Erst mal mußte ich endlos vor der Amtsstube warten. Dann kam der Ratsdiener, machte ein eisiges Gesicht und sagte nur: „Los, machen Sie schnell, der Herr Amtmann will für solche wie Sie nicht seine Zeit vertrödeln."
Ich verbeugte mich leicht und begrüßte ihn höflich. Er legte aber mit aller Ruhe seine Akten zusammen, als sähe er mich nicht. Dabei kannten wir uns seit Jahren.
„Wie ich höre, sind Sie mit der Absicht hierhergekommen, das preußische Königreich schmählich im Stich zu lassen und sich feige aus der Verantwortung als Bürger dieser Stadt zu stehlen."
„Jawohl, Herr Amtmann, wir . . ."
„Ich habe Sie nicht gefragt", schnauzte er mich an „Sie reden nur, wenn ich Sie auffordere! Verstanden? – Seine Majestät der König haben ausdrücklich erklärt, daß er es nicht wünscht, daß seine Untertanen das Land verlassen. Es gibt Möglichkeiten genug in diesem trefflichen Staat, genug Gegenden zur Binnen-Kolonisation! Aber Sie sind wohl zu faul zum Arbeiten, Sie meinen, woanders würde einem alles geschenkt! Ja, glauben Sie etwa, daß Ihnen dort Ihr Gewissen schweigen wird, wenn Sie mit der Gewißheit leben, Ihrem von Gott eingesetzten König

die vaterländische Treue aufgekündigt zu haben? Das überlegen Sie sich! Sie werden sich vor dem Höchsten zu verantworten haben. Oder sind Sie vielleicht sogar Republikaner ... nein, so schlimm sehen Sie nun auch wieder nicht aus. Also: Warum wollen Sie das Vaterland verraten, Frau Tubbe?" Recht eingeschüchtert stammelte ich: „Ähm, also, wir wünschen uns weniger Sorgen um unsere Zukunft, und wollen nach Nordamerika..." „Auch das noch! Wenn schon, dann Südamerika, da gibt es eine deutsche Kolonie, die unserem Königreich nützlich sein kann!" „Nein, Herr Amtmann. Mein Sohn und meine Tochter sind schon dort und erwarten uns." „Erwarten Sie, ach ja? Aus dem Land geflohen sind sie, widerrechtlich ihren staatsbürgerlichen Pflichten entzogen haben sie sich. Schulden hat sie hinterlassen, ihre saubere Tochter. Die werden hübsch von Ihnen bezahlt, verstanden? Geh'n Sie nach Haus und überlegen Sie sich Ihr Ansinnen gefälligst noch mal gründlich." „Gestatten Sie, Herr Amtsrat. Wir wollen nach Texas!" sagte ich erstaunlich fest.

Der Staatsbeamte stand von seinem schweren Sessel auf, legte die Hände auf den Rücken, ging hin und her und sah mich an, so daß ich mich ganz klein fühlte. Ich sah nach unten auf den gebohnerten spiegelblanken Fußboden und schämte mich meiner Unverschämtheit. „Ich habe Sie gewarnt! Aber, bitte ... rennen Sie in Ihr Verderben! – Ach, was soll's, solche Leute brauchen wir hier nicht ... Gut. Ich schreibe..." Die Stahlfeder kratzte über das Papier. Einen Monat später mußten wir alle noch einmal vor dem gestrengen Herrn erscheinen. Er warf mir den Antrag wortlos vor. Ich unterschrieb. Mir haben selten so sehr die Hände gezittert, als ich Wittwe Tubbe zeichnete.

Wilhelmine Tubbe

Verhandelt Oderberg den 18. Mai 1855
Es erschienen freiwillig und von Person bekannt, ...
die hiesige Bürgerwittwe Tubbe, Justina Friederike geborene Hein, am 29. Mai 1795 zu Freienwalde a/O geboren, sistiert ihren Sohn, den Leineweber Carl Ludwig Tubbe, am 18. Januar 1815 hierselbst geboren, sowie ihren zweiten Sohn, Johann August Friedrich, am 17. Februar 1841 hierselbst geboren.
der Bürger und Schneidermeister Johann Ferdinand Conrad Winter, am 1. Juni 1823 zu Oderberg geboren und seine Tochter Charlotte Louise Marie, am 29. Oktober 1851 hierselbst geboren und
der Bäcker und Sohn von hiesiger Bürgerwittwe Junge, Gottlieb Ferdinand Junge, am 11. Februar 1819 hier geboren und tragen vor:
Wir sämmtlich sind gesonnen,
zur Begründung einer sorgenfreien Zukunft und daher zum Gewinn bringenden Brodterwerb mit unseren hier vorgestellten Kindern ... allein, uns nach Amerika zu übersiedeln und wollen daher hiermit darauf antragen, für uns bei der Höheren Behörde die erforderlichen Entlassungs-Urkunden aus dem diesseitigen Unterthanen-Verbande auszuwirken ... insoweit sie zur Überfahrt erforderlich sind, vollständig versehen wären, so daß ihnen nach Ankunft in Amerika ins Gesammt wohl noch

ein Kapital von 500 Thlr. zur Disposition bleiben würde, mit Hülfe welchen sie, da sie bereits Verwandte und Kinder in Amerika wohnen hätten unter Fleiß und Sparsamkeit sich zu etablieren gedächten. Hinsichtlich des noch unmündigen Kindes von Wittwe Tubbe, erklärte die Mutter, wie solches durch den Schankwirth Tubbe bevormundet würde, welcher von vormundschaftlichen Behörde aufgefordert, sogleich seine Einwilligung zur Uebersiedelung seines Mündels nach Amerika von sich geben würde.

Der Antragsteller Schneidermeister Winter, welcher verheirathet ist, dessen Frau jedoch nach schwurgerichtlichen Erkenntniß vom 18. Januar a. wegen Brandstiftung zu 10jährigen Zuchthausstrafe verurtheilt ist, gegen daß selbe jedoch die Richtigkeitsbeschwerde angewendet hat, hat sich am 26. Januar a. aus dem Gefängnis entfernt und ist bis jetzt noch nicht wieder ergriffen worden. Der Ehemann hat bis jetzt jedoch Schritte zur Scheidung nicht thun können, würde jedoch mit der Frau nicht zusammen bleiben und erklärt ihre Rückkunft eventl. Abbüßung von Strafzeit nicht abwarten zu können indem er sich dadurch die Begründung seiner ferneren Existenz nicht vereiteln könnte.

Zum Schluß trugen die Antragsteller noch um Beschleunigung der Sache an.

Auswanderungsantrag

Mein Bruder Daniel und Schwiegersohn Jänicke übernahmen unsere Wiesen. Sollten sie doch die 23 Thaler an Abgaben für den Deichbau bezahlen! Das Brand-Versicherungsgeld war immer noch nicht da.
Die Männer mußten ihren abgeleisteten Militärdienst nachweisen. Ludwig kramte seinen Entlassungsschein von 1839 vor. „Hier steht's! Zwei Jahre Garde und zwei Jahre Infanterie. Mit Stempel und Unterschrift."
Ferdinand Junge konnte belegen, daß er vier Jahre bei der Garde war – oh ja, er war ein schmucker Kerl! Außerdem brauchten wir die Zustimmung von Augusts Vormund, dem Onkel Kalle. Er besuchte uns ein paarmal ein bißchen unglücklich und betrachtete meinen Kleinen. „Was mag aus meinem Mündel werden, Justina. Was hätte mein Bruder Ludde gesagt? Ist es richtig, wenn ich es euch erlaube? Komm, Justina, liebste Schwägerin, schenk uns noch mal einen ein. Ich glaube, ich würde euch vermissen!"
Aber schließlich willigte er doch ein.
Herrjemineh, wie langsam mahlten die Amtsmühlen – es dauerte und dauerte!
Das Getratsche in der Stadt war bösartig. Der Obermeister übersah mich auf der Straße, der Bürgermeister wechselte die Straßenseite. Die Frauen in der Stadt straften mich mit kalten Blicken. Die Fuchsin grinste mich wortlos an.
Der Prediger schlurfte müde nach dem Gottesdienst auf mich zu und schüttelte den Kopf: „Meisterin Tubbe! Es ist nicht recht! Wie sprach doch schon der weise Salomon? *Denn die Gerechten werden im Lande wohnen, und die Frommen werden darinnen bleiben.* Gehet in Euch! Noch ist Zeit zur Besinnung!" „Herr Pastor Alberti! Es ist uns übel ergangen, ich bin mit meinem Schicksal gestraft!" „Aber Frau Tubbe! Die heilge Schrift sagt uns: *Denn welche der Herr liebet, den strafet er, und hat Wohlgefallen an ihm wie ein Vater am Sohne."*
Ich schaute ihn nur groß an: „Ja, Herr Pastor... es heißt aber auch: *Hilf dir selbst, so hilft dir Gott!* und König Salomo hat noch gesagt: *Des Menschen Herz erdenkt sich seinen Weg, aber der Herr allein lenkt seinen Schritt*... ER wird uns nicht verlassen." Da seufzte er tief, drehte sich um und schlurfte fort. Ich sah es ihm an: Er war krank und müde.
Viele schüttelten den Kopf. Auch mein Bruder Daniel, der Böttchermeister, verstand uns nicht. Er war zufrieden mit seinem Leben. Er war im Schützenverein und in der Stadtverwaltung, und sein Geschäft lief gut. Aber er half uns doch, einige Möbel zu verkaufen und schenkte uns zwei riesengroße Holzkoffer mit einem dicken Schloß. Schwager Carl Geistlich bot an, uns zum Bahnhof zu fahren.
Conrad Winter war Vormund für seine Nichten, die Lange-Zwillinge, und hatte angeregt: „Euer Brüderchen Gustav will seinen Patenonkel Pallmann um das Geld für die Fahrkarte anbetteln. Habt ihr gespart? Wollt ihr mitkommen?"
„Aber sicher, Onkel Conrad!" hatte die Henny geknickst: „Was sollen wir hier, ohne Mitgift? Vater als Stadt-Musikus hat uns nichts hinterlassen." Wilma hatte gekichert und keß, wie nur 19jährige sein können, hinzugefügt: „Unserem großen

Bruder in Amerika geht's gut, und er will uns sogar die Passage bezahlen, wenn wir kommen. Ach, wir finden bestimmt einen hübschen reichen Amerikaner!"
Der Bürgermeister Sartorius hatte vor Wut getobt: „Ja, da soll doch der Teufel... Wer will denn noch alles fort?" und hatte die hübschen Mädchen fast angeschrien. „Der Nagelschmiedemeister Dewitz will mit Frau und Kind und Bruder nach Texas, der Tabakdreher Collatz will fort – die Tubbes, der Ferdinand Junge, der Conrad Winter mit der Kleinen... ja ist denn das eine ansteckende Seuche? Wieviel Kapital soll denn dem Preußischen Staat noch verlorengehen?" Aber dann hatte er doch den Antrag geschrieben, während er leutselig der Henny und der Wilma die Hinterteile getätschelt hatte.
Am 25. August 1855 wurden wir schließlich aufgefordert, die Gebühren zu bezahlen: Ferdinand Junge 19 Groschen zwei Pfennig, Conrad und Luise Winter 23 Gr. vier Pf, die Tubbes 27 Gr. sechs Pf.

Wir mußten auf das Rathaus gehen und die Urkunde abholen. Wir unterschrieben. Damit hatten wir unsere preußische Staatsangehörigkeit verloren. Es gab kein Zurück mehr.

Stadtsiegel Oderberg

Das letzte, was wir in Oderberg erlebten, waren die Vorbereitungen zur großartigen Einweihung der Kirche. Denn Seine Majestät, der König Friedrich Wilhelm der Vierte, wollten höchstpersönlich anwesend sein. Die Schulkinder übten schon seit Wochen das Königs-Loblied und probten die Aufstellung mit den Stadtver-

ordneten. Der Gesangverein hatte eine Hymne eingeübt. Die Schützengilde wollte Salut schießen, und die Musikanten würden den Lieblingsmarsch des Königs spielen.
Pastor Alberti hetzte keuchend durch die Straßen, um alles gut vorzubereiten. Einer seiner diesjährigen Konfirmanden würde die Ehre haben, ein langes Gedicht vorzutragen. „Ich kann das Gedicht so gut! Aber nun darf es der Mathias aufsagen!" ärgerte sich August.
„Können wir nicht später fahren, Mutter? Amerika läuft doch nicht weg!"
„Nein, Juste, das geht nicht", sagte ich, obwohl es mir selber leid tat, „aber Herr Gobitz hat zum 1. Oktober unsere Stube schon wieder neu vermietet."
Willi hatte geschrieben: Bringt Federbetten und Kleider, ein paar Samen und einiges an Werkzeug mit, und ein paar Erinnerungen . . . ! Also verkauften wir den Webstuhl, die Möbel, Lampen, Vorhänge, Fässer, Hausrat. In die großen Koffer stapelten wir sorgsam die restliche Habe – es kam doch noch einiges zusammen.
Ferdinand und Conrad packten natürlich auch und ebenso die Familie Dewitz und Robert Collatz. Die Lange-Zwillinge jubelten: „Amerika! Wir kommen!" Und auch ihr kleiner Bruder Gustav war schon ganz aufgeregt.
Es war doch ein beklemmendes Gefühl, die Heimat zu verlassen – in ein fremdes Land mit einer fremden Sprache . . . in ein neues Glück?
Immer wieder sagte ich mir: Mein Willi und meine Lotte würden in Texas in der Stadt Nacogdoches auf uns warten. Wir würden keine Angst mehr haben vor Hunger. Und frei würden wir sein! Land würden wir besitzen! Und nie mehr einen Krieg erleben! Oh, welche Träume hatten wir!

Mit blauen Vergißmeinnicht in der Hand ging ich vorbei an der neuen Kirche, stieg die Stufen hoch zum Pfad, der zum Friedhof führt, und legte auf jedes Grab meiner Lieben ein Sträußchen. In ein kleines Säckchen füllte ich Erde, Oderberger Erde. Die würde ich einstmals in der Fremde mit mir ins Grab nehmen. Der Weg zurück führte mich zu meiner Lieblingsbank auf dem Albrechtsberg. Hier hatte mich Ludde gefragt, ob ich seine Frau werden wollte. Mein Blick ging über das weite grüne Land, über mein geliebtes Oderbruch! Über das kleine alte Städtchen. Jeden in diesen kleinen Fachwerkhäusern unter mir kannte ich. Viele waren gemein zu mir gewesen. Andere hatte ich geliebt. Wer war noch übrig von allen? Tine . . . och ja!

Von der Familie Hein nur noch mein Bruder Daniel mit seiner Frau, denn mein großer Bruder Heini war nun schon fünf Jahre tot. Schwager Kalle Tubbe mit seiner zweiten Frau. Kinder haben sie nicht. Also wird der Name Tubbe bald in Oderberg unbekannt sein. Aber . . . wer weiß? Seit Cousin Heinrich Tubbe an der Schwindsucht gestorben ist, kriegen die neun Mädchen von dieser alten Tratsche, der Fuchsin, ganz entschieden zu wenig auf den Hosenboden! So unsittlich, wie die sich benehmen, kriegen die bestimmt mal uneheliche Kinder! Wünschen

Die neue Nikolaikirche vom Albrechtsberg in Oderberg

würde ich das der alten Ziege... Oh Herr, vergib mir!... Aber nur so könnte der Name Tubbe erhalten bleiben. Dann ist da noch Carl Geistlich. Er arbeitet allein, seit sein Bruder Johannes im letzten Jahr begraben wurde. Es sind so viele, die schon im Paradiese sind. Man wird einsam, wenn man älter wird. 60 Jahre war ich schon. „Lieber Gott im Himmel, beschütze meinen Weg. Du allein weißt, was uns bestimmt ist. Denn ich habe Angst!" Und ich schluckte und schaute nach unten. Die beiden braunglänzenden Kastanien, die dort lagen, nahm ich in die Hand, drückte sie fest und steckte sie in die Tasche. Ein Stück Oderberg. Als ich wieder hochsah, stand ein schillernder Regenbogen über dem Oderbruch und wies nach Westen.

Wir verabschiedeten uns, schüttelten viele, viele Hände! Anna-Maria Junge, die Mutter von meinem Flegel von Schwiegersohn Fritz, der mit meiner Charlotte abgehauen war, heulte: „Drei Kinner inner Ferne, ach Jottojottojott!" umarmte schluchzend ihren Ferdinand und zitterte dabei.
Sollte ich beim Schuster Kahlow eine Bemerkung machen?... daß ich wußte, daß der Willi immer noch an die Henriette dachte? Aber bevor ich anklopfte, kam sie zu mir: „Bitte, ob Sie wohl... könnten Sie das mitnehmen... für Willi?" Es war ein winziges Büchlein mit einem gepreßten Blümchen darauf.

Blieb noch meine Älteste: So viel Arges hatte sie mir gesagt, so oft hatte sie lieblos gehandelt, aber nun umarmte ich sie doch fest. „Tine, mein Mädchen ... werde glücklich!" Ich wußte, daß ich sie nie wiedersehen würde.
Ludwig war mit Ferdinand und den anderen in Onkel Kalles Krug, um lärmend Abschied zu feiern. Am liebsten hätte uns der ganze Gesangverein johlend bis zur Stadtgrenze begleitet.
Am nächsten Morgen in aller Herrgottsfrühe kam Carl Geistlich mit dem Fuhrwerk. Er würde uns die drei Postmeilen nach Neustadt-Eberswalde bringen.
Die Kisten wurden wortlos aufgeladen. Ich schlug mein schwarzes Wolltuch um die Schultern und warf einen letzten Blick auf unser Haus. Der stolze Turm der nagelneuen Kirche ragte hoch über das Ziegeldach.

Meine Augen füllten sich mit Tränen, und ich mußte an die Worte meiner Mutter denken: „Die Königin hat dich angesehen, als du noch nicht geboren warst. – Du, Justina, wirst mal ein ganz besonderes Schicksal haben."
Daran hätte sie damals nie gedacht – daß ich auf die andere Seite der Welt gehen würde. Ade, Oderberg.
Ich umklammerte meinen August, aber der entwand sich mir und nahm strahlend die Peitsche vom Onkel Carl und knallte unternehmungslustig. Die beiden Pferde trabten an Onkel Kalles Haus entlang. Kalle winkte, hatte ein Glas in der Hand und rief: „Vergeßt den Frohsinn nicht in Amerika!"
Carl Geistlich redete die ganze Zeit, um uns abzulenken. Ludwig war schweigsam.
„Da bring ich euch nun nach Neustadt-Eberswalde", überlegte Carl, „weil die uns die Eisenbahn vor der Nase weggeschnappt haben."
„Wieso?" fragte ich, „ist doch gut, wenn der Dreck und der Lärm nicht nach Oderberg kommen!"
„Na, wenn wir nicht bald auch Fabriken, eine Eisenbahn und eine richtige Brücke kriegen, wird es mit Oderberg bergab gehen! Und auch Fässer werden sicher bald in Fabriken gefertigt..." „Aber was wird dann mit euch Böttchern...?" Er zuckte mit den Schultern und schwieg eine Weile.

Der Wagen rumpelte tüchtig auf der sandigen Straße. „Ist ja furchtbar mit diesen Schlaglöchern!" schimpfte Carl Geistlich. „Manchmal, wenn es geregnet hat, ist die Fahrbahn so aufgeweicht, daß wir dicke Knüppel vor die Räder legen müssen. Hab' gehört, daß jemand für das Pflastern dieser Chaussee eine Aktiengesellschaft gründen will – davon werde ich mir bestimmt auch ein paar Anteile kaufen. Übrigens – ich soll dich noch mal sehr herzlich grüßen... von deiner Pflegetochter, also unserer gemeinsamen Nichte Minchen. Ihr kleines Mariechen hat mir neulich mit der Post ihr Poesie-Album geschickt – mit einem reizenden Briefchen. „Wie nett!" Ich lächelte und seufzte. „Das andere kleine Büchlein, weißt du, auf dem geschrieben steht: ‚Poesie für Caroline'... das hab ich mitgenommen!"

„Ja, das Minchen", fuhr Carl fort, „die hat es in Prenzlau wirklich gut getroffen. Das Geschäft ihres Mannes geht ausgezeichnet. Er macht alle möglichen kunstvollen Metallarbeiten und verkauft auch Leuchter, Bestecke und Thermometer. Und stell dir vor, Mariechen ist nun 19 und hat auch schon einen Schatz: Er soll ein ganz fescher und sehr strebsamer Mensch sein, hat vier Jahre beim Advokaten in Landsberg gelernt und ist jetzt in Prenzlau Militärschreiber für das gesamte Bataillon – und das als zwölfter Sohn eines Dorfschmiedes! Aber ein paar Jahre werden die beiden wohl noch warten müssen, bis er einen Rang hat, in dem er heiraten darf. Minchen meint, daß sie ihrem Mariechen 10 000 Thaler an Mitgift geben kann, stell dir vor..."

Es nagte ein bißchen. Und wir waren so stolz, daß wir fast 1000 eigene Thaler bei uns trugen!

Eberswalde war in der letzten Zeit geradezu unheimlich gewachsen. Aus all den vielen Schornsteinen der Fabriken stiegen dicke schwarze Qualmwolken auf, und die Luft stank und kratzte im Hals. Hier hielt die neue Eisenbahn, in die ich heute noch einsteigen sollte. Ich hatte noch nie eine gesehen.

Zuerst kauften wir uns Billets, und dann half uns Carl Geistlich beim Verladen des Gepäcks. „Leb' wohl, Schwager! Grüße alle. Grüße Oderberg!"

„Viel Glück, Justina! Gottes Segen sei allzeit mit euch!"

Neben uns drei Tubbes saßen im Coupé der Ferdinand Junge und Conrad Winter mit der kleinen Luise, die immerfort plapperte. Das Abteil sah fast so aus wie das Innere einer Kutsche. Aber es war ein Höllenlärm! Das Ungeheuer Lokomotive zischte laut und stieß dunkle Rauchwolken in den Himmel. Eines Tages würden sie noch mal die Sonne verfinstern. Was für ein Teufelswerk! „Keine Angst, Mutter", tröstete mich August, „der Kessel platzt nicht. Schau, wie die Landschaft an uns vorbeifliegt... sie sagen, so eine Eisenbahn schafft ungefähr fünf Postmeilen in jeder Stunde!"

Welche wahnsinnige Geschwindigkeit! Mir wurde richtig schwindelig.

Keine drei Stunden später waren wir schon am Stettiner Bahnhof in Berlin angekommen und mußten eine Pferdedroschke mieten, um zum Lehrter Bahnhof zu kommen.

Was für eine ungeheure Stadt! Mehr als eine halbe Million Einwohner! Diese prächtigen, vielgeschossigen Häuser! Dieser unglaubliche Verkehr!

„Bitte, Kutscher, kann er uns einmal ‚Unter den Linden' entlang fahren?"

Er nickte gemächlich: „Da hammse die Oper, rechts, Madam, sehnse? Denn hier: det Kronprinzenpalais, links det Zeughaus und det jroße Museum. Kieken Se ma: Davor de jroße Schale, det is unsre ‚Suppenschüssel'."

Schade, daß diese gewaltige Granitschale nun doch nicht aus unserem Oderberger „Großen Stein" gemacht worden war. Schade, daß er bei der Bearbeitung zersprungen war!

„Unnu farn'wer eenmal umt Schloß."
Phantastisch, diese Gebäude! Hier also wohnt der König, hier hatte die Revolution ihre Opfer gefordert, hier fanden die prächtigen Paraden statt.
„Nu jehts durche Jägerstraße zum Jandarmenmarkt!"
In einem dieser hohen Häuser hatte Minchen bei ihrem Herrn von Massow gearbeitet!
„Inne janz vürnehme Jebäude hier baun se jrade wat janz neues ein: Rohre wo's Wassa rausläuft. Varrückt, wa? – Hü! Nochma rrrechts! – Un lllinks!"
Da stand es vor uns: Das Brandenburger Tor.
„Jut, wa?" strahlte der Kutscher und bog links ab zum Potsdamer Platz und brachte uns dann zum Lehrter Bahnhof.
Der Zug raste in Richtung Potsdam. Wir qualmten mitten durch die Straßen unserer Residenzstadt. Schloß Sanssouci und das Neue Palais konnten wir leider nicht sehen, dafür aber ganz dicht das Schlößchen der Königin im Park. Diesen Krach würde sie sicher auch nicht lange leiden mögen – dann würde sie bestimmt die Schienen verlegen lassen!
Ich war müde von all den Eindrücken, nickte in der endlosen Brandenburger Ebene ein und wachte erst bei der Paßkontolle wieder auf, als wir Preußen verließen und ins Herzogtum Braunschweig-Wolfenbüttel kamen. Wieder eine Paßkontrolle an der Grenze zum Königreich Hannover. Im Dunkeln kann natürlich kein Zug fahren, und deshalb ging es erst nach einer Übernachtung im Gasthof weiter.

Brandenburger Tor

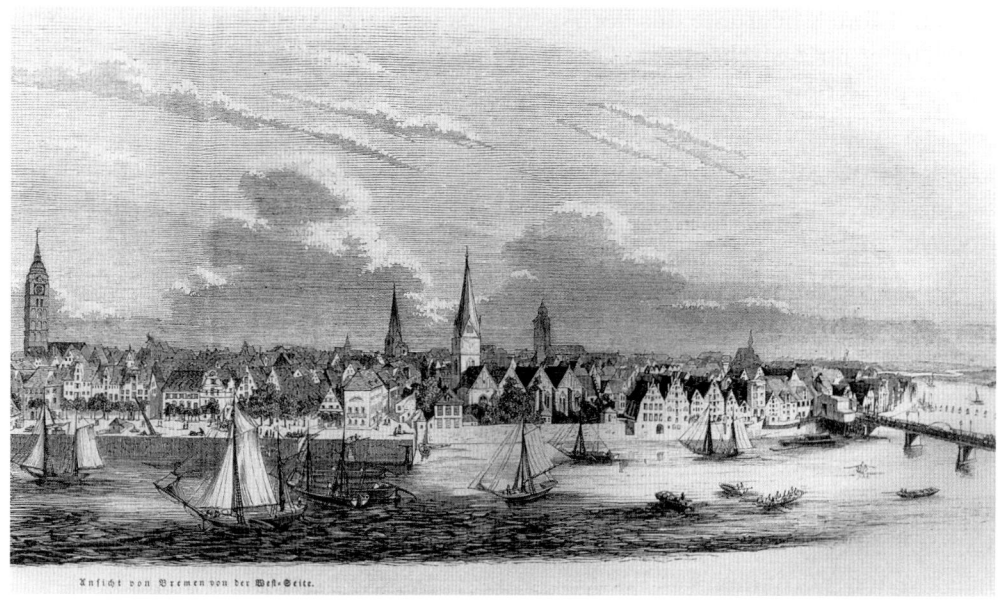

Kai von Bremen

Endstation Bremen

„Paßt bloß auf", hatten uns Mitreisende gewarnt. „Viele Bremer sind Kaufleute – also Spitzbuben. Laßt euch nicht von Schleppern beschwatzen, die euch in teure Herbergen bringen wollen. Geht zum Auswandererhilfsverein!"
Der Magistrat hatte ihn gegründet: Denn wenn sich erst rumsprechen würde, daß man in Bremen übers Ohr gehauen wird – nicht auszudenken, wenn die Auswanderer nur noch von Hamburg absegeln würden! Wo man doch so fett an ihnen verdiente!
Was war Bremen für eine reiche Stadt! An den wunderbaren, aufwendigen Bürgerhäusern konnten wir uns nicht sattsehen. Rund um uns herrschte ein ungeheurer Betrieb an den Buden, und ein Marktschreier brüllte lauter als der andere. Die Kutschen rasten nur so vorbei, ratterten laut auf dem schönen Steinpflaster. Wir mußten sehr aufpassen, und ich hielt Luischen fest an meiner Hand.
Neben dem Rathaus stand ein Riese aus Stein. „Das ist unser Roland!" sagten die Leute, „Kennen Sie nicht das Lied *Roland der Ries' am Rathaus zu Bremen...?* Er bewacht den Frieden des Marktes mit seinem steinernen Schwert."
August war begeistert. „So möchte ich auch mal aussehen! So stolz!"
Ach, mein Juste war doch noch ein rechtes Kind!
Beim Auswanderungsagenten hing ein Schild: Hier Fahrkarten nach Amerika. Ein paar Stufen nach oben: Hier Kajütpassagiere, ein paar Stufen ins Souterrain: Hier Zwischendeckpassagiere.

„Moin, Moin", begrüßte uns der Agent: „Soso, nach Neu-Orleans soll's gehen. „40 Thaler im Zwischendeck. Oder wollen Sie vielleicht erste Kajüte? Kost' 75 Thaler pro Kopp." Das war viel. Viel zu viel.
„Gibt's auch zweite Kajüte?" fragte Ludwig.
„Na klar doch, 60 Plätze, oben auf Deck! Nicht drunter! Wär' bestimmt besser für Sie – Sie als Bürger und Meister! – Und mit der Ollen dabei . . . da überlebt man doch leichter."
50 Thaler mehr für uns drei! Aber als wir all' die ärmlichen Gestalten anschauten, die vor dem Schalter für das Zwischendeck warteten, sahen wir uns an und Ludwig sagte: „Also gut, Mutter! Ihnen zuliebe!"
Ich lächelte ihn dankbar an.
Der Schreiber schlug sein Buch auf und schrieb in die Liste ein: Carl Ludwig Tubbe. 40 Jahre. „Beruf?" – „Na, Bauer will ich doch werden . . ."
„Sie kommen aus?" – „Preußen!" – „Und wollen nach?" – „Texas!"
Der Schreiber gähnte und hörte nur nachlässig hin. Deshalb schrieb er bloß meinen zweiten Vornamen Friederike. „Alter?" – „60".
„Hmm . . .", der Agent kratzte sich seinen Bart. „Könnte Probleme geben. Wissense – die wolln eigentlich keine Greise . . . alle solln unter 60 sein. Da schreiben wir eben: 58 Jahre. Nu mal der Lütte! Johann . . . Tubbe . . . 14 . . . männlich, Beruf . . . Bauer.
Der Nächste: „Gottlieb Friedrich." – „Nein!! Ferdinand!" Aber der Agent schrieb ungerührt: „Gottlieb Friedrich Junke, . . . 36 Jahre, . . . Bäcker, . . ." – „Nein! Junge!"
Aber da war er schon bei „Conrad Winter, Schneider, . . . Luise, vier Jahre . . ."
„Sein Sie man froh, daß Sie hier von Bremen fahren!" Der Agent wurde amtlich, „weil wir nämlich viel bessere Proviantvorschriften haben. In Hamburg müßten Sie die kleine Luise mit von Ihrer Ration durchfüttern. Bei uns kriegt sie aber eine eigene Ration. Wer weiß, wie lange Sie da rüberschaukeln!"
Wir kauften ein paar Brote auf dem Markt, dann einen Sack mit Äpfeln und noch ein Fäßchen mit sauren Gurken und eine Flasche Essig. Außerdem erstand Ludwig noch ein kleines Wörterbuch.
„Vergessen Sie man nicht, Seegrasmatratzen zu kaufen", hieß es. „Und dann brauchen Sie noch spezielle Seife! Und unbedingt brauchen Sie einen Strohhut, da im Süden ist's auch jetzt warm, und Tee, wenn die Kinder husten, und Quecksilber-Creme gegen's Ungeziefer, und einen Blechnapf zum Kochen und'n paar Säckchen, um die ausgeteilten Lebensmittel reinzutun, und'ne Flasche Rum muß man auch sein . . ."
Du meine Güte, das Geld rann nur so zwischen unseren Fingern durch! Am nächsten Morgen zahlten wir auch noch die Herberge und den Kutscher, der das Gepäck zum Weser-Ufer brachte.

Der Weserkahn war völlig überfüllt. Überall türmten sich die Kisten und Körbe, und obendrauf saßen die Passagiere. Wie sollte man hier bloß die Nacht verbringen? Die Kinder fanden es herrlich und spielten gleich Verstecken. Der Wind pfiff hart und kalt von Südwesten.

„Ischa man 'n laues Lüftchen", brummte der Kapitän mit der Schirmmütze und der Pfeife im Mund. Er hatte eine rote Nase. Das viereckige Segel ging hoch und zog uns mit dem Wind und dem langsam ablaufenden Wasser den Fluß hinunter. Die Türme der Stadt blieben hinter uns, an den Ufern nichts als Büsche und Wiesen. Es schaukelte. „Daran werdet ihr euch wohl gewöhnen müssen!" grinste der Kapitän – es klang irgendwie ein bißchen schadenfroh.

Am Nachmittag wurde der Anker ins Wasser geworfen. Die Männer fingen an, die Rumflasche zu suchen. Einer war mit dem Beiboot ans Ufer gefahren, um Nachschub an Schnaps zu kaufen. „Warum segelt denn das große Schiff nicht von Bremen ab?" wollte Ferdinand wissen.

„Gib mir erst mal 'n Schluck, Junge!" meinte der Käpten und seine Nase wurde noch röter. „Weil die Weser zu stark versandet ist und die Segler heutzutage so riesig sind! Und dann wollten die Oldenburger, diese Schufte, auf dem Westufer Zoll kassieren! Deshalb hat Bremen vor 30 Jahren dem Hannoverschen König ein paar Wiesen im Norden abgekauft, hat es Bremerhaven genannt und angefangen, ein Hafenbecken an der Geeste-Mündung zu bauen."

„Und warum fahren wir jetzt nicht weiter?"

„Nun kommt die Flut. Gegen die kommen wir mit unserem Segel nicht an. In sieben Stunden könnten wir mit der nächsten Ebbe weiter, aber bislang muß ich bei Dunkelheit ankern, weil es hier auf der Weser noch kein Leuchtfeuer gibt. Morgen früh müssen wir die nächste Flut abwarten – also können wir erst mit der Mittagsebbe weiter. Bei Sturmflut oder bei Nordwest, da wird's doll, da brauch ich für so eine Fahrt schon mal fünf Tage."

„Fünf Tage für sieben Postmeilen!" stöhnte Ferdinand. „Und für die ganze Strecke von Berlin nach Bremen haben wir nur zwei Tage gebraucht!"

„Hastes so eilig?" lachte ihn der Kapitän aus. „Kannste ja so 'n neumod'sches Postschiff nach Neu York nehmen! Gibt welche aus Eisen, mit Dampfmaschinen drin – die sind man schneller. Nennt man Dampfer. Eines Tages werden sie da nicht 200 oder 400 Leutchen auf einem Schiff transportieren, sondern vielleicht 1000 und mehr! Gerade haben sie angefangen, in Bremerhaven ein ganz großes Hafenbecken zu buddeln, und der riesige Leuchtturm ist schon eingeweiht."

Die Männer waren begeistert. Welche technischen Neuerungen in unserer Zeit! Die Flaschen waren schon bald leer. Sie stießen an. „Es lebe der Fortschritt! Auf in die neue Zeit, hurra!"

Ich schlug mir meinen dicken schwarzen Wollumhang um die Schultern und nahm mein Strickzeug heraus. Neben mir saß ein gutgekleideter Mann, der recht gebildet wirkte. „Deichmann, mein Name. Buchbinder aus Leipzig", stellte er sich vor.

„Na, werte Frau, was treibt denn Sie so übers Meer?" Als ich es ihm erzählte, schüttelte er den Kopf. „Texas!" lachte er verächtlich, „ausgerechnet Texas! Gute Frau, machen Sie keinen Fehler! Hier – kennen Sie denn dieses Buch nicht? Auswanderungs-Kathechismus von Wander: Soll ich Ihnen mal vorlesen, was der hier schreibt!?"

„Oh ja, ... bitte!"

„Frage: Ist Texas ein gebildeten Deutschen zur Niederlassung zu empfehlendes Land? Antwort: Wer Bedürfnisse hat, die über arbeiten, schwitzen, essen und schlafen hinausgehen, darf sich nicht nach Texas wenden, wo es nichts gibt, was eine an menschliche Bedürfnisse gewöhnte Person befriedigen könnte. Wo das Land am fruchtbarsten ist, da wohnt die Seuche und rafft die Ansiedler weg, welche glaubten, das Land sei so gesund, wie die Berichte es schildern. Das Land ist wüst, das Volk noch sehr roh, der gesellschaftliche Zustand nicht erquicklich. Und was hat der Ansiedler für alle Entbehrungen? Er hat eine elende Wohnung, schlechter als in Deutschland ein Schuppen oder Stall, er hat viel Acker, aber gar häufig kein Brot im Hause, er hat vielleicht eine Herde Kühe, aber keinen Tropfen Milch und braucht Stunden, um eine Kuh zu fangen, um etwas zu erringen, er hat Pferde, aber er muß mehrere Tagereisen machen, um eins zu finden, er hat Schweine und anderes Schlachtvieh, aber kein Fleisch, er hat Durst, aber nur selten frisches Wasser, er ist krank, aber es fehlt ihm der Arzt, er will schlafen, aber die Hitze oder das Ungeziefer gestattet es ihm nicht, er sucht Schatten, aber es sind keine Bäume ..."

„Hören Sie auf!" stöhnte ich. „Das glaub ich nicht! Mein Willi schreibt von großen Wäldern und hohen Bäumen ..."

„... er sucht Menschen für ein Geistes- und Herzensbedürfnis mit der Laterne des Diogenes ..."

„Was meint das Buch denn damit?" fragte nun Ludwig, der alles mitangehört hatte. „Na, Menschen mit guter Bildung doch, die an den Fragen des Lebens interessiert sind!"

„... es begegnen ihm Büffel und Klapperschlangen, er sehnt sich nach einem Besuch, es fallen die Rothhäute ein und skalpieren ihn ..."

Ich fing an zu schlucken: „Um Gottes willen ... Nein!" „Ha! Von wegen!" lachte August und stellte sich hin wie der Riese Roland. „Die sollen nur kommen, denen werde ich's schon geben!"

„... er will Produkte auf einen fernen Markt bringen, aber es gibt keine Straße, er versinkt mit Produkt und Geschirr im Koth, er wünscht einen gesellschaftlichen Genuß – man kommt zusammen zu spielen und zu saufen. Ja: Texas ist ein schönes Land!!!"

„Nein! Nein! Wie schrecklich. Es darf so nicht sein! Schreibt Ihr Herr Wander denn gar nichts Gutes?" „Oh doch, gute Frau: Es kann Niemand größer über

Amerika denken als ich, schreibt er hier und: Diejenigen, welche in Deutschland hungern, mögen getrost nach Amerika gehen, sie werden, wenn sie arbeiten, satt werden. Dies und die freie Verfassung, welche jede Kraft sich entfalten läßt, sind die Vorzüge Amerikas, die jeder anerkennen muß."
Ich weinte still vor mich hin und fror sehr, wickelte mich in mein wollenes Umschlagtuch noch fester und nahm meine braunglänzende Kastanie aus der Tasche und drückte sie sehr, sehr fest. Ich hatte Angst... und sah gar nichts. Denn mein Herz zog sich plötzlich furchtbar zusammen und ich heulte auf: „August! Ludwig! Nein! Es geht nicht... bitte, noch ist Zeit... laßt uns zurück... ich halte es nicht aus. Mein Herz... oh mein Herz... Oderberg!"
„Mutter!" Ludwig sprach ganz ruhig und strich mir über die Schulter. „Mutter! Beruhigen Sie sich. Sie wissen doch: Die haben einen Verein gegründet, um die Leute vom Auswandern abzubringen. Vielleicht ist das ja einer von denen, der das geschrieben hat... Wir haben doch zusammen beschlossen, einen neuen Anfang zu wagen, Mutter! Wollen Sie wirklich weiter Hunger leiden? Wollen Sie wirklich in diesem Polizeistaat weiterleben? Wollen Sie wirklich allein sein? Ohne Kind – ohne Haus – ohne Geld... Sie werden älter, Mutter!"
Ja, ich bin eine alte Frau. Ich habe keine Zukunft mehr außer einer: Meine Kinder. So will ich nicht hadern! Ich schluckte und sah Wasser, Wasser, Wasser...
„Hier", hatte mein Mann damals gesagt, als er mir die Kastanie in die Hand drückte, „was auch kommen mag – verlier nie die Hoffnung." HERR, gib mir die Kraft, auf alles Liebgewesene zu verzichten und in der Wildnis zu überleben, Gott steh' mir bei!
Der Weserkahn segelte in die Geeste-Mündung ein und wurde direkt neben einem rotgelben Klinkerbau festgemacht, der wie ein Schloß aussah: Das war das Auswandererhaus. Wir schleppten das Gepäck hinein. In wenigen Tagen sollte die Abfahrt sein.
War hier ein Durcheinander an Sprachen! Schon der Bremer Agent hatte so seltsam gesprochen, aber nun hörten wir noch viele andere Dialekte, die deutsch sein sollten. Da kamen welche aus Baden und Mecklenburg und Hessen, aus dem Rheinland und der Pfalz. Ich mußte sehr achtgeben, um überhaupt zu begreifen, worum es ging, wenn sie redeten. Konnten die denn nicht vernünftig sprechen wie wir Brandenburger?
Es müssen mehr als zweitausend Leute gewesen sein, die in diesem Haus schliefen und warteten. Viele wirkten sympathisch, manche sahen aus wie Bettler und hatten nur einen Beutel voll Eigentum, aber auch grausliche Spitzbubengesichter waren dabei.
Die Kinder tollten auf den Wiesen herum, oder sie bestaunten die Takelage der Schiffe und ließen sich von den Matrosen Geschichten erzählen. Die Männer gingen einen heben. Ich aber saß auf einem Stuhl und strickte, mein Herz lag wie ein Stein in meiner Brust, mein Kreuz schmerzte, und ich hatte rote Augen.

Die drei Lange-Geschwister kamen am nächsten Tag an und mit ihnen die anderen Oderberger, Robert Collatz und die Dewitzens mit dem kleinen Wickelkind Carl. Was war das für ein süßes Kerlchen! Seine blauen Augen strahlten, als er vor sich hinplapperte. Ich nahm ihn auf den Arm. Ein warmes Gefühl durchströmte mich. Ich würde mich an diesem Kind festhalten, mit ihm schmusen, dann würde ich nicht so allein sein.

„Unser Schiff ist die ‚Tuisko'!" berichtete August stolz. „Und sie hat 285 Commerzlasten! Jan, ein Matrose, hat's mir erzählt." „Du hast wohl schon wieder Freundschaft geschlossen?" lächelte ich. Mein Kleiner nahm alles Neue so schnell auf, der würde bestimmt seinen Weg im Leben finden. So schwer es mir war, aber es war wohl doch richtig, in die Neue Welt zu gehen! „Wissen Sie, was so ein Schiff kostet, Mutter? Bald 60 000 Thaler. Sechzigtausend! Fast das Doppelte wie unsere Kirche! Die ‚Tuisko' ist erst in diesem Jahr in Braake gebaut worden. Ist erst die zweite Fahrt von Bremen nach Neu Orleans!" Er zerrte mich vom Stuhl hoch und ging mit mir zum Schiff. Die ‚Tuisko' war eine schöne neue Bark mit drei Masten. Das Holz sah frisch geteert aus. Die Segel waren noch ganz hell und sauber, die Beschläge funkelten in der Sonne, und auch die Taue sahen noch fast neu aus. Viele Leute waren dort am Kai emsig beschäftigt, Fässer und Kisten an Bord zu bringen. Wagen brachten neue Waren, die Pferde schnauften, Befehle wurden geschrien. Wenn man vor der Bordwand stand, sah das Schiff aus wie eine hohe Mauer. Wie klein waren dagegen unsere Oderkähne! Handwerker hämmerten am Mast. Andere hantierten mit Pinsel und Farbe und saßen dabei auf einer Art Schaukel außenbords.

„Schauen Sie sich das da am Bug an, Mutter! Jan sagt, das ist eine Galionsfigur. Die ist aus Holz geschnitzt und soll uns eine gute Fahrt bringen. Ich finde, die soll den steinernen Roland heiraten." „Geht doch nicht, Juste! Die Figur ist doch ein Mann! Tuisko – der alte Erdgott der Germanen!"

August hörte kaum hin. Für ihn war alles ein herrliches Abenteuer, und seine Freude steckte mich langsam an. Aber mittlerweile war es Ludwig, der doch auffällig ruhig geworden war. Wenn uns die Galionsfigur der ‚Tuisko' doch Glück bringen würde!

Drei Tage später war alles geladen. Brennholz zum Kochen war genug an Bord, und in einem Stall gackerten Hühner und Gänse. Die großen Tanks waren mit Wasser aus dem Weser-Fluß vollgepumpt worden, damit genug Süßwasser zum Trinken an Bord war. Dann wurden auch unsere Kisten in den Laderaum im Bauch des Schiffes gehievt. Wir betraten unseren stattlichen Segler über einen wackligen Steg – es würden immerhin 14 Oderberger an Bord sein! Fast alle Passagiere kamen aus Preußen, nur einige Hannoveraner und Oldenburger waren noch dabei, aber gottlob kaum einer von den Süddeutschen, die so unmöglich und unverständlich sprechen. Und fast alle waren recht jung – viele Familien, auch mit Säuglingen, aber ich sah nur eine Handvoll Leute in meinem Alter.

Die Galionsfigur der ‚Tuisko'

Ein Agent der Reederei besah sich gelangweilt die Pässe. „Hauptsache, ihr habt bezahlt, Leute!" rief er und kontrollierte genaustens die Fahrkarten.
Er zeigte auf den Niedergang: „Zwischendeck – da!" In den Schiffsplanken war eine Luke, in der Gustav Lange fast senkrecht verschwand. Gleich tauchte sein Kopf wieder auf. „Komm, Wilma. Los, Henny, ich halte dich."
„Könn' wer alleene!" und schon kraxelten die schmucken Zwillinge behende wie Affen die steile Stiege nach unten. Für mich mit meinem Rheuma wäre das schon schwieriger gewesen. Bloß gut, daß wir die zweite Kabine gebucht hatten!
Plötzlich mußte ich lachen. Da wollte grade eine Frau aus dem Oldenburgischen die Leiter hinunter. Eine ordentliche Windböe kam und wehte ihr den Rock nach oben – oh, wie sie sich schämte! War ich froh, daß ich vorher gelesen hatte, daß Weibsleute sich für die Überfahrt getrost so was Unanständiges wie Beinkleider nähen sollten, die man unter dem Unterrock tragen konnte.
Als ich noch staunend dastand, sah ich, wie hinten am Schiff ein paar Männer am Seil hochgezogen wurden. Die Matrosen grinsten breit und riefen nach unten: „Noch jemand . . . ? . . . ohne Paß . . . ? Für fünf Thaler ziehen wir euch hoch . . . ."
Nun wollte ich in unsere Kajüte. Ludwig und Ferdinand waren schon vorangegangen und versperrten jeden Platz.

War das eng! Als sich meine Augen langsam an die Dunkelheit gewöhnt hatten, erkannte ich im Licht des kleinen Bullauges, daß es hier aussah wie in einem finsteren Keller mit großen Regalen: genagelte Kisten, jeweils zwei übereinander. Das waren die Betten. Man konnte sich darin gar nicht hinsetzen, dazu waren die Fächer zu flach, denn der gesamte Raum war nur acht Fuß hoch. Man mußte sich seitlich in die Verschläge hineinschieben, und jeder hatte dann zwei Fuß Platz zum Liegen – wie sollte ich bloß jemals zum Schlafen kommen – und wie sollte ich vor allem je wieder rauskommen?

„Immer vier zusammen in ein Bett! Oben muß man gelenkig sein – wir nehmen die Lager unten, Mutter!" Ludwig legte die Seegrasmatratzen auf die Bretter und fragte: „Ferdinand – schläfst du bei uns?" Der nickte stumm.

„Ich quartiere mich mit Luise über euch ein", sagte Conrad. „Da liegen schon zwei Strohsäcke drin. – Oh . . . sind das Ihre? Sehr erfreut, meine Damen! Winter ist mein Name!"

Männer und Frauen nebeneinander! Unverheiratet!

Auch Robert Collatz richtete sich oben noch mit ein. Klein-Luischen würde sich eben irgendwie dazwischendrängeln müssen.

„Koffer und die Kisten rücken wir an die Wand!" bestimmte Ludwig, „Da können wir uns draufsetzen. Denkt dran – einer muß immer auf die Sachen aufpassen, denn die Matrosen klauen wie die Raben!"

Als wir einigermaßen Platz gefunden hatte, stand Johann Dewitz mit einem dicken Koffer in der Tür, um sich in der Nachbarkoje einzurichten. Ihm folgte mit bleichem, furchtsamem Gesicht seine Frau Marlene mit dem Säugling auf dem Arm, und sein Bruder Johannes, auch noch mit einer dicken Holzkiste auf der Schulter.

Die letzten freien Plätze wurden von den drei Brüdern Sang aus Hessen, dem Schneider Hittmann und dem jungen preußischen Lehrer Haste belegt. Nun waren wir 14 Erwachsene, zwei Bengels und zwei kleine Kinder in unserer engen Kajüte.

Luischen schleppte gleich das Wickelkind umher. Juste kletterte natürlich schon wieder herum. Zusammen mit dem jüngsten der Sang-Brüder hatte er sich aus der Tür geschlichen. Diese Kinder benahmen sich hier schon wie die Wilden!

Von unten vom Zwischendeck her hörten wir ein fürchterlich ordinäres Kreischen und Zetern, Kinder schrien, Männer krakeelten und schimpften.

Als August wiederkam, berichtete er: „Im Zwischendeck ist es noch viel enger! Grade sieben Fuß hoch! Nur zwei kleine Laternen, sonst ist überhaupt kein Licht. Lüften kann man auch nicht. Die Männer schnauzen und streiten sich um die besten Plätze. Die Frauen halten kleinlaut ihre Kinder fest. Oder sie keifen 'rum, hocken auf den Strohsäcken und warten, daß sich das heillose Durcheinander etwas legt."

Der Kapitän brüllte Befehle. Harte Schritte über uns, lautes Poltern, ein langes Gerassel folgte, ein vielstimmiges „Hurra" vom Kai. Und „Hurra!" schrien auch alle Männer um mich herum. Ein Ruck ging durch den Rumpf. Der Dampfschlepper zog uns aus dem Hafen.

Adieu, altes Europa

Es war der 6. Oktober 1855. Sie setzten die Segel. Das Schiff kreuzte auf der Wesermündung. Währenddessen durfte keiner von uns an Deck. Wir hätten den Matrosen im Wege gestanden, und dann wäre der Kapitän sehr ungemütlich geworden. August hatte es zu hören gekriegt! „So stell ich mir den lieben Gott vor", hatte er kleinlaut gesagt, als er wieder durch die Tür schlüpfte.
Nun richteten wir uns alle erst mal richtig ein. Es wurden die Dinge rausgeholt, die wir unterwegs benötigen würden, während die guten Federbetten eingepackt blieben. „Laat Se se dee man blot inne Kist – sonst weern se vunne Ratten upfreten!" hatten uns die Matrosen gewarnt.
Was wir notwendig brauchten, war: Die Blechgeschirre für das Essen und den Tee, Löffel, eine Schüssel zum Waschen, die Bibel zum Lesen, das Strickzeug, das Kartenspiel, ein Stück Leine zum Trocknen des Handtuchs, den Nachttopf, die Wollmäntel, die Hüte. Ludwig holte die Laute heraus. Marlene Dewitz wickelte ihr Kind und stopfte die vollen Windeln in einen Eimer. Wir würden erst waschen können, wenn wir nach draußen durften. Es fing an zu stinken. Wenn nur nicht auch der Schneider so schlimm gefurzt hätte, und dann roch er so verschwitzt! Auch der junge Lehrer rümpfte die Nase. Aber es half ja nichts. Wir würden wochenlang hier auf dichtestem Raum zusammenleben. Schon bald wurde uns der erste Bottich mit lauwarmem Tee hereingereicht. Meine Güte – schmeckte das Weserwasser schrecklich! Kein Vergleich zu unserem guten Oderberger Brunnenwasser!
„Jan sagt, daß das Wasser in den Fässern dreimal durchgären muß. Das erstemal wird es richtig schwarz, das setzt sich dann ab, und dann gärt es noch zweimal!" meinte Juste und trank es angeekelt.
Die Langeweile trieb uns bald zu Bett. Wir drängten uns zusammen und hüllten uns in die Mäntel. Es war schrecklich eng. Wenn sich das Schiff auf eine Seite legte, lag meine Schulter am harten Brett und die drei anderen rollten auf mich drauf – oder ich rollte zu Juste und Ludwig und Ferdinand.
Obwohl die Planken des Schiffes knirschten, die Wellen gegen das Holz klatschten, der Wind in den Segeln fauchte und die Taue klapperten und unten im Schiff die Pumpen viele Stunden bedient werden mußten, hörte man aus den anderen Kojen lautes Reden, Lachen und Seufzen, Kindergeschrei und Stöhnen. Haben wir irgendwann richtig geschlafen? Wie gerädert wachten wir am nächsten Mor-

gen auf. Die Matrosen brachten einen Krug mit Salzwasser zum Waschen herein. Aber die Hände blieben nach dem Abtrocknen schmierig und das Gesicht spannte unangenehm.

Ich freute mich auf das Stück Brot, die Butterration für die nächste Woche, und auf den Kaffee. Aber er schmeckte genauso scheußlich wie der Tee am Abend. Viele schütteten ihn einfach auf den Boden.

„Wer will, kann jetzt aufs Oberdeck! Aber nur, solange gutes Wetter ist", bestimmte Herr Kapitän Dannemann. Es wehte tüchtig. Das nannte er gutes Wetter? Die schwachen Konturen der Küste waren kaum noch zu erkennen.

Ich zog meinen schwarzen Wollumhang eng um die Schultern. Einer stimmte das Auswandererlied an:

„Nun ist die Zeit und Stunde da,
wir reisen nach Amerika.
Und wenn das Schiff im Meere schwimmt,
dann wird das Liedchen angestimmt.
Und trinken eine Flasche Wein
und lassen Deutschland, Deutschland sein.
Amerika – da ist's gar fein,
da fließt der Wein zum Fenster rein."

Ich glaube aber nicht, daß es viele gab, die jetzt ganz trockene Augen behielten.

Die ‚Tuisko' (Kapitänsbild)

"TUISKO": Dreimast-Bark, gebaut 1855, Werft J. Oltmann's Witwe in Braake, Reederei: Siedenburg, Wendt & Co, Bremen, Abmessungen: 45 x 9 x 6 m (das entspricht einem kleinen Kümo von heute).

Passagiere: 319 Personen, davon 31 Kinder unter 8 Jahren, davon 16 unter 1 Jahr, 2 Kinder unterwegs geboren und gestorben, 8 Passagiere gestorben.

Abfahrt: 6. 10. 1855, Ankunft in New Orleans: 30. 11. 1855 = 54 Tage = Fahrtdauer 8 Wochen.

Es wurde bald zu kalt. Es half nichts, ich mußte wieder in die Kajüte. Mein Gott, war da eine Luft! Die Stunden vergingen langsam. Der erste Strumpf war schon fertig. Mittags wurde an Deck Bohnensuppe ausgeteilt. „Also, Mutter", sagte Ludwig und verzog angeekelt das Gesicht, „haben wir vielleicht irgendwas an Gewürzen mit?" Ich reichte ihm die Flasche mit Essig. Solchen Fraß hätten wir zu Hause dem Schwein nicht vorgesetzt. Wir kriegten es einfach nicht runter, nahmen das Essen und schütteten es über Bord.

Aber neben mir auf einer Taurolle saßen zwei in ärmlichsten Kleidern. „Ach, herrlich!" schmatzte einer, „das einzige, was zählt, ist ein voller Bauch!" „Und 'ne Frau!" nickte der andere. „Möchte wissen, was der Baron sagt, wenn er merkt, daß ich abgehauen bin!" „Durften Sie das nicht?" fragte ich neugierig. „Ich hab ihn nicht gefragt. Bei uns in Mecklenburg war ich ja man bloß der Sohn vom Leibeigenen." „Und mir", grinste schäbig der andere und rülpste laut, „wollten se nich im Knast behalten! Wat meense, ha, ha . . .!" Er lachte schrill und äffte den Richter nach: „Hiermit verfügen wir, dieses Subjekt unauffällig nach Amerika zu transportieren, da das für den Staat billiger ist, als ihn 15 Jahre im Zuchthaus zu erhalten!" Da rückte ich lieber ein Stück zur Seite.

Bald fing das Schiff an, mehr und mehr zu stampfen und zu schaukeln. Wir kamen in den Englischen Kanal. Ich versuchte, in meiner Bibel zu lesen, aber es war trotz des winzigen Bullauges zu dunkel. Als wieder Essen ausgegeben wurde, hatte ich keinen Hunger. Aber ich mochte nicht mal zusehen, und ehe ich mich versah, beugte ich mich mit meinem Kopf in Richtung Nachttopf und erbrach mich. Die Hälfte ging daneben. Marlene war auch schon ganz gelb im Gesicht und machte es mir nach.

August wollte Wasser holen, aber die Matrosen machten die Tür bei dem Geschaukele nicht auf! Mein Gott, ein Gestank! Ich schämte mich so, aber gleichzeitig dachte ich: Jetzt mußt du sterben, Justina Tubbe! Dann ist alles vorbei! Mir war so schlecht, daß ich nicht mal mehr ans Beten dachte. Und auch nicht an meinen Rheumatismus. „Ist mir egal, alles so egal . . ."

Die Nachtgeschirre rutschten umher und fielen um. Immer mehr Leute fingen an zu spucken. Die Kinder wimmerten. Marlene konnte den kleinen Carl kaum noch stillen. Conrads Nachbarin jammerte so laut und so lange, daß Ferdinand irgendwann beinahe verrückt wurde. „Nu reißen Sie sich doch zusammen und sein Sie endlich still, ich halt es nicht mehr aus!" Das half wenig. Da fing Conrad an, sie auf seine Weise zu trösten. Seitdem kicherte es über uns öfter mal.

Der Oktobersturm drang durch alle Ritzen, feucht und furchtbar kalt. Zu Hause hätten wir uns jetzt ein schönes Feuer im Ofen angezündet. Hier aber gab es keine Heizung. Es war ekelhaft, wie die Kälte langsam in alle meine Gelenke zog. Was nutzte mein schwarzes wollenes Umschlagtuch, wenn es immer klamm war und nicht recht trocknen wollte.

Die Nächte schienen endlos. Ich wurde gegen die Bretter geschleudert, wenn sich das Schiff hoch aufbäumte und wieder in die Tiefe stürzte. Mein Körper war voller blauer Flecken – und dazu mein Rheuma, Husten und Schnupfen, das dauernde Geschaukel, der Gestank, mein Durchfall, das Ungeziefer, immerfort der Lärm, die Schmerzen am Zahn. Ich war so schwach und hielt nur krampfhaft meine braune Kastanie aus Oderberg ganz fest in meiner Hand.

Ob ich die Reise durchhalten würde? Ganz heimlich kramte ich aus der Kiste eine Flasche meiner „Schwedenkräuter" heraus. Keiner durfte meinen Schatz sehen, die Männer würden mir bestimmt mein Lebenselexier wegtrinken.

Irgendwann wurde wenigstens die Seekrankheit erträglich und der Hunger kam zurück. Mit Todesverachtung schluckten wir das Essen runter. Nun hieß es aufpassen, daß wir auch immer unsere Portionen kriegten.

Einmal kam Juste von Bord reingestürmt und schimpfte zornentbrannt: „Mutter, ich habe unseren Napf in die Küche gegeben, hab wie immer gesagt: Für vier Personen. Und warte drauf, daß der Pott auf der anderen Seite der Kombüse wieder rausgereicht wird." „Ja, und dann?" „Schau ich eben mal einen Augenblick übers Meer, da nimmt doch einer von diesen üblen Gestalten den Pott – Mutter, unsern Pott! – schaufelt sich den Brei in seinen Napf, und wie ich draufzukomme und schreie: Eh, du, gib her! sagt er: Ich hab doch gar nichts, Milchbubi und wirft unsern Pott über Bord und grinst mich an." „Dann werden wir heut' nichts mehr kriegen!" stöhnte Ludwig. „Der Pott weg und unser Messer hat man uns auch schon gestohlen . . ."

Er wurde melancholisch. Er haßte dieses dauernde Gewimmel. Dann nahm er seine Laute und sang leise: „Muß i denn, muß i denn zum Städtele hinaus . . ."

Ihn heiterte nur der Becher Branntwein auf, den die Männer jeden Vormittag kriegten. Brr! – ich schüttelte mich, als ich daran nippte . . . aber das tat mal gut und wärmte!

Das kleine Carlchen nahm ich oft auf den Arm und wiegte ihn, kitzelte ihn an der Nase und sang ihm Schlaflieder vor. Aber er schaute mich nur mit riesigen Augen und eingefallenen Wangen teilnahmslos an. Ich kaute ein paar Brotkrümel durch und stopfte den Brei in seinen Mund. Marlene lag völlig apathisch und schluchzte vor sich hin, während ihr Mann oben Karten spielte. Also mußte ich mich um das Carlchen kümmern und wechselte ihm die Windel. Um Gottes willen! Durchfall!

Grün und stinkend! Ich ging zum Koch und bettelte um ein Stück Holzkohle. Er gab mir ein angebranntes Holzstückchen und ich versuchte, es kleinzureiben und dem Carlchen einzugeben. Irgendwie mußte das Kind doch zu retten sein!

Bei halbwegs vernünftigem Wetter blieb ich nun morgens auf Deck. Trotz der Kälte herrschte da ein munteres Leben. Die Passagiere standen rum und unterhielten sich, manche lasen, Haare wurden gekämmt, Kleider geflickt, Wäsche gewaschen, Kinder tobten, Liebespaare knutschten hinter den Taurollen, Frauen strickten oder häkelten. Männer spielten mit Würfeln oder schimpften oder malten sich das herrliche Leben in Amerika aus, oder sie stierten wortlos auf den Horizont. Nur, wenn mal ein Schiff zu sehen war, stürzte alles an die Reling.

Juste hatte längst das ganze Schiff ausgekundschaftet: Er zeigte mir, wo die reichen Herrschaften wohnten. Das waren vier Händler, ein Goldschmied und ein Edelsteinschleifer, ein Brauer und ein arroganter Konditor und zwei reichlich hochnäsige Fräuleins.

Die 1.-Klasse-Kajüten waren viel heller und freundlicher als unsere. Die Passagiere hatten sogar einen extra Speiseraum und durften richtig von Tellern essen. Die kriegten Portwein und Gänsebraten.

Juste nahm mich auch mit ins Zwischendeck. Meine Güte, war das eng und stickig. Widerwärtig! Sein Lieblingsplatz war das Netz über der Galionsfigur. Zu gerne wäre er auf den Mast geklettert, aber wer das tat, wurde von den Matrosen mit einem Seil festgebunden und mußte sich teuer loskaufen. Statt dessen krabbelte August in die Stauräume, besah sich die Ställe mit den Ziegen, den Hühnern und Gänsen, und half auch mit, das Wasser aus der Bilge zu pumpen. Er hatte sogar schon mal mit am Steuerrad gedreht, durfte in der Küche beim Scheuern helfen, beobachtete den Steuermann mit dem Sextanten ... aber in die Vorratsräume durfte er nicht!

Einmal segelte unsere ‚Tuisko' an einer Felseninsel vorbei, die wie eine Kathedrale mit zwei Türmen aussah. Am Nachmittag zog es unheimlich dunkel hoch. Sturm! Wir mußten alle vom Deck. Das Schiff stampfte und schlingerte und schien in Höllentäler zu stürzen um gleich wieder nach oben geworfen zu werden. Wie viele Schiffe waren schon untergegangen! Wir fürchteten uns schrecklich und schrien unsere Gebete in die Finsternis.

Am nächsten Tag war es wieder ruhiger. Die Segel wurden neu gesetzt und jeder, der sich auf den Beinen halten konnte, durfte nach oben. Eine Insel! Aber ach! Sie sah aus wie – ach ja! – eine Kathedrale mit zwei Türmen. Der Wind hatte uns über Nacht wieder weit zurückgeworfen!

Es gab für die bald 400 Leute an Bord nur vier Abtritte, die wir aber nur dann benutzen konnten, wenn der Wind nicht so viel Gischt dagegenspritzte. Obwohl wir uns solche Mühe gaben, alles reinlich zu halten, blieb immer noch genug zwischen den Fußbodenbrettern. Die Kleider verschmutzten schnell, aber selbst nach

der Wäsche im Salzwasser blieben sie klebrig und klamm. Umziehen mußte sich jeder vor aller Augen, das war mir sehr genierlich. Also ließ ich das lieber und zog mir keine frische Unterwäsche an. Aber – es juckte immer mehr. Ich schnitt August die Haare ganz kurz und rieb seine Kopfhaut mit dem Petroleum aus unserem Arzneivorrat ein. Mein Juste – er machte mal wieder das Beste draus! Immer wieder jubelte er begeistert auf, wenn er auf die Jagd gegangen war und ein besonders riesiges Exemplar einer Laus oder einer Wanze gefunden hatte. Er spießte sein Jagdgut genüßlich als Trophäe auf. Da protestierte ich aber: Die Nähnadeln würden wir doch noch brauchen!
Eines Tages brüllte der Kapitän: „Alle Mann nach oben! Das Zwischendeck und die Kajüten werden mit Wacholder ausgeräuchert!"
Das mußte sein, denn etliche waren krank geworden.
Als wir danach wieder in die Kabine kamen, verschlug es uns den Atem. „Schlimmer kann es in der Hölle auch nicht stinken!" schimpfte Juste. Bettzeug, Kleidung, Wäsche – alles roch außer nach den Wacholderbeeren auch nach Chlor und Schwefel.
Der Kapitän war mächtig ruppig zu den Matrosen, äußerst galant zu den 1.-Klasse-Passagieren und einigermaßen höflich zu uns und versuchte, jeden aufkommenden Streit zu schlichten. Eine Abordnung hatte sich bei ihm beschwert, und da hatte er genickt und verbindlich gelächelt – aber davon war das Essen auch nicht besser geworden.
Als zwei junge Burschen anfingen, sich um ein Mädchen zu prügeln, streckte er beide mit einem gekonnten Kinnhaken zu Boden. Aber das half wenig – die beiden stritten sich weiter. Was auch immer passiert sein mag – es gingen die wildesten Gerüchte um. Am nächsten Tag wurde einer der Streithähne in ein Laken eingenäht und im Meer versenkt und der Kapitän sprach: „Herr, wir übergeben dir den Heinrich Biche aus Preußen, den du im Alter von 27 Jahren zu dir genommen hast. Gott sei seiner armen Seele gnädig!"
„Amen", sagten wir alle.
Es blieb nicht das einzige Seemannsgrab. Im nächsten Sack, der im Meer verschwand, war unser kleines Carlchen. Ich war wie gelähmt und versuchte, die fassungslose Marlene zu trösten. „Ist eben Gottes Wille!" meinte ihr Mann schulterzuckend. „Wir werden noch mehr Kinder haben, Marlene!" Wie sehr fehlte mir dieses kleine liebe Bündel!
Am nächsten Tag stießen die anderen schon wieder auf das Wohl des kleinen Georg Ricke an, der in der letzten Nacht im Zwischendeck geboren worden war.
„Wir sind bald in der Nähe der Insel Madeira", erklärte Kapitän Dannemann. „Wie warm es schon geworden ist!" Er blickte sich um, schnupperte in die Luft. „Der Wind schläft ein. Flaute! So was Blödes! Wie wär's mit einem Bordfest?"
„Hurra!" schrien alle. Endlich war mal was los! „Ich mach' auch ein hübsches Fäßchen auf!" zwinkerte der Käpten den Begeisterten zu. Gleich wurden Geigen und

Flöten hervorgekramt, und schon wurde zur munteren Polka getanzt. Ferdinand legte tüchtig einen aufs Parkett. Conrad holte sich auffällig oft ein junges Ding zum Tanz. Luischen stand da mit dem Daumen im Mund und staunte. August kam zu mir. Wir saßen zusammen auf der Taurolle und lauschten der Musik, wir lachten über die kleinen Kunststückchen, freuten uns an vorgetragenen Gedichten und sangen lustige Lieder mit. Fackeln wurden angezündet.

Es wurde immer lauter, und wir sahen zu, wie Grog verteilt wurde und bald darauf die Männer anfingen zu grölen. Manche torkelten. Leider auch Ludwig.

Aus dem Gehopse und Gestampfe war wieder eine Schlägerei entstanden. Hysterische Weibsbilder hängten sich schamlos an die Männer und lallten und zogen sie zur Seite.

Ich schaute mit meinem Jüngsten nach oben in den Sternenhimmel. Eine Sternschnuppe fiel. Ich drückte Juste an mich. „Ich wünsche mir, daß mein August ein guter Mensch wird", dachte ich. „Daß er Erfolg hat, aber dabei Gottes Wort nie vergißt." Er aber rannte zu einem kleinen Mädchen und wirbelte es wild herum, daß es quietschte.

Was für verschiedene Menschen wollten in dieses neue Land! Verzweifelte und Wurzellose, Tüchtige und Verbrecher, Gebildete und Skrupellose! Aber eines hatten sie alle gemeinsam: Sie wollten überleben.

Tanz an Deck (Leipziger Illustrirte)

Am nächsten Morgen war der Katzenjammer groß. Eine junge Mutter heulte verzweifelt: Ihr vierjähriger Sohn war weg, war einfach nicht zu finden. Er blieb verschwunden, aber jemand hatte mit besoffenem Kopf gehört, wie irgendwas ziemlich laut ins Wasser geplatscht war.
Am Abend wurde wieder bis weit in die Nacht getanzt.
Der Wind wehte nach ein paar Tagen wieder, und wir machten gute Fahrt nach Westen. Aber die Männer wurden immer gereizter vom Müßiggang und träumten davon, ordentlich Holz zu hacken. Statt dessen gab es immer öfter Schlägereien, und bei den Würfelspielen schien es um Geld zu gehen.
Ich mochte auch nicht mehr aufs Wasser starren. Immer stricken, immer in der Bibel lesen – nein, ich mußte mal irgendwas tun! Deshalb ging ich zum Koch und bettelte ihn solange an, bis ich Kartoffeln schälen durfte. Die dreckige Küche und die schmierigen Hände des Kochs konnte ich gar nicht ansehen, sonst wäre mir der Appetit vergangen.
Aber mittlerweile aßen wir alles. Auch das Fleisch, das gepökelt aus den Fässern ausgeteilt wurde. Es war so alt, daß wir Angst hatten, uns den Magen zu verderben. Das hatte bestimmt nicht nur diese Reise mitgemacht! Es roch nicht nur, es war auch so schrecklich salzig. Zum Speck gab's immer wieder nur grüne Erbsen, gelbe Erbsen, braune Erbsen, Graupen, Bohnen ... dann wieder Erbsen, Graupen, Bohnen ... und dazu dieses faulige Wasser!
Sonntags durften wir uns manchmal „Pudding" machen. Aus Mehl, Sirup und zwei Eiern kneteten wir Mehlteig und den füllte ich mit ein paar getrockneten Pflaumen in ein Leinensäckchen. Das wurde in der Kombüse in kochendes Wasser gehängt. Nicht etwa, daß der Teig ganz gar wurde, dazu waren viel zu viele Säcke im Topf! Aber die Abwechslung tat doch mal gut.
Je länger wir unterwegs waren, desto häufiger bekamen wir Schiffszwieback. Der Kram sah schwarz und unappetitlich aus. Wenn man die Maden an der Tischkante herausklopfte, konnte man ihn gut in den wäßrigen Kaffee stippen. Aber mir bekam er gar nicht gut: Eines Tages habe ich mir zwei Zähne daran ausgebissen! Es sind nun nicht mehr viele ...
Ich mochte nicht mehr dabeisein, wenn im Morgengrauen Leichensäcke mit Steinen beschwert wurden, nachdem wir den 20jährigen Bauernjungen Schmidt versenkt hatten. Das Fieber hatte ihn geholt, ihn und eine junge Bauersfrau und ein paar Matrosen. Drei Säuglinge starben dann noch, auch das Neugeborene.
Ach, wenn wir doch endlich, endlich ankommen wollten! Eins wußten wir: Wenn das noch lange so geht, werden wir bald alle verrückt.
Conrad Winter hatte ich öfter wegen seines Benehmens tüchtig zurechtweisen müssen. Er hatte sich mit diesem kessen Ding sogar im dunklen Küchenwinkel allein rumgedrückt. Spaßvögel hatten es bemerkt und heimlich von außen in hohem Bogen einen Pott Wasser in die Glut des Herdes gekippt, und die Ertapp-

ten mußten sich schleunigst mit hängender Hose und gerafftem Rock vor dem heißen Dampf retten, unter dem schallenden Gelächter der Burschen.
„Nein", verkündete Conrad nun mit einem finsteren Blick auf mich: „Luischen und ich gehen nicht mit euch nach Texas! In St. Louis soll es auch schön sein."
Ob er dem Mädchen wohl gesagt hatte, daß er eine Frau hat, die noch zehn Jahre im Zuchthaus sitzen würde?
Als es wärmer wurde, spannten die Matrosen ein Segel auf, unter dem man im Schatten sitzen konnte. Viele schliefen sogar an Deck, denn drinnen war es unerträglich stickig. Die Abende und das Meeresleuchten aber waren herrlich, und die Laune war gut, wenn der Wind uns schnell voranbrachte.
„Na, August?" zwinkerte der junge Lehrer Haste. „Wie wär's mit Unterricht? Warum fahren wir so weit südlich? Na?" August brummte lustlos und antwortete nicht. „Gut, dann erzähl ich's dir. Weil wir hier mit dem Wind des Nord-Ost-Passates segeln, der hier in den Tropen am stärksten weht. Immerhin schaffen wir manchmal zehn Seemeilen in der Stunde!"
„Land! Ich sehe Land! Da rechts! Amerika! Hurra!" „Nein, nein, das ist noch nicht unsere Küste!" enttäuschte uns der Kapitän. „Das sind Inseln! Gefährlich – weil hier oft Wirbelstürme sind! Wie viele Schiffe sind hier schon zerschellt..."
Doch der Händler aus Neu Orleans schnupperte in die Luft. „Orangenblüten! Riecht ihr es? Der Duft von Kuba! Ist das nicht wunderbar?"
Und dann fing wirklich noch einmal ein Sturm an. Ein Sturm, der mich an den Weltuntergang gemahnte. Das mußte das Ende sein! Mein Körper war blau von Flecken und eiternden Pusteln vom Ungeziefer, mein Handgelenk verstaucht. „Ich halt es nicht aus!" dachte ich und zählte die Tage nicht mehr. Erschöpft stierte ich nur noch vor mich hin. Meine Stirn war heiß. Ich war so schwach... nur meine Kastanie aus Oderberg hielt ich fest in meiner Hand.
„Merkt ihr was? Da schwimmt Moos." „Dort... seht, die ersten Möwen... Schilf... ein Leuchtturm... wir sind da!"
Acht endlose Wochen hatten wir gebraucht. Der Kapitän war mit sich und der guten Zeit zufrieden.
Ein Dampfschiff brachte den Lotsen, den Arzt und ein paar Beamte, und zog die ‚Tuisko' in die Mississippimündung. Was für Farben! Welche Gerüche! Überall Grün von Schilf und Inselgruppen. Und diese kreischenden Vögel!
Der Kapitän gab den Befehl: „Morgen werden alle Matratzen über Bord geschmissen!"
„Zeigt bloß nicht, daß es euch schlecht geht!" hieß es, bevor der Arzt uns untersuchte. Keiner erzählte von denen, die unterwegs am Fieber gestorben waren. Die anderen, die sich angesteckt hatten, waren – Gott sei's gedankt – wieder soweit auf den Beinen, daß wir wohl um eine Quarantäne herumkommen würden.
Wir hatten eingefallene Wangen und die Haut schlotterte an den Armen und Bei-

nen. Aber der Doktor ließ Ludwig nur die Zunge aus dem Mund strecken. Mich würdigte er kaum eines Blickes – ich war froh, als ich mich wieder hinsetzen konnte, denn ich konnte mich kaum noch auf den Beinen halten.
Der Reedereibeamte klappte sein Buch zu und strahlte: „ ‚Tuisko'. Gut Schiff das hier! Ander Schiff nicht ist angekommen. Ist futsch – Sturm – zerschellt am Felsen. Alle tot. You are lucky – Ihr habt Glück gehabt."

Amerika

Unsere Galionsfigur hatte uns beschützt. Wir waren heil in der Neuen Welt angekommen. Dank dir im Himmel!
Am Freitag, den 30. November 1855, legten wir in New Orleans an.
Wie herrlich, wieder Häuser zu sehen! Diese großen Lagerschuppen! Und dahinter Bauten mit Gittern und Sprossenfenstern, mit hölzernen Veranden und weißen Türen! Eine prächtige, fremdartige Stadt. Viele Segler und Dampfschiffe ankerten an der Kaimauer, darauf ein wahres Menschengewimmel.
„Mutter, da – ein Mohr – ein richtiger Mohr!" rief August ganz aufgeregt.
„Tatsächlich!" staunte auch Ludwig, „Ein Neger! Wie der Haremswächter in unserem Papiertheater. Der ist ja wirklich schwarz von oben bis unten! Und da – noch einer und noch einer. Und – das Kind, das ist ja auch schon ganz schwarz! Nur die Augen sind weiß! Und die Hand, wenn sie winkt." „Ja", sagte ich, „es sind wirklich Menschen, genau wie wir!" „Na, na, das ja nun nicht!" mischte sich der Schreiber der Reederei ein. „Menschen, na ja – aber es sind doch nur Sklaven! Sie machen die Arbeit – dazu sind sie geboren. Sie sind unser Besitz." „Euer Besitz?

Der Hafen von New Orleans (Leipziger Illustrirte)

Wie ein Hund? War denn nicht auch einer der Heiligen Drei Könige ein Mohr? Hat Christus nicht auch von ihm Gaben bekommen?" fragte ich. Aber da war er schon weitergegangen.

Das Schiff machte fest. Das Gepäck wurde ausgeladen, und wir torkelten über die Bretter auf feste Erde. Lachen, Begrüßen, Freude überall.

Einige aber auch standen starr vor Entsetzen. Einer von ihnen war der alte Herr Guse. Er hatte uns erzählt, daß er seinen Sohn für ein Jahr besuchen wollte. Nun erfuhr er, daß der in der letzten Woche am Gelbfieber gestorben war, das in der Stadt umging. Gebe Gott, daß unser Willi gesund war!

Wir drei Tubbes und Ferdinand mußten nun sehen, daß wir an uns selber dachten. Es war der letzte Tag im November, aber was für eine seltsame Luft! Warm und stickig war es hier. Tausend verschiedene Laute umschwirrten unsere Ohren. Ein Agent kam auf uns zu mit einem Werbeschild „Deutsche Agentur".

„Falls Ihr kommt", hatte Willi uns im letzten Brief erklärt, „laßt Euch von jemandem der Deutschen Agentur in eine billige Pension bringen und wartet dort auf mich, bis ich da bin." Wir hatten ihm zwar im Januar von unserem Entschluß geschrieben, nach Amerika zu kommen, aber ein Antwortbrief hätte im September ja noch nicht da sein können. Ein Brief braucht eben ein halbes Jahr. Willi wußte, daß wir im Mai den Antrag zur Auswanderung gestellt hatten. Aber wann wir nun tatsächlich ankommen würden, konnte er nicht wissen.

Der Agent half uns, einen Postreiter zu finden, um Willi zu benachrichtigen, nahm unser Gepäck auf seinen Karren und führte uns in eine kleine Pension. Die Wirtin war eine stattliche Witwe, die August mit einem Schwall fremder singender Worte erstmal an ihren weitausgeschnittenen üppigen Busen quetschte. „Herzlich willkommen in meinem Haus!"

Sie hatte eine leicht bräunliche Gesichtsfarbe. Und als Juste sie verblüfft anstarrte, rollte sie lachend mit ihren schwarzen Augen und sagte: „Ah oui, mon cheri, meine Grande-Mama sein gewesen von Jamaika und Großpapa aus die France, andere Grande-Mama war Indianer-Frau und nahm sich Mann von Würtemberg-Land. – Ja, deshalb ich sprechen deutsch. Asseyez-vous, Madame! Monsieur! Ici, s'il vous plaites."

Es duftete lecker. Die erste Mahlzeit in Amerika – Essen an einem liebevoll gedeckten Tisch! Ich nahm den hübsch gravierten Löffel, tauchte ihn in den Eintopf – Muscheln, Fisch und Reis – und spuckte auch schon vor Schreck auf die weiße Baumwolldecke. Mein Gott, wie peinlich! Es brannte wie Feuer! Ich kriegte kaum noch Luft und schluckte mit tränenden Augen den Rest herunter. Unmöglich zu genießen!

Wasser! Nur schnell Wasser! Als ich wieder Luft bekam, schaute ich verschämt zu unserer Wirtin: Ihre Arme, die sie verschränkt auf ihrem kolossalen Busen hielt, wackelten leicht: Sie lachte, lachte, lachte . . . „Ziemlich hot? Scharf? Ah Madam,

gute Gewürze, eh bien? Werden sich dran gewöhnen. Nehmen Sie une glasse Wein."
August aß weiter. „Gar nicht so schlecht . . . nach dem dritten Löffel." Aber bei mir drehte sich alles. Waren es immer noch die schwankenden Schiffsplanken unter mir, war es der ungewohnte Wein, war es der Hunger, war ich so krank? Mein Spiegelbild zeigte mir tiefe Ringe unter den Augen und ein ausgezehrtes fahles Gesicht. Jedenfalls war ich müde, so müde . . .
Wir schliefen bald – in einem richtigen Bett! Erst am Nachmittag des nächsten Tages wachten wir auf.
Wir würden bestimmt viele Tage oder gar Wochen warten müssen, bis Willi kam. New Orleans hatte einen unwirklichen Charme. Vom Gewimmel am Kai gelangte man auf den weiten Marktplatz, umbaut mit großmächtigen Regierungsgebäuden. Dahinter war die Stadt dicht besiedelt mit mehrgeschossigen Steinhäusern, die mit wunderschönen schmiedeeisernen Gittern geschmückt waren. In den Vorgärten prangten üppige, nie gesehene Blumen, und an den Zäunen wucherten Sträucher in unglaublicher lila Blütenpracht.
Viele reiche Männer in guten Anzügen und Zylindern liefen mit bunten seidenen Sonnenschirmen herum. „Das sind die Baumwollpflanzer aus dem Norden, die hier mal die Großstadtluft genießen wollen", sagte man uns, „deshalb gibt es auch so viele Gasthäuser!"
Vornehme Frauen in farbigen Kleidern mit riesengroßen kreisrunden Krinolinen schlenderten durch die Straßen. Aber auch ganz abgerissene, magere weiße Gestalten sahen wir. Und diese vielen fremden Hautfarben! Kohlrabenschwarze mit rosa Wulstlippen und ganz krausem Haar! Manche hatten eher braune oder rötliche Haut. Beängstigend! Sie waren so . . . anders! Oft sah man sie in Gruppen zusammensitzen und hopsen und auf Trommeln und Fässer schlagen, dazu grölten sie. Sollte das Musik sein? Waren das etwa Lieder, die da so ganz anders klangen als unsere schönen sanften ruhigen Volkslieder? So was tut doch den Ohren weh!
Viele dunkelhaarige weiße Mädchen liefen herum mit weitausgeschnittenen Kleidern und benahmen sich sehr unzüchtig. Sie warfen den Männern mit schwarzen Augen heiße Blicke zu. Ludwig lachte, und Ferdinand konnte sich gar nicht losreißen von dem Anblick. August mußte ich schließlich verbieten, überhaupt hinzusehen.
Kleine zerlumpte Mädchen boten Sträuße an, und Früchte, die keiner von uns je gesehen hatte. Lange gelbe waren dabei, denen man die Schale einfach abziehen konnte: „Bananas" hießen sie. Andere nannten sich „Oranges" und „Ananas" – stimmt! Davon hatte uns Minchen aus Berlin erzählt!
Hätten wir nicht unser Geld zusammenhalten wollen – in dieser Stadt könnte man leicht alles ausgeben. Geschäfte mit den feinsten Seidenstoffen, mit Schuhen, Lampen, Geräten und Maschinen, Lebensmitteln, Gewürzen, Hüten und Kaffee.

„Hört ihr das Geschrei?" fragte Ferdinand. „Laßt uns mal sehn, was da los ist..."
Da standen in Ketten ein Haufen schwarzer Sklaven, ängstlich einige, verbittert andere. Frauen, die weinten, Kinder, die schrien. Schwarze in Frack und Schwarze in Lumpen, daneben die Weißen in teurem Tuchanzug und breitem Hut, der Auktionator mit Zylinder vor seinem Tisch, mit einem Hammer in der Hand, der irgendwas schrie, was wir aber natürlich nicht verstehen konnten.

Aber er führte grade einen kräftigen Mann vor, zeigte dessen Muskeln und riß ihm den Mund auf, um die guten Zähne zu zeigen: „Strong slave! Best Quality!" rief er immer wieder. Einige der feine Herren überboten sich im Preis. Als der Käufer schließlich bezahlte, sagte ein Mann neben uns: „Sie sind Deutsch, was? Achthundert Dollars mußte er berappen. Was die für Geld in ihren Niggern stecken haben... heutzutage...! Was meinste, du", zwinkerte er Ludwig zu, „soll ich mir die da kaufen, oder lieber die Dicke da...? Mann, ich mag was Knackiges... wo du mal so richtig drin wühlen kannst..."

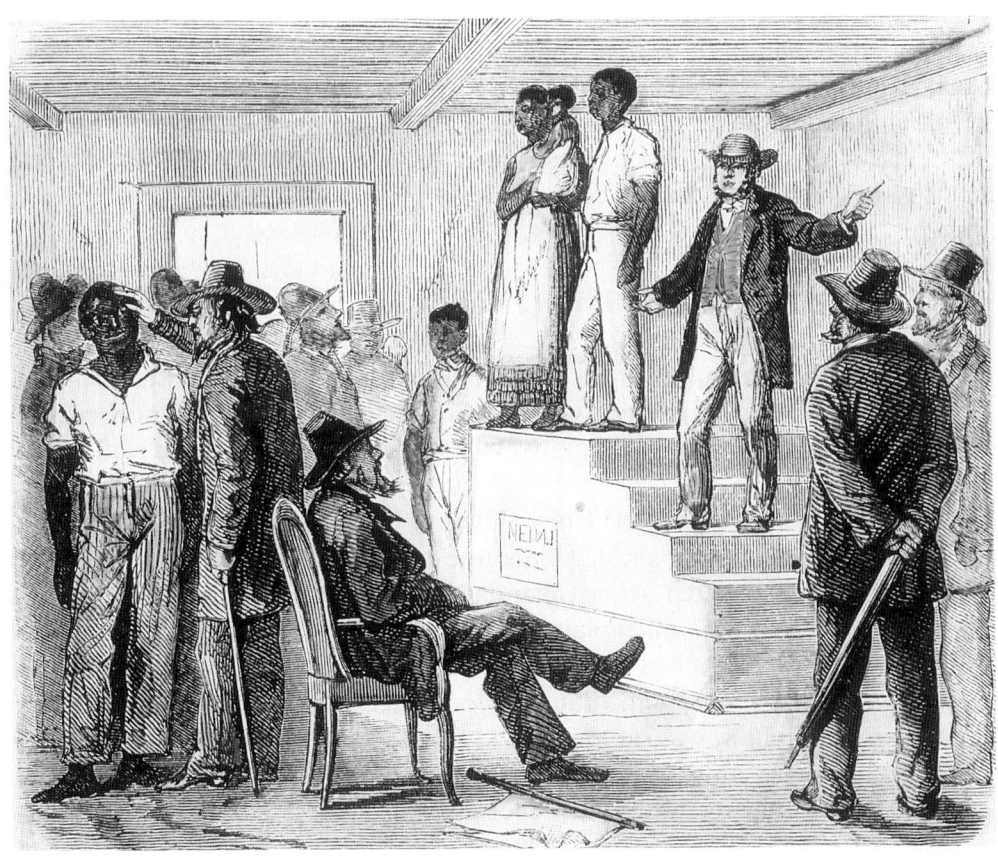

Sklavenauktion

Da zog ich aber August lieber ganz schnell weg und eilte wieder zurück zu unserer Pension. In meiner Sorge um August und die Unmoral, die ihn verderben würde, hatte ich aber wohl eine etwas falsche Richtung eingeschlagen. Wir kamen in das Wohnviertel an den Lagerhallen des Hafens. In kleinsten ganz schäbigen Verschlägen wohnten hier Weiße in schrecklicher Armut. Und ich hatte gedacht, Amerika ist ein Land, wo jeder reich werden könnte!

Ich fragte unsere Wirtin, und sie erklärte mir, daß jeder, der Sklaven hat, ganz sicher keinem weißen Mann Lohn für etwas bezahlen würde, was Neger machen können. Seine Sklaven muß er ernähren, und sie sind seine Wertgegenstände und sein Kapital. Also wird er sich nur für ganz besondere Arbeiten Weiße anheuern, entweder für ganz besonders schwierige, als Schreiber zum Beispiel, oder für ganz besonders gefährliche, wie Sümpfe trockenlegen – macht ja nichts, wenn die dann am Sumpffieber sterben.

Von draußen hörte man stampfende Musik. August war beleidigt, als ich ihm befahl, abends im Hause zu bleiben. Ich legte mich wieder zu Bett. Alles drehte sich um mich. All' die Eindrücke hier, all' das Fremde . . . ich merkte, wie langsam ein Fieber in mir hochkroch. Ich deckte mich zu mit meinem schwarzen Umschlagtuch. Die Wirtin hatte es gewaschen und endlich, endlich war es wieder trocken geworden. Kein Salzwasser mehr! Aber meine Zähne fingen an zu klappern. Ich hätte gerne gesagt: „Komm August, nimm mich in den Arm! Deine Mutter ist alt geworden." Aber er stand steif am Fenster und schaute wütend und sehnsüchtig nach draußen.

Willi ist gekommen!

Ludwig schüttelte mich. „Mutter, Mutter, aufwachen!" Ich schreckte hoch und fiel gleich wieder in die Kissen zurück. „Willi!" lächelte ich. Ein braungebranntes kratziges Männergesicht neigte sich zu mir herunter und gab mir einen Kuß auf die Stirn.

Oh, wie hatte er sich verändert! Ein stahlharter Mann war in den letzten Jahren aus ihm geworden. Diese gegerbte Haut und der wilde Bart! Die Schwielen an den Händen, das selbstsichere Lachen! War das eine Freude, als er mich drückte! Ich dachte beinahe, er würde mich platt drücken mit seinen muskulösen Armen! Er warf dem Ludwig verstohlen einen Blick zu und murmelte: „Mutter ist aber alt geworden. Sie hat Fieber und braucht Medizin! Laß mich man zur Apotheke gehen, ich weiß schon, was sie braucht." Ludwig fragte: „Bist du sicher?" „Du weißt doch, ich war als Soldat mal 'ne Zeitlang bei den Sanitätern."

„Jawoll, jawoll", trompetete August über die ganze Terrasse, „mein großer Bruder ist ein Heiler, der alle gesund macht, oh ja, das erzähle ich allen Leuten!" Und schon am nächsten Tag kam der deutsche Agent mit anderen Neueinwande-

rern zu Willi und fragte: „Schau'n Sie die Leute mal an? Das Fieber...! Soll Ihr Schade nicht sein! Hab gehört, Mister Tubbe, Sie sind Doktor..."
Nach einigen Tagen ging es mir etwas besser.
Willi hatte inzwischen seine Kuhhäute verkauft und war mit Ludwig und Ferdinand einkaufen gegangen: Beschläge, Fenster, Nägel und eine zweihändige lange Säge.
Als unser Schaufelraddampfer vom Kai ablegte, tanzten und winkten die Leute. Was für ein fröhliches, ausgelassenes Volk!
Unsere Fahrt auf dem Mississippi stromaufwärts würde viele Tage dauern. Ich saß auf den Säcken, die mit Saatgut gefüllt waren, oben an Deck und schaute müde auf die vorbeigleitenden Inseln. Schwammen sie oder war es das Ufer? Große Schildkröten saßen auf verfaulenden Bäumen, und manchmal tauchten die Augen von Krokodilen aus dem Wasser. Mal war die Sonne vor uns, mal hinter uns – der braune, träge Fluß machte eine enge Schleife nach der anderen.
„Schau, Mutter!" Willi wies auf ein stattliches weißes Herrenhaus. „Ist es nicht wunderschön mit den prächtigen Säulen? Ringsum auf den Feldern – Baumwolle und Zuckerrohr. Davon lebt der ganze Süden!"
Auf den Feldern arbeiteten Schwarze. „Alles Sklaven! Ich mag nicht daran denken, daß die Aufseher rücksichtslos die Peitschen gebrauchen, und Bluthunde,

Plantage in Texas

wenn einer wegläuft. Aber unsere ganze Wirtschaft ist auf diesem System aufgebaut!" „Sklaverei ist gegen Gottes Gebot", murrte ich. „Ja!" flüsterte er. „Aber man sollte es nicht zu laut sagen! Die reichen Leute, die einflußreichen, behaupten, daß es einfach nicht ohne Sklaven geht. Die Plantagenbesitzer werden böse, wenn jemand wie die Yankees sagt . . ." „Was ist denn das?" „. . . die Leute aus den Nordstaaten! Sie möchten die Sklaverei in den ganzen USA abschaffen." Er schaute sich sichernd um. „Ich denke, hier herrscht Freiheit – auch Freiheit der Gedanken?" sagte ich. Willi seufzte nur.

Ich zog mein Umhängetuch fester, weil ich wieder einen Schüttelfrost spürte. Willi tupfte mir den Schweiß von der Stirn.

August hatte sich schon wieder mit der Mannschaft angefreundet und kam jeden Tag mit neugelernten Worten an. „Bald wird unser steamer auf diesem ‚Red river' in der town ankommen, dann wollen uns die boys helfen, unser luggage auszuladen", strahlte er. Willi hatte seine helle Freude daran. Ich nicht.

Eines Tages hieß es: „Misses Tabbi, die Flußreise ist zu Ende, wir sind in Nakitosch!" Auf dem Ortsschild am Ufer las ich die Buchstaben: „NATCHITOCHES". Warum, zum Kuckuck, mußte man hier alle Worte so anders schreiben, so daß man sie gar nicht ordentlich ablesen kann? Warum sagen hier alle „Tabbi" statt Tubbe?

Natchitoches hatte nur wenige Häuser, aber sie waren auch mit zierlichen Eisengitterchen und kunstvollen Holzsäulen geschmückt, und in den Gärten wuchsen schöne unbekannte Bäume. Wir mieteten uns in einem billigen Zimmer ein.

Es regnete und irgendwo tropfte es durch. Es ging mir gar nicht gut, und ich legte mich gleich ins Bett. Das Bettgestell stand mit allen vier Beinen in Töpfen mit Wasser. Die Wirtin versuchte es zu erklären. Erst verstand ich sie nicht, aber als sie in unserem kleinen Wörterbüchlein aufschlug: „ant", das heißt: Ameise, begriff ich. Die Ameisen sollten nicht ins Bett hochkrabbeln! Willi ging fort, um den Ochsenwagen abzuholen, den er irgendwo untergestellt hatte. Wir warteten auf Fritz Junge, der auch noch mit seinem Ochsenkarren kommen sollte.

„Merry Christmas!" strahlte unsere irische Wirtin, brachte stolz ihren Weihnachtspudding an und gab August einen Kuß unter dem Mistelzweig. Ich las laut aus der Bibel vor, aber wir fühlten uns kein bißchen weihnachtlich. Keine Weihnachtspyramide, kein Baum – und dazu solch eine laue Luft!

Noch ein Tag verging und immer noch einer. Es schüttete. Ich wurde ungeduldig in diesem ungemütlichen Zimmer, wo es nun überall durch die Decke tropfte.

„Natürlich, der wieder –!" nörgelte ich, denn ich war schlecht gelaunt. „Natürlich wieder dieser Fritz Junge! Erst nimmt er mir meine Charlotte ohne meinen Segen, dann haut er am Hochzeitstag ab, und nun läßt er uns hier sitzen . . ." „Mum, um eines bitte ich dich – hör auf mit den ollen Kamellen. Hier in Amerika muß einer dem anderen helfen. Versuch, in deinem Nächsten immer erst das Gute zu sehen –

sag' ihm was Nettes – erkenne an, wenn er was geleistet hat – nimm Anteil an seinen Angelegenheiten und mach es nicht wie im alten Europa, wo immer nur gemeckert wird. Dies ist ein wunderbares Land – eine Republik! Schau nach vorne – Amerika hat keine Geschichte, kein Früher ..."
Ich starrte Willi an: Er sagte ja „du" zu mir, gar nicht mehr „Sie", wie es sich doch gehört! Welch ein Land – kein Respekt, kein Anstand! Ich schluckte. Die Neue Welt. Mit neuen Regeln. Auch hier werde ich versuchen, sie einzuhalten und ein „liebes Mädchen" zu sein. Welcher Staat der Erde würde uns sonst Land geben – freies Land – Land gratis!
„Ja ... weißt du, Willi", sagte ich seufzend, „all das Neue – es ist wirklich nicht so leicht für mich!"
Silvester kam. Das Jahr 1856 begann, und es goß tagelang weiter. Das Warten war langweilig, aber Willi hatte natürlich recht: Bei diesem Unwetter mußte die Straße völlig durchgeweicht sein.

„Übrigens... Mum! Ich habe neulich behauptet, hier gäbe es keine Geschichte", begann Willi zu erzählen. „Aber eigentlich stimmt das nicht. Dieses Land hier, Louisiana, das damals weit in den Norden reichte, hat noch vor 50 Jahren den Franzosen gehört, bis Kaiser Napoleon es an die Vereinigten Staaten verkauft hat, für 15 Millionen Dollar! Stell dir vor – was für ein Spottpreis für so ein großes Land! Die Indianer, die hier wohnten, kannten kein Geld. Den Spaniern seit Kolumbus Zeiten ist es aber immer nur um Gold gegangen. Aber in ihrer Provinz Texas gab es das nicht. Deshalb sollte das weite Land wenigstens ein Puffer zwischen dem spanischen Mexiko und dem französischen Louisiana sein. Jahrhundertelang haben nicht mehr als 6000 Menschen darin gelebt – auf einem Gebiet, das größer als Deutschland ist!"

Mitte Januar kam endlich Fritz. Mein Schwiegersohn begrüßte mich scheu – ich muß ihn wohl damals bei Charlottes Hochzeit vor drei Jahren sehr böse angesehen haben. Alles wurde auf die Planwagen verladen, und bald schaukelten wir über den matschigen Weg langsam nach Westen. Es war nur eine Wagenspur, die durch das Unkraut in der roten Erde führte.
„Du hörst doch so gerne Geschichten", lächelte Willi, „dies hier ist ein uralter Handelsweg. Die Spanier nennen ihn El Camino Real – Königlicher Weg. Von Mexiko führte er durch Wüste und Prairie über Tausende von Meilen zu den Caddo-Indianern. Die lebten in dieser Gegend in festen Steinhäusern. Ein mächtiger Indianerhäuptling hatte einst zwei wunderbare Zwillingssöhne. Und damit sie friedlich blieben, befahl er: Du, Dunkles Haar, reite drei Tage nach Sonnenaufgang und du, Helles Haar, drei Tage nach Sonnenuntergang. Dort baue jeder seine eigene Siedlung und gebe ihr seinen Namen: Nacogdoches und Natchitoches."
Die Ochsen zogen uns über sanfte Hügel durch weite lichte Wälder. Wie leer die-

ses Land war! Die Furten durch die Bäche waren schwierig zu durchfahren, und wir waren froh, daß wir die Fähre am Sabine-Fluß trotz des Hochwassers benutzen konnten. Als beide Wagen auf dem Holzfloß standen, zogen es die Männer am festgespannten Tau hinüber. Wir waren in Texas!

Karte von Texas (von Schütz)

TEXAS: Ehem. Siedlungsgebiet verschiedenartiger Indianerstämme. Erste Europäer durch schiffbrüchige Spanier um 1530, Besitznahme durch die Spanier, unklare Grenze im Osten zum französischen Lousiana, 1810 Aufstand gegen die Spanier, Beginn der Einwanderer amerikanischer Abenteurer. 1821 holt Austin sen. als Landvermesser für Mexiko die ersten 300 Familien ins Land. 1824 Provinz von Mexiko, Siedler erhalten gratis Land, müssen aber katholisch sein. Bis 1835 siedelt Steven F. Austin 20 000 Siedler an, die meisten kommen aus dem amerk. Osten, aber auch aus Mexiko und Europa. 4000 Sklaven. Nach dem Krieg gegen Mexiko 1836 (General Santa Anna) wird Texas unabhängige Republik mit Präsident General Houston. Wegen Annexion durch die USA 1845 erneut Krieg mit Mexiko, Texas wird der 28. Bundesstaat. Entscheidet sich 1861 für die Südstaaten, verliert mit ihnen 1865 den Sezessionskrieg. 1866 erste Ölbohrung und erster Viehtrieb zur Eisenbahn nach Kansas.

Mir taten alle Knochen weh, und ich war müde – so müde! Tagsüber und auch nachts, wenn die anderen am Lagerfeuer biwakierten, lag ich unter der Plane und träumte von der Stadt Nacogdoches – der ältesten Stadt in Texas! Paläste und Theater würden da sein, große Villen und Schlösser . . .
„Nacogdoches! Mum, wir sind da!"
Ich wachte auf und sah ein paar primitive Holzfassaden an einem großen Platz. Das sollte eine Stadt sein? Gab es nichts als diese Bretterbuden?
„Kommt boys!" rief Willi vergnügt, „laßt uns einen Whisky im Saloon trinken! Ich lad euch ein! Mum, das ist nichts für Frauen, warte doch einen Moment, ja?"

Hauptstraße von Nacogdoches (1856)

NACOGDOCHES, Stadt und Landkreis (County) ca. 200 km NNO von Houston, ehemalige Siedlung aus Holzhäusern der Caddo-Indianer, spanische Mission und Trading Post an der Route „El Camino Real" seit 1716, nennt sich „älteste Stadt in Texas", 1779 Old Stone Fort, 1830 Wiedergründung der Stadt, Universität seit 1845.
1856 Stadt: 7000 Einw.
1898: Stadt: 1140 Einw., County: 16 000 Einw.
1998: Stadt: 30 000 Einw., dazu ca. 10 000 Studenten.

Ich stand da, müde, und kämpfte mit den Tränen, schluckte und blickte nach unten. Kein Pflaster auf der Straße, nur Staub und Pferdeäppel.
Die Männer, die herumliefen, trugen Lederzeug und dreckige Jacken. Sie hatten seltsame Hüte auf dem Kopf und dicke Gürtel mit großen Schnallen, viele hatten Sporen an den Stiefeln und sahen aus wie Landstreicher. Die wenigen Frauen wirkten dagegen manierlicher. Sie trugen wenigstens wie ich einen langen Rock und eine ordentliche Haube.

Als meine Männer lärmend aus der Pendeltür der Kneipe traten, begrüßten sie neben dem Wagen einen gutgekleideten Herrn, und ich konnte mir vorstellen, was Willi sagte: „Darf ich Ihnen meine beiden Brüder vorstellen, Mister Rusk, und den Bruder meines Schwagers, und dort . . . meine Mutter!"
Der Herr tippte an seinen Hut – nicht etwa, daß er ihn abnahm oder mir die Hand reichte! Nein, wie ungehörig!
Willi erklärte uns: „Mr. Rusk ist ein ganz wichtiger Mann, er ist US-Senator! Schön, daß ihr ihn gleich heute kennengelernt habt!" Und dann rumpelten wir noch ein paar Meilen durch herrlichen Hochwald. Wer hatte bloß davon geredet, daß es in Texas nur Wüste gäbe!
„Das ist mein Land! Mein Blockhaus!" rief Willi und fuhr auf eine Lichtung. „Hier ist jetzt meine Heimat, hier ist Ruhe und Frieden!"
August rannte herum und besah sich alles, Ludwig zündete sich lächelnd eine Pfeife an. Ferdinand und Fritz begannen, einen Planwagen abzuladen, und Willi holte gleich mein Federbett aus der Kiste.
Ich war völlig erschöpft und schlief . . . und schlief . . . und schlief.
Ich wurde wach, als mich ein Finger anstubste: „Großmama?" Neben mir stand mit zögerndem Gesicht ein Mädchen von drei Jahren. „Du bist meine Großmama? Steh doch auf! Komm!" Sie zog mich hoch, keck und munter, und wirbelte um mich herum – meine erste Enkeltochter Fanny. Und da stand auch Charlotte, schon wieder schwanger! Sie war gekommen, um mich zu begrüßen! Ich schloß sie in meine Arme und weinte vor Freude – trotz allem, was gewesen war.
Den ganzen Abend saßen wir beim flackernden Kamin auf Kisten und erzählten uns von Oderberg, der neuen Kirche, dem Gesangverein, dem Bürgermeister, von den Verwandten und Nachbarn. „Und wie geht's der kleinen Henriette?" fragte mich Willi ganz vorsichtig.
„Oh, sie läßt dich grüßen! Sie hat mir was mitgegeben, warte mal, ich hole es raus." Als er das kleine Büchlein sah, und die Blume, klimperte er ganz schnell mit den Augenlidern und war lange still. Aber er lächelte.
Am nächsten Morgen zeigte uns Willi stolz sein Reich. Die Hütte war aus ganzen Stämmen zusammengefügt, hatte zwei Stuben und dazwischen einen offenen Durchgang zur anderen Seite – man nannte das den Dog-run – der angeleinte Hund kann von dort aus nach beiden Seiten durchrennen, und das Werkzeug und Säcke stehen trocken, und außerdem kann man dort angenehm im Luftzug sitzen. Das überstehende Dach war mit Holzschindeln gedeckt. Vier Stämme stützten es vorne ab und wirkten beinahe wie Säulen. Das gab schönen Schatten auf der Veranda – der gallery. Die Schornsteine für die Kamine an der Außenwand waren aus Baumstämmen. Innen bestand der Fußboden aus grobgesägten Brettern, und die Ritzen der Wände hatte Willi mit Spanischem Moos abgedichtet. Die Öfen waren aus Lehm. Die Oderberger hätten überheblich gelacht und gesagt: So sim-

pel hat man ja nicht mal nach dem Dreißigjährigen Krieg im 17. Jahrhundert bei uns gebaut! Aber alles gehörte Willi Tubbe, meinem Sohn!
Das Haus stand auf einer natürlichen Lichtung. An einer Seite hatte Willi schon fleißig Bäume gefällt, aber die Stubben standen noch zwischen der gepflügten Erde.
„Das ist das Gemüsebeet, dort ist mein Maisfeld, und da säe ich Baumwolle drauf", erklärte er. „Die Bäume mit der Axt zu fällen, zu sägen und zu spalten – das ist vielleicht eine Mordsarbeit! Vor allem die Hickorybäume! Die sind so hart, daß wir uns die Türscharniere daraus schnitzen!"
Ringsum hatte er einen riesigen Holzzaun gebaut: „Man baut solch einen fenz aus Stammvierteln – immer im Zickzack –, vorn und hinten schlägt man mannshohe Pfosten ein, dann kann er nicht umkippen. Da kommt so leicht kein Wildschwein oder ungebetener Gast drüber!"
Unsere Zäune in Oderberg waren ganz dünn gewesen, denn soviel Holz hätte man niemals dazu verschwendet. Wie froh waren die Leute oft gewesen, wenn der einzige Baum auf der Wiese endlich dick genug war, um als Feuerholz für das nächste Jahr auszureichen!
Willi besaß sogar ein Pferd, Donnerwetter! Wer hatte sich das bei uns schon leisten können! Eine Kuh weidete mit den beiden Ochsen auf der Lichtung. Zwei Hühner gackerten und ein Hund schnüffelte mißtrauisch an mir herum.
Wieviel Platz hier war! „Es ist wunderschön!" seufzte ich. „Weißt du, Willi, ich habe das Gefühl – hier kriege ich Luft! Hier kann ich atmen."
Wie anders wohnten wir hier als in der engen Angermünder Straße im Tubbe-Haus, wo wir mit 18 Personen unter einem Dach gelebt hatten!
Ringsum war Wald. Ich folgte einem Pfad, weil ich unbedingt zur Grube mußte, und außerdem brauchte ich ein paar Reiser. Ein Besen war ja so notwendig! Diese Männer! Es wurde Zeit für eine Frau in diesem Haus.

Was gab es hier für wunderbare Bäume! Da waren Kiefern, die hatten Stämme, die man zu dritt nicht umarmen konnte. Ob ich wohl heimatliche Kräuter und Blumen finden würde? Eine alte Bekannte machte ich gleich aus: Die Goldrute! Jetzt waren die Stengel vertrocknet, aber im Sommer würden hier eine Menge gelber Stauden blühen.
„Bitte, Willi", bat ich, „sei so gut und baue bald mal ein Abort-Häuschen!"
Wir hatten Ende Januar und trotzdem war es gar nicht kalt. Kein bißchen Schnee! Es war zwar recht kühl und regnerisch, aber nur selten war hier mal Nachtfrost, und wenn, dann prasselte das Feuer nur so im Kamin. An Brennholz brauchten wir wahrlich nicht zu sparen. Manchmal konnte ich mittags draußen auf der Terrasse in der Sonne sitzen. Das angenehme Wetter, das frische Fleisch und die kleinen Wildäpfel... es ging schnell, und ich war wieder ganz gesund!

Ein paar Tage später wurde das Pferd angespannt. „Wir müssen in die town, ins office. Ludwig muß euch auf dem Amt melden und sein Land claimen!"
Was claimen und granten ist, brauchte mir keiner zu erklären. In Ludwigs kleinem Fremdwörterbuch waren diese Seiten richtig abgegriffen, weil wir sie uns immer und immer wieder angesehen hatten. Sie hatten uns als Strohhalm der Hoffnung gedient.

grant Ländereien, welche die texanische Regierung unter gewissen Bedingungen verschenkt; werden diese nicht erfüllt, so fällt das Land an den Staat zurück.

„Wir fahren zu dritt", beschloß Willi. „Du bleibst besser zu Hause, Mum. Schau her! Ich stelle dir hier ein Gewehr hin." „Um Gottes willen, nein, ich! . . . ein Gewehr, ich als Frau, nein niemals", protestierte ich. „Wie kommst du denn überhaupt daran?" „Ja, aber, das ist doch selbstverständlich. Jeder hat ein Gewehr." „Ja, gibt es denn hier nur Wilddiebe und Mörder? Welch ein Land!" „Also, weißt du, Mutter, nun sei nicht scheinheilig", schimpfte Ludwig, „du weißt, wie gern ich auf meinen Wiesen mit der Flinte gejagt habe – und die Kaninchen haben dir auch geschmeckt! bis es uns das Gesetz wieder verboten hat." Er warf mir einen bösen Blick zu, als er mit der Peitsche knallte und der Pferdekarren loszog. Willi lachte und August winkte fröhlich.
Sie würden wahrscheinlich erst am nächsten Tag zurückkommen und am Stadtrand in einem Zelt schlafen. Denn es waren bald 15 englische Meilen bis in die Stadt, weiter als von Oderberg nach Eberswalde!
Meine erste Nacht ganz alleine! Ich bin fast gestorben vor Angst. Noch nie in meinem Leben war ich wirklich allein gewesen – ein Dutzend Schritte nach rechts oder links, da gab es immer Nachbarn. Von ferne heulte ein Wolf. Und das – war das ein Luchs? Ich zitterte, hielt mir die Ohren zu, aber als das auch nichts half, holte ich mir schließlich Willis Hund Waldmann ins Bett und hielt mich an ihm fest. Besser Flöhe, als dieses Gefühl der völligen Verlassenheit!
Ich wachte auf und lebte noch! Herr im Himmel sei Dank! Draußen schien die Sonne, und alles war so friedlich! Nach einer Tasse Kaffee und einem Gläschen Schwedenkräuter-Likör fühlte ich mich stark. Nun also ran an meinen Haushalt!
Aber nun wurde mir erst mal richtig klar, wie primitiv doch alles war! Besonders meinen gußeisernen Herd würde ich sehr vermissen! Wie sollte ich hier eigentlich Wäsche waschen? Es gab keinen Kessel, keine Mangel, kein Bügeleisen. Sollte ich etwa wie die ärmste Dienstmagd auf dem Lande die Wäsche im Bach waschen? Ich war eine Bürgerin – eine Meistersfrau!
Es gab keinen Keller – wie würden wir unsere Vorratsfässer aufbewahren? Das fehlende Dachgeschoß – na ja, das war ganz angenehm. Ich brauchte nicht aufzupassen, daß ich auf der Treppe mit meinem langen Rock stolperte, aber wo sollten wir die Früchte trocknen, die dreckige Wäsche sammeln? Es gab keinen Brunnen und nur ganz wenige Töpfe, Pfannen und Geräte!

Als ich den Scherenschnitt von meinem Ludde in dem zierlichen goldfarbenen Rahmen an die Wand hängte, wurde ich wehmütig: Meine wunderschönen Möbel, das Porzellan, das silberne Besteck meiner Großmutter, meine geschnitzte Truhe mit dem guten Damastleinen, der Wollteppich und der Spiegel ... vorbei, vorbei. Eingetauscht gegen genug zu essen. Und Freiheit.
Ja, ich bin frei. Und alleine, einsam.

Am Nachmittag kehrten meine Söhne ausgelassen zurück. August kam in meine ausgebreiteten Arme gerannt und kicherte: „Die beiden haben eine ganz schöne Fahne ...! Schau, Mutter, was ich habe, ein rotes Halstuch, das trägt hier jeder ...!"
Sie hatten eine Menge auf dem Markt eingekauft: Einen Sack Kartoffeln und eine Kiste mit Hühnern und einem bunten Hahn, ein Paket Salz, eine Tüte mit Scheuersand, Pfeffer und einen Zopf mit seltsamen roten Schoten. Ludwig platzte bald vor Stolz, als er mit seinem neuen Ochsengespann um die Ecke bog. Ein Pferd war am Karren angebunden. Ein eigenes Pferd!
In eine Kiste wollten sie mich nicht reingucken lassen, aber es klang nach Flaschen. Ludwig zog los, um sein geclaimtes Land zu suchen und sich rasch eine Hütte darauf zu bauen.
„Was meinst du? Wie lange wird ein Hausbau denn so dauern?" wollte August wissen. „Ich denke mal, so ungefähr zwei Wochen", schätzte Willi. „Wenn wir alle Stämme gekerbt haben, rufen wir unsere deutschen Freunde. In ein oder zwei Tagen ist das Haus dann fertig aufgestellt. Eins allerdings dürfen wir nicht vergessen!" „Und was?" „Genug Schnaps muß da sein – sonst kommt keiner je wieder zur Hilfe."
Die beiden großen Brüder arbeiteten hart und verstanden sich ohne viele Worte, so wie früher schon. Aber sie waren so ungeduldig mit August!
„Menschenskind, Juste, faß endlich richtig zu! Wir müssen bald fertig werden, im März muß Ludwig schon Mais säen. Schließlich bist du schon konfirmiert!"
„Schau dir die Blasen an meinen Händen an, Mutter", stöhnte nun auch Ludwig: „Haben 'ne Grube gegraben – legen 'nen Baumstamm drüber, einer sägt von oben und der andere zieht die Säge nach unten – für die Fußbodenbretter!"
Aber August rümpfte die Nase: „In Oderberg war das viel easier, da haben wir die Bretter ready von der Wassermühle gekauft! Und in Liepe wurde das mit einer Dampfmaschine gemacht, ja well!" Willi spuckte vor seine Füße. „Ach ja, ... okay, der gentleman... kann er mir vielleicht auch sagen, wie er das bezahlen will, ja? Und wo er hier eine Wassermühle hernehmen will? Gewöhn dich dran, Bursche, hier heißt die Devise Hilf dir selbst, so hilft dir Gott!" August schmollte, legte seine Stirn kraus und sagte leise: „Ich weiß schon, wie ich hier reich werde, ich baue später eine Sägemühle."

187

Bauern roden den Wald

Juste kam mittags durch den Wald von der Baustelle, erzählte ein bißchen und holte mir einen Krug voll Wasser vom Bach. Dann nahm ich den Kessel vom Haken über dem Feuer und füllte die Bohnensuppe in einen Topf und den heißen Kaffee in die Kanne, gab ihm frisches Maisbrot, und er tippte an seine Mütze und verschwand im Wald und brachte den Proviant zu seinen Brüdern. Dort hatten sie sich einen kleinen Unterstand aus schräggelegten Stämmen gebaut, um auch mal dort auszuruhen.

Aber ich konnte mich an das Alleinebleiben nicht gewöhnen. Vor der Hütte wuchs ein besonders schöner Pecan-Baum, der jetzt frische hellgrüne Blätter bekam. Unter seinen Schatten setzte ich mich gern. Unbekannte Vögel zwitscherten laut, und die Eichhörnchen sprangen von Ast zu Ast. Sie schauten mich neugierig von oben an, keckerten frech, und da fing ich an, ihnen was Leckeres hinzulegen, und bald wurden sie immer zutraulicher. Zuerst stutzten sie, wenn ich anfing zu sprechen, weil ich mich so schrecklich einsam fühlte. Aber bald erzählte ich ihnen alles, was mich bewegte. Da war ich wieder glücklich.

War das nun das Paradies?

Nein, nicht ganz. Denn eins hatte der liebe Gott vergessen in diesem Frieden – und das waren die Menschen! Irgendwo im Wald, irgendwo im Umkreis wohnten Siedler aus Mexiko, die Willi wütend machten, denn sie wollten seine Grundstücksgrenze nicht einhalten. Willi konnte sie nicht verstehen, denn sie sprachen Spanisch und benahmen sich so anders. Außerdem hatte ich Angst. Was, wenn die Indianer plötzlich kämen? Jemand hatte mir erzählt: Manchmal klauen sie Pferde und brennen die Häuser ab, morden die Farmer, nachdem sie ihnen alle Glieder abgeschnitten haben. Die Skalps nehmen sie als Trophäe mit. Meinen Dutt aus den wenigen Haaren, die ich noch habe, hätte ich aber doch gerne behalten! Aber Willi beruhigte mich: „Hier in Osttexas gibt's nur noch Indianerfrauen, die mit Siedlern verheiratet sind, und viele Halbblutkinder. Aber die anderen Caddos mußten alle nach Norden, ins Land Oklahoma. Das hat man den Rothäuten für alle Ewigkeit gegeben. Da sollen sie wohnen, und kein weißer Siedler wird sich jemals dort ansiedeln. Dafür haben sie einen Vertrag geschlossen."
„Das ist gut", nickte ich zufrieden, „denn ein Vertrag wird wenigstens eingehalten!" „Haben die Preußen etwa immer alle Verträge gehalten?" fragte Ludwig und schaute mich groß an. „Hat der König in Preußen etwa seine Versprechen gegenüber seinen Bürgern gehalten?" ergänzte Willi.
Nur August, mein Kleiner, tollte schon wieder übermütig herum: „Ein richtiger Preuße verhandelt nicht, der kämpft!" Er hatte sich einen Stock als Gewehr genommen und ballerte in die Luft. „Hurra! Die Indianer kommen, bum." Aber alles, was passierte, war, daß ein Ast herunterfiel. Die Eichhörnchen verpusteten sich erschreckt.

> Das Indianerland Oklahoma wurde vom Präsidenten der USA trotz eines bestehenden Vertrages am 22. 4. 1889 zur Besiedlung freigegeben.

„Na gut, Brüderchen, du wilder Kämpfer! Heut abend werd ich dir mal was Aufregendes zeigen." Willi nahm sein Gewehr und eine Bratpfanne mit Holzstiel und zündete darin Kiefernzapfen und Aststücke an. „Bei Fuß, Waldmann! Das wird ein toller Spaß!"

Ich nähte beim Licht der Talgkerze. Nach langer Zeit hörte ich einen Schuß und bald danach kamen sie mit einem Reh zurück. Willi fing an, das erlegte Tier aufzubrechen.

Auf der gallery war vom Zerteilen des Rehs viel Blut abzuwischen, und so fiel es gar nicht auf, daß Waldmann sich eine tüchtige Wunde geholt hatte.

„Ich reit' in die Taun", sagte Willi ein paar Tage später. „Haben doch nicht genug Nägel, nehm' Juste mit." „Bringt mir ein paar Küchenkräuter mit, und vergeßt Seife nicht, und Salpeter fürs Fleisch. Und, bitte, ein bißchen Kaffee und Flachs zum Spinnen."

„Aber Mum, wir brauchen kein Fleisch einzulegen, das schießen wir immer frisch. Und außerdem haben wir doch gar keinen Webstuhl mehr! Und Flachs? Hier gibt's nur Baumwolle!" „Aber Strümpfe wollt ihr doch sicher haben?" „Natürlich!" – „Gut, dann bringt mir gute Wolle mit, damit ich sie für euch stricken kann. Ich muß doch abends spinnen, was sollte ich denn sonst tun?" „Da bleibt noch genug, Mutter! Maisbrot backen, Essen kochen, die Kuh melken, Butter und Käse machen wie in Oderberg, Sachen stopfen, Hemden nähen, Feuer machen, Wäsche waschen, Tiere füttern, Gemüse anbauen, Früchte sammeln und Marmelade kochen, fegen, scheuern, Betten machen."

Ich seufzte, die Arbeit würde nicht aufhören!

„Muß auch noch was zur Post bringen." Ich konnte mir denken, was. Er hatte an Henriette geschrieben! Den halbfertigen Brief hatte ich heimlich gelesen – ich hatte nicht widerstehen können:

„Liebe Henriette, bitte komm zu mir. Ich bitte Dich hiermit noch einmal, meine Frau zu werden!" hatte er geschrieben. „Ich will auch gerne Deine Fahrkarte bezahlen."

Meine beiden Söhne kamen blaß zurück. Willis Mund war schmal und August biß sich auf die Lippen. Beide sagten kein Wort zu mir, aber irgendwann reimte ich mir zusammen, daß man in Nacogdoches einen Aufstand von Sklaven gefürchtet hatte und die Besitzer meinten, sie müßten ein Exempel statuieren, damit ihre „Nigger" gar nicht erst auf dumme Gedanken kämen. Die Schwarzen waren angekettet und fürchterlich ausgepeitscht worden. Es muß schrecklich gewesen sein.

Vor kurzem hatte da nämlich einer ein Buch geschrieben. Er hatte sich mit einflußreichen Farmbesitzern unterhalten, und die hatten ihm gesagt: „Unsere Wirtschaft kann ohne Sklaven nicht funktionieren. Wir haben ein riesiges Kapital in ihnen stecken – genauso wie die Nordstaatler in ihren Maschinen. Weiße halten die Arbeit in den Baumwollfeldern nun mal nicht aus! Und außerdem", hatten sie frech behauptet, „sind unsere Sklaven glücklich!" Aber dann ist der Verfasser auch zu den kleinen Siedlern gegangen, die keine Sklaven halten, viele davon waren Deutsche, und da hatte er gesehen: Es geht ja doch auch ohne! Mit eigenem Fleiß!

„Und nun – wißt ihr, was daraus folgt?" fragte Willi. „Nun fangen die großen Farmer an, in uns Deutschen die Feinde der hiesigen Wirtschaft zu sehen – als wenn wir sie mit unserem Fleiß und unserer Tüchtigkeit in den Ruin trieben."
„Seltsam!" sagte Ludwig. „Wir sind ausgewandert, um Amerikaner zu werden – und nun sind wir hier doch wieder die Deutschen."
Die Wunde des Hundes eiterte. Es ging ihm gar nicht gut. Willi zuckte mit den Schultern, er konnte auch nicht helfen. Ich streichelte den Waldmann, und er wedelte mich dankbar an.

Das Richtfest

Der große Tag kam, an dem Ludwigs Haus errichtet wurde. Einige Fremde waren gekommen und hatten Geräte mitgebracht, mit denen die gekerbten Stämme leichter hochgewuchtet werden konnten. Trotzdem lief viel Schweiß, bevor die Männer am späten Nachmittag den letzten Baumstamm eingepaßt, den flachen Dachstuhl gezimmert und Tür- und Fensteröffnung in die Blockhauswände gesägt hatten. Die ganze Gesellschaft setzte sich erschöpft an den langen Brettertisch im Freien und trank und lärmte. Ich hatte über dem offenen Feuer eine Riesenmenge an Bohnensuppe gekocht, mit viel Rehfleisch darin. Auf Anraten Willis hatte ich

Eine Blockhütte wird gebaut

auch ein paar kleine rote Schoten hineingetan, so daß der Eintopf viel zu scharf wurde. Ich mochte es nicht, aber alle lobten: „Nichts geht über eine deutsche Hausfrau!"
Ludwig strahlte in die Runde: „Prost und Dank für die Hilfe!"
„Prost! Es lebe der Hausherr und seine alte Mutter Tubbe! Schenk noch mal ein, August!"
Dieses Richtfest wurde ein denkwürdiger Tag!

„Mum!" ermahnte mich Willi noch einmal, „meine deutschen Freunde sind alle einfache preußische Bauern. Ich weiß, daß du als Bürgerin in Oderberg nie mit solchen Leuten verkehrt hast. Hier sind alle gleich! Freie Menschen! Vergiß die alten Standesunterschiede! Der da drüben, das ist Henry Reyder. Er ist der allererste von uns allen in Texas gewesen. Eigentlich", lachte er schelmisch, „ist er schuld dran, daß wir alle hier sind. Er hat alle anderen hierhergelockt – weißt du noch? – Der Freund meines Kameraden beim Militär? Henrys Schwester Anna ist mit Ernst Kolb verheiratet. Der neben ihm sitzt, das ist Ernsts Cousin Wilhelm Kolb und der hat Katharina Seelbach geheiratet. Und die wiederum hat einen Bruder Daniel Seelbach, der mit seiner Familie erst vor zwei Wochen – noch nach euch – hier angekommen ist. Und das dort ist Willem Helpenstell."
Ich stöhnte, schüttelte den Kopf: „Du glaubst doch nicht etwa, daß ich mir das alles merken kann?" und setzte mich neben Herrn Helpenstell, weil er mich an meinen väterlichen Apothekerfreund erinnerte. „Wir Helpenstells, also meine Schwester und ich", sprach Willem bedächtig mit einem rheinischen Zungenschlag und nahm gemächlich einen Zug aus der langen Porzellanpfeife, „und dazu die beiden Kolb-Familien, wir haben unsere Häuser gemeinsam auf eine große Lichtung gebaut. Einer kann das Haus des anderen grade eben noch sehen! Ganz schön dicht für hiesige Verhältnisse?"
Ich mußte lachen, wenn ich an unsere engen Gassen dachte.
„Und wo kommen Sie her?" „Ach, wissen Sie, Frau Tubbe, vom Ende der Welt – unsere Heimat lag weitab vom großen Strom der Zeit, sie gehörte früher mal zum Herzogtum Berg, am Fuße des Westerwaldes. An der Sieg, einem Flüßchen, das bei Bonn in den Rhein fließt."
Sein Vater hatte für ihn, und manchmal sogar auch für seine Schwester Wilhelmina, manchen Thaler bezahlt, damit der Pastor ihm Privatunterricht gab. So hatte Willem sogar ein bißchen Latein gelernt, obwohl er nur der Sohn eines kleinen Bauern im Dorf Helpenstell war. „Helpenstell aus Helpenstell?" fragte ich verwirrt. „Sie heißen genauso wie Ihr Dorf?" „Ja, wissen Sie, vor dem Jahr 1700 gab es in unserer Gegend noch gar keine Familiennamen. Der Pastor schrieb zum Beispiel nur ins Kirchenbuch: Johann aus Helpenstell heiratet Katrin, oder: Ernst von der Mühle heiratet die Anna. Nur wenn ein Bursche wegzog, brauchte er zur Unterscheidung einen Namen und dann hieß er eben: Johann Helpensteller.

Meine Vatersfamilie aber, die ist eben immer in Helpenstell geblieben. Unsere Dörfchen Helpenstell und Dahlhausen, Ehrenthalsmühl und Birkenbeul sind nicht mehr als acht Kilometer voneinander entfernt – eine Postmeile. Dazwischen liegen verstreut viele, viele andere Dörfchen. Seit dem Wiener Kongreß gehörte unsere Ecke zu Preußen, zur Rheinprovinz, aber schon in drei Stunden zu Fuß war man in Hessen-Nassau." „Dann sind Sie sicher alles alte Freunde?" vermutete ich. „Aber nein! Wir hatten uns dort nie gesehen! Die Kolbs und die Reyders mußten jeden Sonntag nach Leuscheid in die Kirche laufen, die Seelbachs nach Hamm und wir nach Rosbach. Ja, wir mußten! Denn hätte man nicht jeden Sonntag in seiner Bank gesessen, hätte der Pfaff einem womöglich nicht den Zuchtstier zum Springen gegeben, oder den Eber, den nur er im Stall hatte. Vielleicht hätten wir uns in Eitorf oder Hamm auf dem Markt begegnen können. Da wimmelte es von Leuten nein, nein, wir sind uns vorher nie begegnet. Wir haben die Kolbs erst auf dem Rheindampfschiff kennengelernt – 1850 war das. Eigentlich wollten meine Schwester Wilhelmina und ich nach Pennsylvanien auswandern, denn ihr Schatz war dorthin gegangen. Aber als mir Ernst Kolb den Brief von seinem Schwager Henry Reyder zeigte und ich las, was er über Texas geschrieben hatte. Freies Land – milde Winter – hohe Wälder, da hab ich kurz entschlossen zu ihr gesagt: Vergiß deinen Süßen in Philadelphia, Wilhelmina! Ich finde ohnehin, daß er ein Tunichtgut war – und wer weiß, ob er dich noch will! und kaufte uns Fahrkarten nach Neu Orleans." „Aber", mir blieb fast die Luft weg, „was hat Ihre Schwester denn dazu gesagt?" „Gar nichts, die hat wochenlang nicht mit mir gesprochen! Aber schließlich hat sie doch ihre Tränen getrocknet. Wilhelmine, hab ich nämlich zu ihr gesagt, in Pennsylvanien müßtest du als Waschfrau arbeiten, aber in Texas sind wir freie Bauern mit eigenem Grund! Da sind auch viele Männer, die eine Frau suchen."

Ich fragte ihn, warum er ausgewandert ist, und er erzählte von seiner Enttäuschung über die gescheiterte Revolution. „Wissen Sie, Frau Tubbe, „meine Freunde in der Stadt hatten so viele demokratische Ideale. Wie viele sind zum Tode verurteilt und erschossen worden! Damals ging eine Idee um: Nicht jeder einzelne sollte Eigentum haben, sondern alle müßten gemeinsam alles besitzen. Jeder sollte nach seinen Fähigkeiten arbeiten. Wir haben es versucht, aber es klappte nicht. Es war seltsam. Wenn wir nicht wußten, daß es das eigene ist, haben wir die Lust verloren. Nach einer Weile haben wir wieder Grenzen gezogen. Ich glaube, wir Menschen sind zu selbstsüchtig, um solch ein Ideal zu verwirklichen. Aber es gab noch einen Grund zum Auswandern: Ich wollte endlich vernünftige Landwirtschaft betreiben. Mein Vater hatte mir Land hinterlassen, gar nicht mal so wenig, 21 Morgen. Aber ein unmögliches Erbgesetz bestimmte: Starb der Bauer, wurde jeder kleine Acker, jedes Stückchen Wiese auf alle Kinder gleichmäßig aufgeteilt. In jeder Generation wieder. Mittlerweile waren die Grundstücke so klein geworden, daß sie gepflastert schienen mit Grenzsteinen."

„Na, nun übertreiben Sie aber, Herr Helpenstell!"

„Ja", schmunzelte er, „aber nicht viel. Manche Streifen waren so schmal, daß eine Kuh schon mit dem Kopf auf dem rechten Nachbargrundstück fraß, während der Hintern noch auf das linke Nachbargrundstück sch . . . Dabei war unser Boden im Talgrund eigentlich noch ganz gut!"

„Guter Boden, daß ich nicht lache!" höhnte Daniel Seelbach. „Haferspanien nannten sie eure Gegend. Weil nix als popliger Hafer wuchs! Schmieriges Haferbrot gab's zu essen, oft sogar noch mit Sägespänen verlängert, damit man überhaupt was im Magen hatte." „Daniel!" drohte Willem halb im Ernst. „Halt deine Zunge im Zaum! Das weiß man doch: je höher am Berg, desto karger das Feld! Ärmlicher geht's doch kaum noch, als bei euch in Birkenbeul! Schöne Aussicht habt ihr gehabt von ganz da oben, vom Beulkopf runter, das ist wahr, aber sonst!"

Ja, dachte ich, es ist doch schön in Texas!

Aber dann unterhielten sie sich wieder über die Ernte, das Vieh, die Preise, über das abgebrannte Gerichtsgebäude und die letzte Schlägerei und ob der Sheriff den Pferdedieb hängen würde.

„Sagen Sie", wandte ich mich irgendwann wieder an Willem Helpenstell, „die Familie Seelbach ist also gerade erst angekommen?" „Ja. Die Katharina Kolb hatte ihrem Bruder Daniel Seelbach geschrieben, sie sollten doch auch kommen.

Öffentliche Hinrichtung in Nacogdoches

Aber deren ältester Sohn Wilhelm mußte doch noch zum Militär – und ohne ihn auswandern? Nein, das wollten sie nicht. Aber schauen Sie ihn an! Breit und kräftig ist er, aber er ist so klein! Dreimal in drei Jahren mußte er zur Musterung, aber dann war klar: Mit seinen vier Fuß und neun Zoll wollte ihn die Preußische Armee nicht haben. Kaum war der Bescheid da, haben Seelbachs den Antrag zur Auswanderung gestellt, und schon zwei Wochen später ging's los. Ihr Land haben sie für 1200 Thaler sehr gut verkaufen können – na ja, sie brauchten ja auch Fahrkarten für sieben Personen! Die Seelbachs bilden sich ganz schön was drauf ein, daß ihr Vater Mattias Seelbach früher Sendschöffe war – also der von der Obrigkeit benannte Steuereinnehmer und Dorfrichter, der reichste und schlaueste Mann im Dorf. Wir Seelbachs, sagen sie und meinen, sie kämen gleich nach dem König..."
Er schmunzelte. „Ja, der älteste von Daniels Söhnen, eben jener kleine Bursche, der arbeitet schon zwei Wochen für mich, und wir nennen ihn Bill. Er ist 23, fleißig und tüchtig. Immerzu schäkert er mit meiner Schwester Wilhelmine 'rum. Sie ist zwar schon ein bißchen älter, na ja, um ehrlich zu sein, sie ist sogar schon 35! Aber wenn der Bill sie wirklich haben will, mir soll's nur recht sein! Wissen Sie, meine Schwester ist nicht immer leicht zu ertragen, finde ich. Es wird Zeit, daß sie einen Mann kriegt. Mich stört's nicht, wenn er zwölf Jahre jünger ist – und einen Kopf kleiner. Und sie hat was zu bemuttern..."
Ludwig würde also morgen anfangen, in seinem Blockhaus zu wirtschaften. Ob er das alleine schaffte? Wenn erst die Henriette zu Willi kommt, dachte ich gerade im stillen, dann kann ich ja wieder zusammen mit Juste zu Ludwig ziehen und ihn umsorgen wie bisher. Wir haben uns doch so aneinander gewöhnt!
Doch es kam ganz anders. „Nun hört mal auf mit dem Thema", unterbrach nämlich gerade Willi die Männerrunde und pochte derb auf den Tisch. „Laßt uns mal lieber über meinen kleinen Bruder Juste sprechen. Meine liebe Mutter hier meint, ihr süßes kleines Herzebübchen wäre noch viel zu klein zum Arbeiten!"
Ein empörtes Lärmen ging los. Alle redeten auf mich ein, und ich wagte gar nichts zu sagen. „Er ist alt genug." „Er braucht eine feste Hand!" „Gut, ich mach euch einen Vorschlag!" sprach Ernst Kolb. „Er kommt mit mir! Ich bringe ihm bei, was er können muß!"
August strahlte, denn er mochte den Herrn Kolb, der vom Alter her sein Vater hätte sein können. Ich hatte Angst, meinen Juste zu verlieren. Ich schluckte und sah mich hilflos um. Aber alle stießen schon auf die plötzliche Verabredung an.
„Wollen Sie einen Lehrvertrag schließen?" fragte ich erschreckt. „Aber nein, Frau Tubbe, so was gibt's hier doch nicht! Entweder kann einer was oder nicht, daran ändert auch ein Papier nichts. Wer sich keine Mühe gibt, wird rausgeschmissen. That's America."

Willi und ich kehrten zurück. Ohne August! Ernst Kolb hatte ihn gleich mitgenommen.
Ich weinte bitter. Plötzlich haßte ich alles. Wie häßlich und primitiv war alles! Wie grob und nachlässig die Menschen! Nichts fürs Herz, keine Kultur! Kein Benehmen! Das Maisbrot war trocken, die Kartoffeln schmeckten süß, und Willi schoß auch noch meine Eichhörnchen ab, weil er sie so gerne aß. Und ich . . .

. . . so einsam, so schrecklich allein

Ich glaube, ich habe in den nächsten Wochen so manches giftige Wort zu Willi gesagt, das ich lieber heruntergeschluckt hätte. Um so öfter ließ er mich allein und verbrachte woanders seine Zeit. Ich vermißte August sehr, denn mein Nesthäkchen war mir doch immer so nahe gewesen!

Der erste Brief aus Oderberg kam im Mai 1856, als es warm wurde. Er war von meinem Bruder:

„Oderberg, im November 1855

Liebe Schwester, ich kann Dir mitteilen, daß es mir recht wohl ergeht. Leider habe ich eine traurige Pflicht zu erfüllen. Dein Schwager Kalle Tubbe hatte kurz nach Eurer Abreise mal wieder ein bißchen viel getrunken. Er stieg auf sein Dach, um irgendwas zu reparieren, machte Späße und rief: Ich kann die Justina noch sehen, ja, ja, ja, da sitzt sie im Schiff und fährt weg. Vergeßt den Frohsinn nicht . . . , verlor das Gleichgewicht und stürzte in die Tiefe. Er war sofort tot. Ja, er war der letzte Tubbe in Oderberg!
Und, liebe Schwester, bestelle bitte dem Fritz und dem Ferdinand: Es hat Gott gefallen, ihre liebe Mutter Anna-Maria Junge zu sich zu nehmen! Ihr hat die Abreise von ihrem Ferdinand und die Beerdigung von Kalle das Herz gebrochen. Ein böses Omen! hat sie gesagt, hat immer mehr gezittert und ist auch noch im Oktober in die Ewigkeit gegangen.
Nun sie sich nicht mehr um die alte Mutter kümmern muß, will Amalie auch auswandern. Ihr werdet bald ein Neu-Oderberg gründen können! Mitte Oktober hat hier das große Einweihungsfest der neuen Kirche stattgefunden. Es war ein großartiges Fest! Pastor Alberti hat mit letzter Kraft für Seine Majestät den König die allerletzte Predigt gehalten, denn nun kann er nicht mehr auf der Kanzel stehen. Er hat die Brustwassersucht.
Ich habe den Bürgermeister Sartorius auf Euer Brandversicherungsgeld angesprochen, da hat er so getan, als wüßte er gar nicht, wovon ich spreche.
Schreibt bald, damit ich sicher bin, daß Ihr gut angekommen seid.
Bist du glücklich? Gott schütze Euch! Dein Bruder Daniel Hein"

Ich setzte mich an den rohbehauenen Tisch unter dem Pecan-Baum und schrieb die Antwort.

„Nacogdoches, den 2. Juni 1856

Mein inniggeliebter Bruder!
Gerade zu meinem 61. Geburtstag hielt ich Deinen lieben Brief in Händen. Ich danke Dir. Du möchtest wissen, ob wir gut angekommen sind. Ja, das sind wir mit Gottes Hilfe.
Ich habe getrauert um meinen Schwager Kalle und um Mutter Junge. Wieder zwei Menschen weniger, die ich in mein Herz geschlossen hatte. Ob ich hier glücklich bin? Lieber Bruder, ich weiß es nicht.
Denn dies ist ein Land, das alles hat. Alle schönen und alle häßlichen Seiten des Lebens sind hier dicht beieinander. Die Ruhe, die Weite sind wunderbar. Aber gleichzeitig wird es mir doch oft sehr einsam, und dann sehne ich mich zurück in unser liebes kleines Städtchen.
Die Freiheit ist auch wunderschön, aber viele Menschen können nicht gut mit ihr umgehen. Sie vergessen den Anstand und die Würde und benehmen sich wie die Pferdeknechte, sie rotzen und fluchen und saufen, sie rauchen sogar auf offener Straße ... man schämt sich als zivilisierter Mensch! Es gibt keine Kirche, keine Poesie, keine Kultur, nur das Geld scheint hier wichtig. Zu essen haben wir allerdings reichlich.
Lieber Daniel, ich bin eine Frau, die ihre Zeit bald hinter sich hat. Alle meine Kinder, außer Tine, habe ich hier in meiner Nähe. Das ist es, was alleine zählt und wofür ich dem Herrn danken muß. Sei herzlich gegrüßt, und grüße bitte all die guten Freunde zu Hause, besonders Kalles Frau und die Geistlichs – und Tine, falls sie sich mal sehen läßt.
Gott sei mit Dir! Für immer Deine Schwester Justina

PS: Bitte frag doch gleich noch mal nach den 75 Thalern von der Feuerversicherung und gib sie der kleinen Henriette Kahlow, die sich der Willi als Braut wünscht. Das Geld würde gerade gut für die Überfahrt reichen."

Ich erinnere mich noch gut an den ersten Pfingstsonntag. Keine Glocken riefen mich zum Gottesdienst. Kein Pastor unseres Glaubens weit und breit. Keine Orgel. Keine plaudernde Gesellschaft nach einem Gottesdienst.
Willi saß schweigend da, paffte Rauchringe und sah ihnen versonnen nach, und ich las aus dem Heiligen Buch laut vor.

Ein paar Wochen vorher hatte Willi wieder einen Hund mitgebracht. Ich nannte ihn „Rex" – „König" also –, so wie der Hund meiner Kindheit hieß. Am liebsten hätte ich ihn „Friedrich Wilhelm der Vierte" genannt – dann hätte ich unserem

Siedlerhaus in Texas

König befehlen dürfen! Ich nahm ihn mit, wenn ich in den Wald ging, und er tollte fröhlich herum, fand auch mal Spuren, und es dauerte oft lange, bis er außer Atem zurückkam. Willi hatte mich ermahnt: „Zieh dir im Wald die hohen Lederstiefel an!" Ich hatte das für dummes Geschwätz gehalten. Wie oft war ich durch die Wälder bei Oderberg gestreift und immer hatte ich meine Schnürstiefel getragen – andere besaß ich doch gar nicht außer den Holzpantinen!

Aber am Pfingstnachmittag war mir was Schlimmes passiert: Ich ging den Pfad entlang und plötzlich fuhr ich entsetzt zusammen: Da schnellte aus einem Busch plötzlich eine große Schlange hervor und muß Rex erwischt haben, denn er heulte ganz entsetzlich auf. Ich nahm einen Knüppel und schlug voller Entsetzen auf dieses Biest, bis es sich nicht mehr bewegte. Den verletzten Hund versuchte ich zu greifen, aber er humpelte winselnd zurück. Ob er überleben würde? Er lag auf seiner Decke und klagte und schien zu fiebern und heulte die ganze Nacht. Aber dann hatte er es wohl überstanden.

„Ich hab dich ja gewarnt!" behauptete Willi. „Es gibt eine Menge Schlangen hier. Auch die kleinen braunen ‚Kupferschlangen' können dich böse erwischen! Geh nie in der Dämmerung durch hohes Gras!"
Da hat man so herrlich weites Land – und soll sich nicht aus der künstlichen Welt des Hauses herausbewegen?
Am nächsten Tag der nächste Schreck! Ich hatte in der Eile gestern meinen Schuh auf dem Gras vor der Terrasse liegen lassen. Ich schlüpfte hinein – und schrie! Schnell schüttelte ich den Stiefel aus und heraus fiel ein schwarzer Skorpion. Es tat höllisch weh! Gottlob war Willi bald da und versorgte meinen Fuß mit einer schmerzlindernden Salbe. Ich mußte einige Zeit liegen. Als Rex zu mir auf meine Matratze aus Spanischem Moos gekrochen kam, habe ich ihn nicht fortgejagt. In diesen Tagen verdorrte mein kleines Küchenbeet, das ich mir im Frühjahr angelegt hatte. Und alle Hühner waren weg. Es muß wohl in der Nacht ein Luchs oder ein Wolf gekommen sein, Rex hatte es unter der Bettdecke nicht gemerkt.

Ludwig war vom Weber nun ganz und gar zum Bauern geworden und beteuerte, er sei glücklich hier. „Mein Land", sagt er immer. „Hier bin ich allein, aber nie einsam."
Die Brüder halfen sich gegenseitig, und wenn einer der beiden wegritt, nahm er das Kuhhorn mit. Brauchte er Hilfe, dann blies er ins Horn, und der andere kam, so schnell er konnte.
Gut, daß Willi beim Militär so viel von den Sanitätern gelernt hatte. Er war sehr geschickt, und bald dachten alle Leute, er wäre ein richtiger Arzt. „Kann ich Doktor Tubbe sprechen?" wurde er dann gefragt oder: „Kann der Doktor Tubbe zu uns kommen?" Oh, das mochte Willi gerne hören!
„Willi!" schimpfte ich aufgebracht. „Du warst nie auf der Universität! Du kannst dich doch nicht einfach Doktor nennen – das ist Amtsanmaßung! Man wird dich ins Gefängnis stecken!" Er lachte mich schallend aus und sagte: „Mum, schweig' du man stille! Wen kümmert's denn? Mir gefällt's! Kein Mensch fragt hier nach Zeugnissen!" „Meine Güte!" seufzte ich, denn so einfach konnte ich mich nicht beruhigen. „Mein Sohn als falscher Doktor! Wie beschämend!" Aber hier hört ja keiner mehr auf mich.
Der „Doktor" hat manchmal gutes Geld nach Haus gebracht. Eines Tages kam ein schwarzer Bursche angeritten: „Sie doch kennen Mister Goyens? Er sein krank, er lassen bestellen, Sie kommen sollen, Doktor Tubbe!" Willi packte seine Utensilien zusammen und erklärte mir: „Mr. Goyens, ich glaub, du kennst ihn nicht? Das ist der reiche schwarze Schmied!" „Er ist ein freier Mann?" „Der Goyens hat mir erzählt, daß er schon seit langem in North Carolina freigelassen worden ist. Da ist er in die Republik Texas gekommen, weil er dachte, daß man seine Fähigkeiten hier besser würdigen würde. Er ist tüchtig und freundlich zu jedermann – alle mögen ihn – aber trotzdem hat ihn vor 15 Jahren der Kongreß

199

aufgefordert, das Land zu verlassen. Weil er eben schwarz ist! Aber da haben 44 angesehene Bürger, auch Mr. Rusk, den du kennst, und der Mr. Sterne ein gutes Wort für ihn eingelegt. Goyens durfte bleiben, aber glaub bloß nicht, daß er von der Regierung sein Geld für die vier Kühe gekriegt hat, die er der Armee geliefert hat! Noch nicht mal ein grant claimen durfte er sich! Er hat sich durch alle Gerichte geklagt, hat ihm nichts genutzt. Mittlerweile hat er eine Menge Land gekauft, nee – arm ist er nicht! Wenn ich das richtig sehe, liegt er im Sterben. Sorg' für die Tiere, Mum! Es kann sein, daß ich eine Zeitlang bei ihm bleiben muß!" Willi packte eine Flasche guten Whisky ein, einige Kapseln und eine ziemliche Menge Chinin. „Er hat das Fieber im Darm, vermutlich Typhus", murmelte er, „brauch' ich sonst noch was?" „Hier, nimm die Bibel mit!"
Willi behandelte ihn geduldig und sprach lange mit ihm in der Zeit seiner Not. Drei Tage blieb er bei ihm, bis zu seiner Todesstunde. 33 Dollar sollte er dafür von Goyens bekommen. Welch ein Glücksfall, wenn man so bedenkt: Dafür hätte er zuletzt in Oderberg vielleicht ein halbes Jahr gearbeitet!
Kaum war der Goyens begraben, waren schon etliche Leute da, die ganz plötzlich behaupteten, daß sie noch eine Menge Geld von ihm zu kriegen hätten.
„Höre, Ludwig!" beschwor Willi seinen Bruder, „willst du Land kaufen? Goyens hat gutes Land im Angelina-County, das ist der Landkreis südlich von hier, 12 000 Acres besitzt er dort, eine riesige Fläche! Wie man munkelt, soll die Hälfte davon versteigert werden. So billig wirst du nicht so schnell wieder drankommen! Ich würde dir raten, red' nicht viel und geh' zur Auktion!"

Land besitzen, noch mehr Land

Ludwigs Augen glitzerten gierig. „Aber ich hab noch kein Geld gespart! Wovon denn?" „Ein bißchen kann ich dir borgen", überlegte Willi, „hab' ja auch mein Honorar noch zu kriegen! Reite doch mal zu Charlotte, die wird dir sicher auch was vorstrecken!" Das war ein guter Vorschlag. Aber Ludwig kam zurück mit einer gräßlichen Laune und schimpfte gotteslästerlich auf Lotte und Fritz. Es dauerte eine Weile, bis wir begriffen, daß Lotte es abgelehnt hatte, ihm was zu leihen mit den Worten: „. . und dann bist du so träge wie in Oderberg und tust nur das Notwendigste, und wir sehen das Geld nie wieder", und Ludwig sie angeschrien hatte: „Ihr wart es doch – wegen euch mußten wir Schulden machen, nur wegen euch mußten wir doch das Haus verkaufen, die Schmach! Das werde ich nie vergessen!"
Grollend ging er zur Auktion, mit nur wenigen Dollars in der Tasche. Aber stolz und selbstbewußt kam er zurück. Er hatte für 1100 acres ganze 166 $ bieten müssen, also nur 15 Cent für den Acker! „Das schaff' ich schon!" meinte er zuversichtlich.

Ich schüttelte den Kopf. „Was um alles in der Welt willst du denn mit so viel Land? Beackern kannst du doch höchstens ein paar Morgen? 1100 acres – 440 Hektar! – fast 1800 Morgen! Das verstehe ich nicht, das ist ein Gebiet, so riesig, wie es vielleicht das größte Rittergut in Brandenburg war! Selbst der reichste Mann in Oderberg, der Zernikow, hatte nur 100 Morgen. Du brauchst viele Stunden, um auch nur einmal um deinen Grund herumzugehen!"
Die Männer gossen sich einen großen Becher Whisky ein und setzten sich zu mir unter den Pecan-Baum und stießen ausgelassen an. Willi prostete mir grinsend zu: „Whisky ist gesünder als deine elenden Schwedenkräuter, Mum."
„Auf eure Zukunft, meine Söhne! Und auf alle unsere Erinnerungen! Ich wünsche euch, daß ihr nie hungern müßt. Aber immer glücklich zu sein und immer noch mehr haben wollen, das wäre maßlos. Ein redlicher Verdienst ist wichtig, aber nachts muß man mit gutem Gewissen schlafen können. Bleibt anständig und laßt euch nie vom Gelde verführen."
„Ach, Mutter . . . !" Willi winkte geringschätzig ab, lächelte, schüttelte seufzend den Kopf über mich und wandte sich wieder an seinen Bruder: „Du weißt ja, Ludwig, Land ist hier die sicherste Sparbüchse. Niemand darf dir in Texas Land wegnehmen, noch nicht mal, wenn du Schulden hast. Nein, es darf sogar noch nicht mal gepfändet werden, wie es bei uns in Preußen so gern gemacht wurde. Was meinst du, was du für dieses Land kriegen kannst, wenn es erst mal an Wert gewonnen hat!"
„O ja . . . !" freute sich Ludwig und rieb sich die Hände. „Muß nur aufpassen, daß sich nicht jemand Fremdes drauf ansiedelt, hat man mir gesagt: Wenn jemand erst ein paar Jahre drauf wohnt, darf ich ihn nicht mehr wegjagen! Nun ja, ihr beiden, du Willi, und unser Juste, falls ich keine Kinder haben sollte, dann erbt ihr ja mal das Land. Aber Charlotte, die kann mich mal."

Die Hitze lag im Sommer wie eine entsetzliche Last über dem Land, und ich konnte sie einfach nicht mehr ertragen. Ich suchte vergebens Kühle im Haus. Bald werde ich wahnsinnig, dachte ich. Wir mußten lernen, die lange, fast heilige Mittagsruhe, die „Siesta" der Mexikaner, zu halten. Erst am Abend wird die höllische Hitze ein bißchen erträglicher, und dann kam Ludwig häufig und aß mit uns Maisbrot und Speck. Da mußte ich ihm oft Vorwürfe machen, weil er so häufig in der Stadt war. Denn ich fürchtete, daß er sich dort mit diesen Weibern mit ihren Glutaugen und den weiten, aufreizend bunten Röcken und den riesigen Ausschnitten, diesen Huren, im Saloon einließ! Dort pokern sie um Geld! Sie veranstalten Hahnenkämpfe und verwetten ihre Dollars! Und dann der Brandy, dieser Whiskey – immer dieser teuflische Alkohol! Ich habe Ludwig tüchtig an Sitte und Anstand erinnert, aber glaubt ihr, daß das Wort seiner Mutter hier noch zählt?
„Ach was! Laß man gut sein, Mutter, ich will die Damen im Saloon ja nicht heiraten."

Hahnenkampf

Ein ordentliches Mädchen

„Mutter, hör doch damit endlich mal auf! Wie oft hast du mir das schon gesagt, ich kann's nicht mehr hören." Er schwieg lange und ritt grußlos davon.
Willi wischte sich den Schweiß von der Stirn und sagte nur: „Ein altes Sprichwort in Texas sagt: A great country for men and dogs, but hell on women and horses. Das heißt: Was ist das für ein wunderbares Land für Männer und Hunde – aber die Hölle für Frauen und Pferde! Mum, du weißt ja, es gibt wirklich nur wenige Frauen hier. Ach, hätte man uns doch in Oderberg vernünftig leben lassen."
„Du hast also auch Sehnsucht nach Oderberg?" „Ob Henriette wohl . . . ?"
Einmal kam Ludwig lallend hier an und schnalzte mit der Zunge: „Hey, Willi! Neue Mädchen sind angekommen!" Aber als er merkte, daß ich mithörte, fing er an, mit ihm zu tuscheln und beide gingen in die Hütte. Erst, als ich das nächstemal unser Poesiealbum aufschlug, bemerkte ich, daß Ludwig ein Gedicht eingeschrieben hatte.

> Man sieht hier Blumen aus der ganzen Welt,
> doch selten Farben, die recht wohl gefällt.
> Die weiße! Schöne! In Lilienpracht,

> sie scheut die Sonne, blüht nur zur Nacht.
> Die dunkle Rose blüht nicht ganz auf,
> so sanft und süße! Sind Wünsche gleich auf.
> Des Nordens Veilchen, ich wünschte sie hier,
> selten an Wegen erblühen sie hier.
> Geschrieben von Ludwig Tubbe
> (aus: Poesiealbum für Caroline, im Besitz von Fam. Tubbe, Nacogdoches)

Was für ein unmögliches Gedicht! Erst dann begriff ich: Er würde sich doch nicht gar eine „dunkle Rose" für die Nacht holen wollen? Eine Indianerin oder eine von den Negerinnen? Sollen sie aussehen, wie sie wollen, aber so was kommt mir nicht ins Haus! Nein, niemals, das würde ich nicht dulden! Sie sind doch so anders! Warum nahm sich der Ludwig bloß nicht die Wilhelmine Helpenstell? Er mit seinen 41 und sie mit 35 – die würden doch ganz gut zusammenpassen?

Sobald ich wieder davon redete, wechselten sie das Thema.
„...ähm, Willi, hast du in der Wochenzeitung gelesen, was da im Norden in Kansas mit diesem Fanatiker los ist? Wie heißt er noch?" „John Brown, will die Sklavenbefreiung", nickte Willi. „Sagt, die Bibel gebietet es. Stimmt ja auch! Aber was tut er? Reitet mit all seinen Söhnen und ein paar Schwarzen rum und brandschatzt die Farmen und erschlägt Dutzende von Sklavenhaltern!" „Er mordet also, um Unrecht zu vertreiben...?" fragte ich irritiert, „und was ist mit dem 5. Gebot?" „Du sollst nicht töten! – Bald wird er selbst gehängt." Damit schien Ludwig einverstanden. „Die Einflußreichen in Texas wissen, daß wir Deutschen keine Sklaven halten", erklärte Willi. „Erstens, weil es gegen die Menschenwürde ist. Außerdem haben wir nicht das Geld dazu, und drittens fehlt uns das Talent, wie man mit ihnen umgehen muß. Deshalb vermuten sie in uns Abolitionisten, Gegner der Sklavenhaltung, und das ist für sie dasselbe wie Staatsverräter. Sie hassen uns Deutsche, machen keine Geschäfte mit uns und im Saloon müssen wir uns vorsehen." Ludwig brummte unwillig.

Willi war glücklich! Er hatte im September 1856 einen Brief bekommen. Vier Monate war er nur unterwegs gewesen. Die kleine Henriette Kahlow war also tatsächlich zum Amt gegangen und hatte um die Auswanderungsgenehmigung nachgesucht! Ihr Vater war zwar gar nicht begeistert gewesen, aber zähneknirschend hat er schreiben lassen:

> „Ich gebe hiermit meiner Tochter Henriette, geb. am 17. 2. 1835, die Erlaubnis auszuwandern. Ich habe ihr nie Hindernisse in den Weg ihres künftigen Glücks gelegt. Ich selbst habe natürlich nicht so viel Vermögen disponibel, meiner Tochter die Überfahrtskosten vorzustrecken, allein sie hat Aussicht, solche von Amerika zugeschickt zu bekommen, woran ich keinen Zweifel setze. Kapitalvermögen nimmt meine Tochter nicht mit."

Und sie hatte an Willi geschrieben: „Schick mir also bald das Geld für die Überfahrt, Wilhelm, so will ich zu Dir kommen. In Liebe Deine Henriette"
„Wie gut, daß da noch das Versicherungsgeld von unserem Brand ist!" überlegte Willi. „Ja!" sagte ich eifrig „Das habe ich doch längst meinem Bruder Daniel geschrieben, er soll es Henriette geben. Aber was passiert, wenn es immer noch nicht da ist? Du, Willi! Schick' es von hier!" „Soviel besitze ich jetzt nicht, Mum! Du weißt doch, wir haben Ludwig Geld geliehen und vom Rest habe ich doch erst neulich die Kühe gekauft und das angrenzende Stück Land!" „Verkauf es!" „Land? Land verkaufen? Es ist meines! Land gibt man nicht wieder her! Niemals! Das kann ich doch nicht machen!"
„Denk an Henriette!" „Henriette wird warten! Natürlich wird sie warten!" „Willi, ich glaube, du machst einen Fehler." „Mum, es ist schrecklich mit dir! Immer willst du in unsere Angelegenheiten reinreden, und immer siehst du Unheil." Ich sagte nichts mehr. Ich bin nur eine alte Frau.

Anfang 1857 kam ein Brief von Vater Kahlow. Henriette habe sich eines Besseren besonnen und beim Amt den Auswanderungskonsens zurückgegeben. Er teilte Willi mit, daß er sich glücklich schätze, seine Tochter Henriette hier in Oderberg mit einem netten, soliden und wohlsituierten Herrn verlobt zu haben. Willi sprach kaum ein Wort mit mir. Seine Stimmung war schlecht. Ich konnte es verstehen. August habe ich wochenlang nicht mehr gesehen. Ich vermißte ihn so sehr, meinen Kleinen. Was sage ich, mein Kleiner? 16 Jahre war er doch schon. Mein Gott, in dem Alter war ich ja schon fast verlobt!
Wie gut, daß wenigstens Ludwig manchmal Neuigkeiten berichtete. „Hast du schon gehört, Mutter? Du kennst doch Senator Rusk? Er hatte eine unglaublich schöne Frau, er hat sie auf Händen getragen! Und neulich, als er in Washington beim Kongreß war, ist sie krank geworden und gestorben. All' die Wochen danach hat er Abend für Abend im leeren Haus gesessen und viel zu viel getrunken. Und gestern, da hat er alle seine Bedienten nach Hause geschickt, hat allen erzählt, er wolle auf die Jagd gehen – und dann hörten die Nachbarn einen Knall. Denkt euch, er hat sich selbst erschossen!" „Gott sei seiner armen Seele gnädig!" „Seine Verwandten fanden ihn, wie er auf der gallery lag! Nächste Woche wird die Beisetzung sein. Möchtest du mitkommen?" Und ob ich mitkommen wollte. Ich war seit unserer Ankunft nicht in der Stadt gewesen.

Unser Nacogdoches – eine der wichtigsten Städte in Texas! Es gingen nun schon in alle Himmelsrichtungen Postkutschen, nach Shreveport am Red River im Norden, nach Süden ans Meer nach Galveston und nach Westen in die kahle weite Prärie nach Austin, Industry und Neu-Braunfels.
„Es ist alles so leer", staunte ich unterwegs, als ich mich umguckte. „Leer? Die Bevölkerung explodiert in Texas in den letzten Jahren gradezu. Vor gut 30 Jahren, 1821, grade als Ludwig in die Schule kam, da sind die ersten 300 Siedlerfamilien

angekommen! Und 1835, als ich eingeschult wurde, waren es 35 000 Einwohner, und nun sind wir schon fast eine halbe Million!" „Ja", nickte ich amüsiert, „ganz Texas hat mal grade so viele Einwohner wie Berlin, als wir da durchfuhren..."

Texas
1821: 6 000 Einwohner
1836: 30 000 Anglo-Weiße, 4000 Mexikaner, 5000 Sklaven
1847: 100 000 Weiße, 40 000 Sklaven
1850: 154 000 Weiße, 58 000 Sklaven, 397 freie Schwarze
1860: 600 000 Einw., davon 32 000 Europäer, 400 000 Amerikaner, 182 000 Sklaven
1880: 1,25 Mio. Einw.
1998: ca. 19 Mio. Einw., davon 8 Mio. in den vier größten Städten, auf einer Fläche etwa so groß wie Deutschland

Von überall her aus den Wäldern kamen Wagen mit Pferden oder Maultieren. Am Hauptplatz am alten spanischen Stone Fort wimmelte es von Menschen in Zylindern und dunklen Kleidern. Ich hatte wirklich nicht geglaubt, daß es hier überhaupt so viele Menschen gibt! „Oh doch", meinte Ludwig stolz, „ungefähr 7000 wohnen in unserm Landkreis, davon sind mehr als 2000 Sklaven." „Und nur 30 davon sind frei?" fragte ich. Ludwig nickte und flüsterte: „Sprich leise, Mutter, sonst kriegen wir Ärger. Am Red River haben sie grade einen Geistlichen gelyncht, und das nur, weil er den Sklaven lesen und schreiben beibringen wollte. Übrigens, Willi, weißt du was? Falls wir Hilfe beim Roden brauchen: die Schwarzen können gut zupacken, wir könnten eigentlich Old Man Nichols ansprechen, ob er uns nicht ein paar seiner Sklaven für ein paar Tage vermieten will. Die eine Negerin, du weißt schon, Willi, unter uns gesagt, die würde ich gern mal..."
Aber als er mein versteinertes Gesicht sah, hörte er auf zu sprechen, seufzte, ging weg und sprach mit den Umstehenden. Wie gut er sich schon in Englisch verständigen konnte!
„Mum, der da spricht, das ist Senator Sam Houston", erklärte mir Willi. „Ist ziemlich versoffen, aber ein Texaner der ersten Stunde. Hat vor 20 Jahren gegen den mexikanischen General Santa Anna gewonnen, damit Texas eine freie Republik werden konnte. „Ja", lachte er, „das hat er mit einem tollen Trick geschafft. Er hat eine atemberaubend schöne Frau extra mit zu den Schlachtfeldern genommen, die Yellow Rose of Texas, um sie zur Siesta-Zeit in Santa Annas Zelt zu schicken. Da war der so beschäftigt... hat viel zu spät gemerkt, als die Texaner angriffen. Ja, Senator Houston ist unser berühmtester Mann in Texas. Er möchte wieder Präsident werden. Er hat viele Jahre in Nacogdoches gewohnt."
Die Läden waren alle geschlossen, und die ganze Stadt hing voll mit schwarzen Tüchern. Von den Reden verstand ich kein Wort. Alle sprachen Englisch, und außerdem wurden meine Ohren immer schlechter. Ich hatte mich auch schon so

Nacogdoches Town Square (1880)

sehr an die Ruhe gewöhnt, daß mir dieser laute Trubel unangenehm wurde. Ich war froh, als wir wieder zu Hause waren.

Eine arbeitsreiche, ruhige Zeit verging. Der Mais, die Bohnen, die Süßkartoffeln und die Melonen standen gut. Die Baumwolle brachte einen vernünftigen Preis. Wir hatten immer genug zu essen. Ich liebte die milden Winter, sie taten meinen Knochen gut. Aber die Hitze im Sommer war nicht zu ertragen.

Von Zeit zu Zeit brachte mir Willi ein Buch aus der Bibliothek von Nacogdoches mit. Alle hatten Bücher dafür gestiftet. Es waren schließlich über 500 zusammengekommen! Er versuchte sogar, amerikanische Romane zu verstehen, aber ich lernte nur hier und da mal ein fremdes Wort. Warum sollte ich die Sprache denn noch lernen? Wenn wirklich mal Besucher kamen, waren es Deutsche.

Ich fand diesen Frieden wunderschön, aber mir fehlten die Menschen! Wie oft habe ich mir ein paar Tränen mit der Schürze abgewischt! Dann suchte ich Trost in unserem handgeschriebenen Heft mit Poesie. „Oderberg 1852" stand außen darauf. Damals, als Carl Arning meine Caroline angebetet hatte, da hatte er es für meine Tochter beschrieben, viele viele Seiten. Es endete mit: „*Scheiden wir auf immer? Hoffnung wispert: Wiedersehen!*" Caroline hatte sehr geweint, als sie sich trennten. Ein paar Seiten im Heftchen waren noch frei.

Eines Tages, ganz plötzlich, stand August hinter mir, als ich gerade in dem Poesiealbum las. „Ach ja, Mum, weißt du noch, wie Caroline und Mariechen diese

Gedichte geliebt haben? Gib mal her!" Und ehe ich es verhindern konnte, nahm er meine Gänsefeder und schrieb: „Gedichtsammlung in Nacogdoches/Texas von August Tubbe" und fügte gleich ein lustiges Gedicht hinzu. Er lachte laut, es gefiel ihm. Ich glaube, Mariechen hat es ihm geschickt. Aber das war auch das einzige, woran ich meinen Kleinen erkannte. Mein Nesthäkchen gab mir kein Küßchen mehr. Nein, er tippte an den staubigen Hut, rief fröhlich: „Howdy, Mum!" winkte mit der Hand, spuckte weit im Bogen und klirrte mit seine Sporen an den hochhackigen Stiefeln. Er ging schlaksig umher in seinen engen blauen Arbeitshosen und seinem roten Halstuch über dem dicken Hemd. In einem breiten Ledergürtel steckte ein Revolver mit Patronen. „Brauch ich, wenn ich Wildkatzen oder Wölfen oder Schlangen begegne, oder einem von den umherstreifenden Banditen. Das hab' ich gelernt: Wenn einer seine Waffe zieht, muß ich schneller sein."

Nein, das war nicht mehr der kleine brave Oderberger Junge, der wußte, wie man sich zu benehmen hat. Das war ein selbstsicherer, kräftiger Mann geworden, der nur das tat, was er für nützlich hielt – ein Amerikaner.

„Eh ich's vergesse, Mum, ihr seid alle eingeladen. Willem Helpenstell will im Oktober heiraten, und hat gesagt: Bring man auch deine alte Mutter mit, mit der hab' ich mich damals so nett unterhalten. Was meinst du, Juste, hat er gefragt, ob sie Lust hat?" Was für eine Frage!

Mit einem bunten Tuch um meine Schultern, ohne Schürze und mit ein paar Blumen am neuen Häubchen über den schütteren weißen Haaren fühlte ich mich richtig fein. Die Zeremonie hatte schon am Vormittag stattgefunden, und man saß gemütlich im Schatten einer großen Kiefer an der langen Tafel. Ein lautes Hallo begrüßte uns.

War ich froh, Menschen um mich zu haben!

Wir beglückwünschten das Brautpaar. Willem hatte sich die junge Witwe Elizabeth Everett genommen, die schon zwei Kinder mitbrachte. Sie lächelte mich an, aber wir konnten uns nicht unterhalten, denn sie sprach kein Wort Deutsch. Nachdem ich meinen Juste zur Begrüßung in den Arm genommen hatte, fand ich mich neben Ernst Kolb wieder und sagte: „Wie nett, Sie wiederzusehen... auch wenn ich Sie alle immer noch ein bißchen schwer verstehen kann, weil Sie mit Ihrem Hessisch doch recht seltsam sprechen." „Hessisch? Also bitte!" spielte er den Beleidigten. „Hessen war weit weg! Bestimmt drei Stunden zu Fuß! Außerdem: Wer hier wohl seltsam spricht? Ihr Preußen mit eurem Brandenburger Platt etwa?" „Weeßte wat?" grinste Willi breit, „Wia red'n ja nu weeß Jott wie sich det jehöart, jenau wie die inne Jroßstadt Berlin – wie'er Rejent Willem, wa?" Alle lachten mit, aber ich fragte: „Ist denn der Friedrich Wilhelm nicht mehr König?" „Ach, Mum!" sagte Willi. „Der war krank und hat abgedankt, das weißt du doch, hast du das auch schon wieder vergessen? Hat die Regierung abgegeben an seinen Bruder Wilhelm, du erinnerst dich? Der regiert jetzt und will sich mit seiner Augusta krönen lassen, sobald sein Bruder stirbt."

„Und nun geht der tägliche Ehestreit weiter", kicherte Bill. „Wie bei euch, was, Bill?" wurde er geneckt. „Aber warum streitet sich denn das hochedle Königspaar?" fragte ich nach. „Weil die Königin die Politik ihres Mannes schrecklich findet!" antwortete resolut das alte Mädchen, die Wilhelmine Helpenstell, die nun schon ein halbes Jahr mit ihrem kleinen Bill Seelbach verheiratet war. Schade, daß Ludwig sie sich nicht als Frau genommen hatte! Die jungen Seelbachs waren wirklich ein seltsames Paar! Er mal grade 23, mit Hinkebein, und so klein, und sie schon 35 und sehr stabil gebaut! Na, ja!

„Die Königin", erklärte Wilhelmine „ist nämlich von Goethe erzogen worden und denkt sehr liberal! Schade, daß nicht sie regiert! In England gibt es die Queen, die Victoria, aber in Deutschland, da ist es wie hier: ,Idioten, Ausländer, Geisteskranke und Frauen' sind Unpersonen", murmelte sie ärgerlich vor sich hin.

„Quatsch nicht, Wilhelmine!" fegte Wilhelm Kolb wütend Wilhelmines Meinung vom Tische. „Wißt Ihr, sie behauptet immer, daß auch Frauen wählen sollten. So was Irrsinniges! Frauen – und Politik! Lächerlich!"

„Wahlrecht für Frauen! Das wäre ja eine Beleidigung des schönen Geschlechts. Und dann . . .", Ernst Kolb grinste bei der Vorstellung, „dann würde immer der mit dem hübschesten Bart Präsident!"

Alle Männer lachten schallend und ziemlich höhnisch, und ich dachte: Mit so komischen Ideen wäre die Wilhelmine wohl doch nicht die rechte Frau für Ludwig gewesen. Aber ein Arm legte sich schützend um Wilhelmine. Es war Katrin, Daniel Seelbachs Frau. Sie schien eine unglaublich liebenswürdige Frau zu sein, war sehr hübsch und hatte dunkle, verständnisvolle Augen. „Mach dir nichts draus, Mädchen", tröstete sie ihre Schwiegertochter. Die beiden Frauen wirkten eher wie Freundinnen, denn Katrin Seelbach war nur acht Jahre älter als Wilhelmine. „Immer müssen sie dich auslachen! Nur, weil du viel mehr gelernt hast als die anderen! Diese Männer meinen, wir Frauen wären nur da, um zu arbeiten und ihnen Kinder zu gebären!"

Kathrin wußte, wovon sie sprach. Zu Hause im Land an der Sieg hatte sie schon sechs ihrer Kinder begraben müssen und hier hatte sie immerhin auch noch ihren Mann und vier Kinder zu versorgen.

Neben mir saß Anna Kolb und wischte sich genüßlich den Mund. Sie hatte vorhin, wie alle anderen auch, ein geradezu gewaltiges Stück Rinderbraten auf ihrem Teller gehabt, und die Männer waren immer noch dabei, den Berg an Schweinewürsten und Schinken und Maisbrot und Bohnen zu vertilgen.

„August hat mir so viel von Ihnen erzählt, Frau Kolb!" sagte ich. „Oh ja!" strahlte Anna. „Sie können stolz auf Juste sein, Frau Tubbe! Der ist so geschickt mit der

Axt und mit dem Pflug, er reitet wie der Teufel und wirft das Lasso, das sollten sie mal sehen!"
„Er ist schon ein richtiger Amerikaner! Fremd kommt er mir vor! Aber das geht wohl jeder Mutter so!" seufzte ich. Aber dann fiel mir was ein und ich fragte neugierig: „Stimmt es, Frau Kolb, daß Sie eine geborene Reyder sind?" „Ja, sicher dat. Warum?" „Ihr Bruder Henry – man sagt, er ist nun schon zwölf Jahre in Texas? Ich wollte schon so lange mal wissen, was er erlebt hat, als er hierher kam!"
„Oh, davon erzählt er so oft", nickte Anna Kolb und begann ihren langen Bericht.

Der Texasverein

Damals, in Dahlhausen ... 1846 war es, das weiß ich, denn unsere Maria war grade zur Schule gekommen. Wir saßen am Tisch und aßen Pellkartoffeln und rieben sie an einem halben Hering, der in der Mitte lag, damit jeder etwas vom salzigen Geschmack abkriegte, als meine beiden Brüder Danny und Henry beschwipst und ganz aufgekratzt reinkamen.
„Wat is dat denn?" staunte ich ...
„Auf'm Markt in Hamm! Ein Flugblatt! ‚Verein zum Schutze Deutscher Einwanderer in Texas!' Das isse, die Zukunft!" jubelten die beiden.
„Auswandern wollt ihr?" Wir waren sprachlos. „Wie wär's? Kommt doch mit!" Mein Mann Ernst rieb sich den Bart, nahm sich den Hering, begann, ihn vor den gierigen Augen der Kinder zu verspeisen und überlegte: „Danny, du hast ja schon bei den Soldaten gedient, aber du, Henry – mußt du nicht noch hin? Du würdest doch gar keinen Paß bekommen?" „Überh...aupt kein Pr...oblem!" lallte Henry. „Mein Husten hat was für sich! Ich bin zu schwach! Die Sch...Preußen wollen mich nicht!"
Er war so dünn, daß er Schuster gelernt hatte, aber das brachte ihm nicht viel ein. Jeden Sommer ging er wie die meisten anderen Burschen zum Arbeiten in die Fabriken – unten, in den großen Städten, in Remscheid oder Wuppertal. Aber das verabscheute er.
Oben bei uns gab es nicht genug Arbeit in den Bergwerken und Eisenhütten, denn die nahmen am liebsten Kinder, weil die billiger waren. Neuerdings war die Arbeit für die Kinder allerdings beschränkt worden: Sie durften nur dann arbeiten, wenn sie mindestens neun Jahre alt und drei Jahre zur Schule gegangen waren. Außerdem durften sie nur an sechs Tagen in der Woche jeweils zehn Stunden arbeiten!
Cousin Wilhelm Kolb schimpfte mächtig darüber. Es würde sich bald gar nicht mehr lohnen, Kinder zu haben, wenn sie nicht mal so viel verdienen konnten, wie sie uns kosteten!
Wer Arbeit suchte, konnte sich als Holzfäller in den Staatsforsten verdingen. Die Berge wurden immer kahler, weil so viel Brennholz für die Eisenhütten zu schlagen war. Aber Henry war dafür nicht kräftig genug.

Verein
zum Schutze deutscher Einwanderer in Texas.

Einwanderer-Vertrag.

Zwischen dem unterzeichneten Agent, als Bevollmächtigten des Vereins, einerseits, und dem *Heinrich Reuder* andererseits, ist nachstehender Vertrag abgeschlossen: *zu Lenscheid*

§. 1.

Der Verein schenkt dem *H. Reuder* hierdurch *Einhundertsechzig Acres* von seinen in der County Travis in Texas belegenen, durch Congreß-Beschluß d. d. Washington den 1. September 1843 bewilligten Ländereien, als unbeschränktes Eigenthum, und erfolgt die Anweisung dieser Grundfläche, sobald deren Vermessung durch die texanische Regierung vorgenommen und die dem *H. Reuder* pro rata zur Last fallenden deßfallsigen Kosten berichtigt sein werden. Der betreffende Rechtstitel wird ihm jedoch gleich bei seiner Ankunft in Texas durch die Colonial-Direction des Vereins übergeben, und dieser, nach Ablauf von drei Jahren, gegen eine wirkliche Erwerbsurkunde des texanischen Gouvernements ausgetauscht.

§. 2.

Außerdem erhält der *H. Reuder* gleich bei seiner Ankunft in der neu zu gründenden Niederlassung 10 Acres Landes (17 Morgen) als unbeschränktes Eigenthum zur sofortigen Benutzung überwiesen, in dem Falle, daß ihm nicht sogleich die statutenmäßig zugesicherte Quote Landes überwiesen werden könnte; ohne daß diese Donation seine Ansprüche an die §. 1. gemachte Schenkung in irgend einer Weise schmälern soll; vielmehr erhält er diese als Geschenk, um sofort eine Erndte machen zu können.

§. 3.

Der *H. Reuder* nimmt diese Schenkungen für sich, seine Familie, Erben und Rechtsinhaber in bester

Einwanderer-Vertrag (Faksimile)

Danny erklärte mit glasigen Augen: „Land... kriegste in Texas! 'n riesiges Stück! Umsonst!... wirst vom Hafen bis in die Kolonie gebracht! Da gibts 'ne Kirche, Schule, Hospital, Läden... und kriegst'n Haus. Und Vieh. Und Aussaat. Kein Schnee, keine Steuern! Menschenskind, wat verlangste mehr vom Leben? Allein – Gott nee! Aber wenn wir drei Geschwister zusammen gingen? Der Gerhard Röhrig mit deiner Tante Elisabeth will mit! Und der Schuhmacher mit Familie auch."
„Stimmt das denn?" Ernst schaute sich skeptisch das Flugblatt an.
„Menschenskind, Schwager...", Henry nahm es und schwenkte es aufgekratzt. „Ist doch gedruckt – also muß es doch stimmen! Außerdem – unterzeichnet von Prinzen, Herzögen und Hochadligen! Willst du denen etwa mißtrauen?"
„Ich weiß nicht recht, Henry", sagte mein Mann und schüttelte den Kopf. „Nee! Wir bleiben hier!" Denn wir liebten unsere Heimat. Sie ernährte uns, wenn auch nur knapp. Henry und Danny gingen zum Bürgermeister, der sich wutschnaubend die Werbeschrift ansah. „Mann, wo haben Sie die denn her?"
„In Hamm auf'm Markt – da war'n Händler aus dem Nassauischen."
„Aus dem Nassauischen – dachte ich mir. Ja, da soll doch der Teufel... fängt dieses Hessenpack nun auch schon an, hier in unserem Preußischen Staat Untertanen anzuwerben? Dieses Blatt ist konfisziert, das schicke ich an die Königliche Regierung!" Nach einigen Wochen war aus Berlin ein Antwortschreiben gekommen. Der Innenminister Manteuffel höchstpersönlich hatte seine Anweisung gegeben.

> An die Königliche Regierung in Cölln   betr: Antrag der Brüder Reyder
> „Der königlichen Regierung wird auf den Bericht vom 17. 3. d. Jahres hinsichtlich Ihrer Anfrage in Bezug auf den zusammengetretenen Verein zum Schutze deutscher Einwanderer in Texas, unter Rücksendung der beiden eingereichten Flugschriften, erwidert, daß allgemeine Bezweckungen der Auswanderungsprojekte durch die Censur nach den bestehenden Vorschriften nicht behindert werden können. Nach dem Gesetz vom 20. 1. 1820 wird man sich auf Fälle directer Verleitung einzelner diesseitiger Unterthanen zum Auswandern beschränken, auf diese Verleitungen aber ein wachsames Auge richten, und sie auch da mit Nachdruck verfolgen müssen, wo sie mehr oder weniger verschleiert auftreten. Der Texas-Auswanderungs-Verein hat diesseits keine Genehmigung erhalten, und wenn dessen Agenten sich strafbare Verleitungen zu Schulden kommen lassen so ist gegen dieselben nach den Gesetzen mit einzuschreiten. Welche ferneren Mittel zu ergreifen (sind) und bei dem zunehmenden Auswanderungswesen die Einwirkung der Vereine und Agenten noch weiter zu beschränken, unterliegt einer näheren Erwägung. Inzwischen ist mit aller Strenge das Gesetz vom 20. 1. 1820 zur Ausführung zu bringen, wo sich Fälle ergeben, die nach demselben zu beurteilen sind.
> Berlin, den 26. 5. 1846
> Ministerium des Innern 1. Abt. gez. Manteuffel

Das bedeutete: Mit aller Strenge sollte das bestehende, und, wie der Minister meinte, leider viel zu großzügige Gesetz angewendet werden.
Nach etlichem Hin und Her bekamen meine Brüder schließlich ihren Paß, und mit Hallo und großen Erwartungen wanderten sie die Sieg hinunter nach Bonn. Sie

fuhren nach Antwerpen, von dort mit anderen fröhlich lärmenden Siedlern mit dem Segelschiff „COLCHIS" nach Galveston, und mit einem kleineren Schiff weiter nach Westen, in die Matagorda Bay, dem Paradies entgegen ..."

„War es wirklich ein Paradies?" fragte ich skeptisch. „Was sie dort vorfanden, hat sie aus allen Träumen gerissen. Tausende völlig verzweifelter Auswanderer lagerten da am kahlen Strand oder in Baracken und Zelten.
Die USA hatten inzwischen beschlossen, sich die Republik Texas einzuverleiben. Es herrschte Krieg gegen Mexiko, und alle Pferde, Ochsen und Wagen waren von der Armee beschlagnahmt worden. Dazu waren die Straßen vom ungewöhnlich starken Regen völlig durchgeweicht. Kein Gedanke an Weitertransport!
Warum auch? Mittlerweile war klar, daß niemand sein versprochenes Land im gekauften Vereinsgebiet bekommen konnte. Prinz Solms-Braunfels hatte sich mit einer unglaublichen Naivität von Spekulanten betrügen lassen. Der Vertrag war ungültig. Die eigentlichen Herren dieses Gebiets waren ohnehin die Komantschen-Indianer, und die verteidigten es hartnäckig.
Auf halbem Wege zu diesem Fisher-Müller-Grant hatte er ein Landstück erworben und darauf eine Siedlung gegründet und sie nach seinem heimatlichen Schloß genannt. Sie lag hübsch und der Boden war einigermaßen. Aber hier konnte jeder nur ein kleines Stadtgrundstück bekommen.
Im Lager an der Matagorda-Bay herrschte Hunger, tiefste Wut, Trauer, Verzweiflung, Gewalttätigkeit. Nur Unrat, Kloake, Dreckwasser, Dreckessen, Seuchen waren ausgebrochen. Typhus, Malaria, Ruhr. Über tausend waren tot. Gab es eine Familie, in der keiner gestorben war? Was sollte aus all' den Familien werden, die ohne Ernährer waren?" „Wir müssen einfach versuchen, zu Fuß nach Neu-Braunfels zu kommen!" sagten die von der Seereise erschöpften Neuankömmlinge. „Hier bleibe ich jedenfalls nicht", sagte Danny zu Henry. In Neu-Braunfels finden wir vielleicht Arbeit bei einem Siedler. Und unser Geld, das wir beim Verein deponiert haben, bekommen wir auch nur dort ausgezahlt." Die Gruppe marschierte los. Sie schliefen nachts im Matsch. Die Schuhe blieben stecken, da liefen sie barfuß weiter. Die ersten Kameraden blieben am Wegrand liegen. Weiter, nur weiter. Holzkreuze und Erdhügel am Wegrand. Halbzerfledderte Leichen. Haben sie irgendwas Brauchbares an sich? Sei hart zu dir selbst, brutal zu anderen, nur so kannst du überleben. Da wurden über Nacht welche erstochen. Keine Zeit zum Begraben. Einige ertranken beim Durchschwimmen der Flüsse. Nach Braunfels sind es 250 Kilometer. Dort würde es alles geben! Häuser. Menschen. Hilfe.

Endlich! Wie hübsch lag die Stadt vor ihnen! Sie schleppten sich müde hin – und was fanden sie? Verzweiflung auch hier. Die Seuchen hatten die Hälfte der 600 Einwohner in diesem Sommer dahingerafft.
Geld? Der Verein war Pleite. Vorräte – woher?

Prinz Braunfels

„Liebe Landsleute!" hat der Pfarrer Ervendberg gesagt. „Ein Herr vom Verein müßte ins Vereinsgebiet am Saba-River gehen. Vielleicht könnten wir es besiedeln, wenn jemand schafft, die Indianer zu beschwichtigen. Aber Prinz Solms-Braunfels hat nicht gewagt, das Gebiet zu betreten. Hier hat er noch großartig seine Sophienburg gebaut – schau'n Sie, unser feines hölzernes Amtsgebäude! – Aber als es kitzelig wurde, hat der Prinz gekniffen und ist nach Hause gefahren, um eine üppige Hochzeit mit seiner Sophie zu feiern."

Während der Seelenhirte mit den Neuankömmlingen sprach, kamen immer mehr Braunfelser dazu. Sie waren aberwitzig gekleidet, als hätten sie sich auf einer Theaterbühne kostümiert. Bunte mexikanische Decken, weiße, bis zu den Schultern aufgeschlitzte Hemden, Gamaschen statt Beinkleider, alle möglichen Hüte, Mokkassins und hohe Stiefel . . . Sie hatten unruhig zugehört und schimpften: „Alles waren nur leere Versprechungen!"
„Verdienen wollten die Herren am Handel mit Texas. Geld machen wollten sie mit Landspekulation!"
„Macht wollten sie gewinnen, am liebsten einen deutschen Staat hier errichten. Wir Siedler sind ihnen doch egal!"

Fäuste ballten sich in der Tasche. „Umbringen sollte man die Herren!"
„Geben uns dann etwa die Händler all die Waren, die wir brauchen, um zu überleben? . . . Wenn sie genau wissen, daß kein Geld da ist? Die Wechsel sind doch alle geplatzt!"
„Gott legt uns wahrlich eine harte Prüfung auf!" klagte der Pfarrer, „Jeden Tag stehe ich am Totenbett von zwei oder drei Leuten. Ich weiß nicht, wie ich alle meine Waisenkinder durchkriegen soll. Hoffentlich hat Meusebach Geld aufgetrieben, wenn er wiederkommt!"
Meusebach war ein Baron, aber den Adelstitel hatte er hier sofort abgelegt, denn er spürte besser als der Prinz, das so was nicht gut in die Neue Welt paßt. Seine große persönliche Ausstrahlung und der beeindruckende rote Bart brachte ihm bei den Indianern später den Namen „El Sol Colorado" ein, „die Rote Sonne".
Er war erschüttert über die Zustände, die er in Braunfels antraf. Nur ein paar tausend Dollar hatte er auftreiben können. Viel zu wenig! Es reichte gerade für die allerdrängendsten Schulden. Die Leute waren so verbittert, daß sie Meusebach mit Äxten und Messern lynchen wollten.
„Ich rede mit den Komantschen!" versuchte er die Enttäuschten zu beruhigen. „Nächste Woche will ich losziehen. Wer hat Mut, mit mir zu gehen?"
„Wir sind mittellos", überlegten meine Brüder. „Unser Erspartes kriegen wir nicht ausgezahlt. Zurück können wir auch nicht. Gehen wir also mit Meusebach nach Friedrichsburg und dann zu den Indianern. Dann haben wir wenigstens unser Essen und ein paar Cents."
Sie wurden auf Pferde gesetzt. Pferde waren bei uns zu Hause etwas für sehr reiche Männer. Geritten waren sie noch nie. So wund sie sich scheuerten, so viel Angst sie auch hatten – sie mußten durchhalten. Ich weiß nicht, wie mein Bruder Henry, der wegen Schwächlichkeit in Preußen nicht zum Militär mußte, das überleben konnte.
Friedrichsburg! Vor einem halben Jahr erst von Meusebach gegründet, einige Tagesreisen in Richtung Norden zum eigentlichen Vereinsgebiet! Auch hier grassierten Seuchen. Seit Monaten hatte man nur getrocknetes Rindfleisch und Maisbrot gegessen, und die erste Ernte konnte man erst im März säen. Ein paar Holzhütten gab es nur, umgeben von kargem Bergland, in dem einigermaßen friedliche Indianerstämme lebten. Aber die Komantschen im Vereinsgebiet waren kriegerische Kämpfer.
Mit 45 Mann machte man sich auf in das Gebiet, das als unbetretbar galt. Als sie mit drei Wagen voll Proviant einige Tage unterwegs waren, kamen ihnen vier Reiter nach. Sie brachten ein Schreiben vom Gouverneur: „Um Gottes willen, umkehren! Das Unternehmen ist viel zu riskant!"
Aber Meusebach überzeugte die vier, mit ihm zu reiten: Der Bote von der Regierung hatte einen halbzivilisierten Indianerhäuptling mitgebracht. Jim Show konnte Englisch und hatte seinen indianischen Diener mit. Und dann war da noch

ein Gelehrter auf einem Maultier. Wissen Sie, wie der genannt wurde? Der wissenschaftliche Esel!"

Anna hielt inne. Hinter uns lachte es dröhnend auf. „Stimmt genau, Anna!" Ohne daß wir es gemerkt hatten, hatte sich Henry Reyder hinter seine Schwester gestellt und gelauscht. „Mein Kompliment, Anna... du kennst meine Geschichte ja beinahe besser als ich selbst!" Er rückte seinen Hut zurecht, setzte sich neben mich, nahm einen großen Schluck Schnaps, wischte sich genüßlich den Bart und sagte: „Na, dann will ich euch man auch noch erzählen, wie es bei den Indianern war. Über diesen deutschen Wissenschaftler, Dr. Römer aus Hildesheim, haben wir schrecklich gestöhnt, weil wir immer auf ihn warten mußten, wenn er Skizzen malte. Und immer wollte er Blumen pressen und Tiere fangen und die Qualität der Erde bestimmen! Wir sollten ihm Versteinerungen suchen! Er hat darüber ein Buch geschrieben: ‚Römer's Texas' – das ist richtig berühmt geworden.

Nach Tagen sind wir zum Llano-Fluß gekommen. Da begann das Vereins-Grant. Wir wußten nicht: Würden wir am Abend erschossen sein? Oder skalpiert? Oder Gefangene sein? Ach ja, Frau Tubbe – im Rückblick kann ich sagen, das ganze war ein wildes Abenteuer, aber damals!

Als einige Komantschen auf ihren kleinen Pferden mit versteinerten Mienen auf uns zukamen, schlug mein Herz bis zum Halse. ‚Wer seid Ihr? Was wollt Ihr?' fragten sie. ‚Seid Ihr vom Stamme der Mexicanos?' ‚Oh nein – das sind unsere Feinde – wir stehen im Krieg mit ihnen!' ‚Gut! Dann seid Ihr also vom Stamm der Americanos?' ‚Aber nein! Wir sind Deutsche – Alemanos!' ‚Wir hassen die Mexicanos und wir hassen die Americanos! Wenn Ihr ein eigener Stamm seid, können wir vielleicht Freunde werden. Kommt, ich bringe Euch zum Häuptling.' Sie geleiteten uns schweigend in das kaktusbestandene, steinige Tal, wo wir auf der anderen Seite des Flusses die ledernen Wigwams des Dorfes sehen konnten.

Ja, ich bin wirklich stolz auf das, was nun kam: In dem Augenblick, wo Meusebach einer Abordnung der Häuptlinge gegenüberstand, hat er sein Gewehr genommen und alle Munition in die Luft verschossen. Die Rothäute waren beeindruckt und haben die Bedeutung begriffen: Ich bin so selbstbewußt, daß ich unbewaffnet vor euch trete!

‚Wir alle', sprach Meusebach in Würde und nahm die Idee auf, die ihm der Indianer eingegeben hatte, ‚ja, wir sind Alemanos, wir sind anders als die Amerikaner und anders als die Mexikaner. Laßt uns gute Nachbarn sein!'

Der Dolmetscher übermittelte das und übersetzte uns: ‚Sie waren beunruhigt und glaubten, wir seien Leute mit dem Ding, das Land stiehlt, also: Landvermesser mit einem Kompaß! Aber wenn wir gemeinsame Feinde haben, wenn wir nicht kämpfen wollen, also auf dem weißen Pfade kommen – sagen sie – ist es gut!'

Wir durften unsere Zelte aufbauen. Der Häuptling versprach, uns nicht zu ermorden und nicht die Pferde zu stehlen. Seine Männer setzten sich majestätisch nieder und geruhten, sich von unseren Vorräten bewirten zu lassen. Früh am nächsten Morgen saßen sie wieder vor dem Zelt und erwarteten von uns das Frühstück. Die Squaws hatten alle harte Arbeit zu machen. Aber ihr einziges Sinnen und Trachten war es, ihre Männer zu beglücken und ihnen zu helfen, sich zu schmücken – da konnte man richtig neidisch werden!

Die alten Weiber allerdings sahen ganz schrecklich aus. Wie verdorrt und mit langhängenden schlottrigen Busen! Zwei Squaws hatten abgeschnittene Nasen. So was Gräßliches hatte ich noch nie gesehen. Jim Shaw erklärte uns, daß sie das redlich verdient hätten, denn das ist die Strafe für Untreue. Manche Alte saßen da und suchten sich gegenseitig die Läuse vom zottigen Haar. Aber um so niedlicher sahen die Kinder aus, die sofort mit blitzenden Augen anfingen, nach lohnenden Dingen Ausschau zu halten.

Verhandlung zwischen dem Bevollmächtigten des Texas-Vereins, J. O. Meusebach, und den Komantschenhäuptlingen 1847

> Dieser „Indian treaty" ist der einzige Vertrag, der von Siedlern und Indianern wirklich eingehalten wurde.

Gegen Mittag, ich weiß noch – es war der 11. Februar 1847 – war die Versammlung. Die Wortführer setzten sich in einem Kreis unter zwei große Bäume. Wir Soldaten und die Reiter der Indianer standen im ehrerbietigen Abstand darum herum. Zuerst wurde eine Pfeife im Kreis herumgereicht, ernst und würdevoll. Dann überreichte Meusebach hoheitsvoll unsere Geschenke: Pferdedecken,

Stoffe, Messingdraht und Tabak. Endlose Höflichkeiten wurden ausgetauscht, und ich konnte kaum noch stehen. Nach Stunden erst kam man zur Sache: ‚Ich wünsche', sprach Meusebach, ‚daß uns ein Treffen ermöglicht werde – mit den drei allermächtigsten Häuptlingen eurer Stämme, mit ‚Buffalo Hump' und ‚Mope-tshoko-pe', also ‚Alte Eule', und dem Kriegshäuptling, der sich ‚Santa Anna' nennt, nach dem einstigen mexikanischen General.' Die buntbemalten Gesichter nickten. Ja, das wolle man veranlassen.

Erst als wir am Tag drauf weiterziehen wollten, merkten wir, daß wohl die Hälfte unseres Sattelzeugs gestohlen worden war, dazu einige Messer, Geschirre, Kleidungsstücke. Der Junge mit den blauen Augen und den blonden Haaren, der vor zehn Jahren von seinen Eltern gestohlen worden war und bei den Indianern lebte, hatte sich standhaft geweigert, mit uns zu den ‚blassen Gesichtern' zurückzukehren.

Einst hatten die Spanier von einer Silbermine gesprochen, in unserem Gebiet in den Bergen. Daß wir es als unseres empfanden, hatten wir den Indianern natürlich nicht erzählt. In der kargen Wildnis konnten die Fuhrwerke bald nicht mehr weiterkommen, und ich bekam schon bald den Befehl, sie mit einigen Kameraden nach Friedrichsburg zurückzufahren. War ich froh, daß ich nicht mehr auf dem Rücken eines Pferdes sitzen mußte! Die Einwohner von Friedrichsburg hatten furchtbare Angst. Von den Verhandlungen Meusebachs mit den Komantschen im März 1847 hing ihr Leben ab. Konnten sich die Weißen auf die Indianer verlassen? Wie oft hatten die nicht schon Siedler skalpiert, Kinder geraubt, Pferde gestohlen!

Die Indianer waren auch mißtrauisch. Rings auf den Höhen um Friedrichsburg hatten sie große Feuer entzündet. Solange sie brannten, wußten alle Stämme weit und breit: ‚Alles läuft gut. Es ist keine Falle!' Zu oft schon hatten dergleichen Verhandlungen in einem Massaker geendet. In dem Moment, wo die Feuer nicht mehr loderten, würden alle Indianer die Stadt innerhalb kürzester Zeit vom Erdboden vertilgen. Die Kinder wimmerten. Das Leben hing am seidenen Faden. ‚Ach was, Kinder!', tröstete eine alte Oma. ‚Wißt ihr denn nicht, daß der Osterhase dort auf den Bergen seine Ostereier kocht? Und davor habt ihr Angst?' Da lachten die Kinder. Und die Erwachsenen auch. Besonders, als sie hörten, daß man sich mit den Indianern geeinigt hatte: Die Rothäute würden Geschenke im Wert von 3000 $ bekommen, und dafür würden sie Ansiedlungen der weißen Alemanos dulden. Meusebach, die ‚Rote Sonne', hatte das Unglaubliche geschafft!"

„Der Vertrag hielt, jawohl", lachte Henry selbstbewußt. „Ein reger Handel entwickelte sich. Ohne das Bärenfleisch und die Hirsche von den Rothäuten hätten wir in Friedrichsburg den nächsten Winter garnicht überstehen können. Sie brachten in Hirschfellen auch Honig und flüssiges Bärenfett, zum Braten und für Lampen, und wollten dafür Eisenteile, Glasperlen und Kaffee.

Als Sold bekamen wir jeder 160 acres nördlich von Friedrichsburg. Unser Land lag malerisch am sprudelnden Fluß – dicht am Enchanted Rock – dem heiligen Felsenberg der Indianer. Deshalb sahen uns die Rothäute böse an, als wir begannen, die Kakteen und den Buschwald vom steinigen Boden zu roden.

Was für eine Schwerstarbeit würde das Ackern hier sein! Da habe ich mich lieber als Soldat ins Fort gemeldet, das die Regierungstruppen in der Nähe errichteten. Ich bekam mein Essen, und bald war ich nicht mehr so abgemagert. Ich verdiente Geld, und bei meinen Kameraden habe ich schnell Englisch gelernt.

Es ging bergauf mit Friedrichsburg. Die Tante Elisabeth Kolb wohnte mit ihrem Gerhard Röhrig in einem Blockhaus an der Hauptstraße, nicht weit von der Vereinskirche und dem Barons Creek. Mein Bruder hat die hübsche, kleine Luise geheiratet – ein deutsches Mädchen. Alle sind ja Deutsche in Friedrichsburg!

Haus Röhrig

Ein „Recorded Texas Historical Landmark"-Schild weist darauf hin, daß er es im ersten Friedrichsburger Winter 1846/47 errichtete.

Aber das langweilige Soldatenleben im Grenzland, die eiskalten Nord-Winde im Frühjahr, der Staub im Sommer und der karge Boden im Hill-country ... das gefiel mir nicht. Ich sehnte mich nach rauschenden Wäldern und satten Wiesen!

In Osttexas ist es schön, erzählte Senator Houston bei einer Inspektion – da, wo er lebt – in Nacogdoches – in der ältesten Stadt in Texas."

Henry beendete seinen Bericht, nickte zufrieden und langte noch mal nach einem pfundschweren vor Fett triefendes Stück Fleisch. Anna strahlte ihren Bruder Henry an und rückte wohlgelaunt ihr Häubchen zurecht: „Wie gut, daß du uns damals den Brief geschrieben hast. Kommt her! stand darin, laßt uns gemeinsam in Osttexas siedeln und bringt noch Freunde mit. Nur durch dich, Henry, sind wir alle hierhergekommen! Alle, die wir hier an diesem Tisch in diesem wunderbaren Land sitzen." Henry schlug ihr kumpelhaft auf die Schulter und gesellte sich wieder zu den Männern, wo er noch einen großen Whisky eingeschenkt bekam. Die ersten Gestalten fingen schon an zu torkeln.

„Oh, wir hatten zu Hause nie viel Geld!" stöhnte Anna Kolb, die ich sonst nur mit strahlender Laune kannte. „Aber wie oft haben die Mannsleut' noch das letzte biß chen versoffen! Die Hungersnot im Land an der Sieg war schrecklich! Auswandern wollte ich, nichts wie weg!

Mein Mann ist 1849 mit einigen Freunden zum Bürgermeister nach Herchen marschiert. Dem knurrte selbst der Magen, und er mochte einfach nicht mehr all' die Verhungerten in sein Amtsbuch eintragen. Deshalb beeilte er sich an den Landrat zu schreiben, daß unsere Familien Johann Ernst Kolb aus Dahlhausen und Wilhelm Moes aus Leuscheid, Wilhelm Land und Daniel Wayand aus Geressen einen Consens beantragen. Schon zwei Wochen später war der Paß abholbereit – ein einzelnes Blatt Papier mit Stempel, auf dem alle unsere Namen standen.

Aber dann! War das eine Enttäuschung für uns! Die Steuern waren noch zu zahlen und siehe, bei uns reichte das Geld nicht! Niemand hatte was übrig, um unsere paar Äckerchen abzukaufen, jeder hatte die letzten Groschen für ein Brot ausgegeben und sogar das Schwein – unser Kapital! – brachte nur einen Thaler, weil niemand Futter dafür kaufen konnte. Die Freunde wanderten los – allein! – mit dem Papier, das auch unser Auswanderungsconsens war! Unser Paß war weg! Es war unglaublich, wie schwierig es war, nun nochmal einen neuen zu bekommen! Jedenfalls mußten wir bis zum nächsten Herbst 1850 warten!

Die Familie von Cousin Wilhelm Kolb aus Ehrenthalsmühl kam auch kurz entschlossen mit, nachdem sie gerade passend die Schwiegermutter beerben konnte. Ob das ein Zufall war..." Anna schwieg. Erst nach einer Weile sprach sie weiter. „Wenn Sie so erzählen, Frau Tubbe, von Ihrem bürgerlichen Leben in der kleinen Stadt Oderberg – wie reich müssen dort alle gewesen sein!

Ich haßte diese Armut, seit mein Opa eines Tages Blut gespuckt hatte. Und wie immer, wenn das Familienoberhaupt starb, hatte auch Oma das beste Stück Vieh

im Stall an die Obrigkeit abgeben mußten. Das beste Stück – natürlich war es die einzige Kuh, die nicht nur die Milch gab, sondern auch den Holzpflug durch die Erde ziehen mußte. Was blieb, waren ein paar Hühner, die auf dem Misthaufen pickten, zwei Schafe vielleicht, zwei Schweine, die um die Hütten grunzten, und ein paar winzige Stücke Land, nur so groß wie eine Stube. So kam Trauer und Not gleichzeitig. Und Wut auf die da oben, die zur gleichen Zeit Kaviar und Kapaune und Ananas fraßen!
Hier in Texas ist uns nichts in den Schoß gefallen, o nein! Keiner kann sich vorstellen, wie schweißtreibend es ist, den Wald zu roden. Aber was macht die Arbeit Spaß, wenn die Kinder rund und satt sind! Ach, was für ein wonderful country", strahlte Anna, „nun sind wir schon so viele Deutsche hier! Erst die Reyders, wir zwei Familien Kolb, und die Helpenstells, die wir zum Mitkommen überredet haben! Zwei Jahre später kamen Willi und Charlotte mit Fritz, und seit drei Jahren sind die Seelbachs hier und Sie auch, Frau Tubbe, mit Ferdinand Junge und dem Ludwig und unserem August! Okay, Frau Tubbe, es ist Ihr Sohn, aber wir haben ihn inzwischen sehr lieb gewonnen!" nickte Anna Kolb. „Wir haben übrigens ein Stück Land dazugekauft und wollen eine Weile dorthin ziehen!"

Wir beobachteten die rumtobenden Kinder, die schon so viele für mich unverständliche Worte benutzten. „Hey, that's definitivly mine..." – „Oh, you are a nasty hen-pick...!" – „Hold on, you bloody bastard!" Aber da hatte Clara schon eine tüchtige Ohrfeige bekommen. Es muß was Schlimmes gewesen sein.
Anna Kolb rückte noch dichter. „Mein Bruder Henry hat ja schon eine Amerikanerin geheiratet, und mit Willem Helpenstells Braut Elisabeth Everett haben wir heute die zweite in unserem Kreis! Unsere Kinder werden sich wohl einstmals in Englisch unterhalten müssen."

Ein paar Lampen wurden angezündet. Die Laute, eine Flöte und eine Fiedel wurden herausgeholt, man sang und las Gedichte vor, und sogar unsere amerikanische Braut sang uns ein Lullaby vor, ein Abendlied mit englischem Text.
Von da ab hörte ich immer mehr englische Worte um mich herum, und ich schaute nur noch zu, wie die Paare auf der bloßen Erde die alten Tänze stampften, die Polka, den Zweitritt, den Walzer... die Fiedel spielte sehr schrill was Irisches und die Gäste klatschten mit. Einer fing an, auf ein Faß zu schlagen, wie es die Sklaven machen. Juste und sein Kolb-Freund Heiner holten sich die kleinen Cousinchen der Seelbachs und Kolbs und wirbelten sie wild herum.
Hatte dort drüben an den Büschen nicht grade der Seelbach-Mann dem kleinen Seelbach-Mädchen einen Kuß gegeben...? Ach was. Wir lachten und sangen. Was für ein wunderbarer Abend! Ich dachte noch lange an ihn zurück, als der Alltag und die Langeweile mich zu ersticken drohten.
Es war 1860, als ich schweißtriefend unter dem Pecan-Baum saß, und Juste und Herr Kolb plötzlich bei mir standen. Nach der Begrüßung sagte August: „Es gibt

Neuigkeiten, Mum! Wir haben einen neuen Präsidenten, er heißt Abraham Lincoln. Ein Mann des Nordens. Nicht einer der Wahlmänner aus dem Süden hat ihn gewählt!" „Und warum? Weil diese steifen Yankees, diese arroganten Wichtigtuer, uns einfach ihren Lebensstil aufzwingen wollen!" fuhr Herr Kolb aufgebracht fort. „Die nutzen uns aus, nehmen die Schätze unseres Bodens, die Baumwolle und das Zuckerrohr, um in ihren Fabriken damit reich zu werden. Und wir? Müssen jede Maschine, jedes Eisengitterchen, jeden Stoff vom Norden kaufen!" „Aber die Nordstaatler wollen die Sklaverei abschaffen. Wäre das nicht gut?" fragte ich. „Das schon", stimmte August zu, schimpfte dann aber: „Ich wünschte, Texas würde sich von den Vereinigten Staaten loslösen, aber . . . das würde wohl Krieg bedeuten: Den wünsch ich mir weiß Gott nicht, Mutter, aber ich liebe dieses Texas."

1861: Wieder Krieg! Sezessionskrieg

Der „Trennungskrieg". Aber hatten wir nicht gehofft, nie mehr einen Krieg zu erleben? Und nun brach er aus! Krieg der amerikanischen Bürger des Nordens gegen die amerikanischen Bürger des Südens! Die Schlachtfelder waren gottlob weit weg. Im Juli 1861 wurde eine Kompanie einer „Freiwilligen Infanterie Miliz" gebildet. Sie sollte hier die Heimat verteidigen.
Ja, wirklich – ich habe „Heimat" geschrieben. Oderberg ist schon so weit weg . . . ist es das? Mein Gott, wie sehr erinnere ich mich an meine Mädchenjahre mit den schrecklichen Kriegen! Hört diese Geißel der Mütter denn niemals auf? Werden zu allen Zeiten die Männer auf Worte wie: Ehre und Stolz und Freiheit und Gerechtigkeit zu den Waffen greifen und die Söhne anderer Mütter töten? Und doch bin ich als Mutter so stolz auf tapfere Söhne, wieso eigentlich?
„Es sieht gar nicht gut aus für unser Land!" fürchtete Willi. „Wir haben nur neun Millionen Menschen, aber die Nordstaatler sind 22 Millionen, mehr als doppelt so viel! Die haben Waffenfabriken – wir nicht. Wir müssen jedes einzelne Gewehr aus Europa importieren. Die Engländer freuen sich allerdings schon auf unsere Baumwolle, die sie dafür kriegen!"
August war gerade 20 Jahre alt. Natürlich war er einer der ersten, der zur Army ging. Ludwig las mir vor: „Ich komme ins 2. Regiment dritte Brigade, Company C. der Texas State Troops", und als ich seufzte, tröstete er mich: „Wir haben genug Vorräte, Mutter, und zu Weihnachten ist doch der Krieg vorbei! Wir müssen unsere Heimat verteidigen!"
Hatte ich all das nicht früher schon einmal, mit den gleichen Worten, von meinem Schwager Hannes gehört?
Auch Willi war entschlossen, sich freiwillig ins Lazarett zu melden. Aber . . . um Gottes willen! Was sollte denn aus mir werden? Ich konnte hier doch unmöglich ganz alleine bleiben? „Sorg dich nicht, Mutter", tröstete mich August. „Ich

Wir haben eben Krieg. Es gibt auch kein helles Licht. Für die Petroleumlampe fehlt der Brennstoff. Es gibt in Texas leider kein Öl.

Im Januar 1862: Natürlich ist der Krieg zu Weihnachten nicht zu Ende gewesen. Zwar hat es letztes Jahr nur die eine große Schlacht bei Bull Run gegeben. Aber die Vorräte der Händler gehen zur Neige, und es gibt kaum mehr was zu kaufen. Es kommen keine Produkte aus dem Norden und auch nicht von New Orleans, denn die Häfen sind blockiert worden. Jetzt bezahlt man für manche Sachen wie Kleidung sechsmal so viel wie vor ein paar Jahren. Die Läden schließen, jeder muß für sich selber sorgen. Hätten wir nur jetzt unsere Webstühle! Die Baumwollernte kann nicht verkauft werden, oder jedenfalls nur über den gefährlichen Schmugglerweg in Mexiko. Und ohne Exporteinnahmen kriegen wir auch keine Waffen mehr.

Jeder muß sehr fleißig sein. Selbst die Kinder glätten Strohhalme, um Strohhüte herzustellen, und alle zupfen Fasern als Verbandsstoff. Die Armee braucht alles. Es gibt nicht mal Chloroform, um die Verletzten zu versorgen. Wir müssen Gott sei Dank nicht hungern, nein, zu essen haben wir reichlich, Maisbrot und braune Bohnen und Eier. Wir ernten eigenes Gemüse und Obst, und Wild zum Schießen ist immer da. Es gibt auch genug Hilfskräfte. Man hat eine Menge Negersklaven nach Texas gebracht, weil die Besitzer hoffen, daß sie hier in Sicherheit sind. Ernst mietet sich auch manchmal welche. Was sind das doch für sonderbare Menschen! Wie sie schnattern und lachen! Und ihre vollbusigen Frauen mit den wulstigen Lippen und den krausen Haaren . . . und wie sie singen! Nein, das mag ich nicht hören. Mir ist immer ein wenig ungemütlich in ihrer Nähe. Ich werde jetzt auch anfangen, Hüte zu flechten. Mal sehen, ob ich das wenigstens noch kann. Es wird wohl nur noch selten Zeit zum Weiterschreiben sein.

Ende Januar 1862: Ein paar Tage später greife ich schon wieder zur Feder. Maria ist zurück. Ist es nicht wunderbar? Mein August und Maria Kolb wollen am 12. Februar 1862 heiraten! Fünf Tage vor seinem einundzwanzigsten Geburtstag! Wie sagen sie hier? „Jippie! Jippie! Jey!" Angesichts der Not im Lazarett und dem Krieg haben sie sich entschlossen. Worauf warten, das Leben kann so schnell zu Ende sein!

Am 13. Februar 1862: Gestern fuhren die beiden in die Town und ließen ihre Heirat im House of Law eintragen, im neuen dreigeschossigen Steinhaus, das wie ein Kastell aussieht. Dann kam Reverend Leeton, der reitende Pastor, von weit entfernt und gab ihnen hier den Segen. Aber er sprach nur Englisch und Kirchenglocken läuteten natürlich nicht.

Neuigkeiten, Mum! Wir haben einen neuen Präsidenten, er heißt Abraham Lincoln. Ein Mann des Nordens. Nicht einer der Wahlmänner aus dem Süden hat ihn gewählt!" „Und warum? Weil diese steifen Yankees, diese arroganten Wichtigtuer, uns einfach ihren Lebensstil aufzwingen wollen!" fuhr Herr Kolb aufgebracht fort. „Die nutzen uns aus, nehmen die Schätze unseres Bodens, die Baumwolle und das Zuckerrohr, um in ihren Fabriken damit reich zu werden. Und wir? Müssen jede Maschine, jedes Eisengitterchen, jeden Stoff vom Norden kaufen!" „Aber die Nordstaatler wollen die Sklaverei abschaffen. Wäre das nicht gut?" fragte ich. „Das schon", stimmte August zu, schimpfte dann aber: „Ich wünschte, Texas würde sich von den Vereinigten Staaten loslösen, aber... das würde wohl Krieg bedeuten: Den wünsch ich mir weiß Gott nicht, Mutter, aber ich liebe dieses Texas."

1861: Wieder Krieg! Sezessionskrieg

Der „Trennungskrieg". Aber hatten wir nicht gehofft, nie mehr einen Krieg zu erleben? Und nun brach er aus! Krieg der amerikanischen Bürger des Nordens gegen die amerikanischen Bürger des Südens! Die Schlachtfelder waren gottlob weit weg. Im Juli 1861 wurde eine Kompanie einer „Freiwilligen Infanterie Miliz" gebildet. Sie sollte hier die Heimat verteidigen.
Ja, wirklich – ich habe „Heimat" geschrieben. Oderberg ist schon so weit weg... ist es das? Mein Gott, wie sehr erinnere ich mich an meine Mädchenjahre mit den schrecklichen Kriegen! Hört diese Geißel der Mütter denn niemals auf? Werden zu allen Zeiten die Männer auf Worte wie: Ehre und Stolz und Freiheit und Gerechtigkeit zu den Waffen greifen und die Söhne anderer Mütter töten? Und doch bin ich als Mutter so stolz auf tapfere Söhne, wieso eigentlich?
„Es sieht gar nicht gut aus für unser Land!" fürchtete Willi. „Wir haben nur neun Millionen Menschen, aber die Nordstaatler sind 22 Millionen, mehr als doppelt so viel! Die haben Waffenfabriken – wir nicht. Wir müssen jedes einzelne Gewehr aus Europa importieren. Die Engländer freuen sich allerdings schon auf unsere Baumwolle, die sie dafür kriegen!"
August war gerade 20 Jahre alt. Natürlich war er einer der ersten, der zur Army ging. Ludwig las mir vor: „Ich komme ins 2. Regiment dritte Brigade, Company C. der Texas State Troops", und als ich seufzte, tröstete er mich: „Wir haben genug Vorräte, Mutter, und zu Weihnachten ist doch der Krieg vorbei! Wir müssen unsere Heimat verteidigen!"
Hatte ich all das nicht früher schon einmal, mit den gleichen Worten, von meinem Schwager Hannes gehört?
Auch Willi war entschlossen, sich freiwillig ins Lazarett zu melden. Aber... um Gottes willen! Was sollte denn aus mir werden? Ich konnte hier doch unmöglich ganz alleine bleiben? „Sorg dich nicht, Mutter", tröstete mich August. „Ich

habe mit meinem Boss gesprochen. Bei Familie Kolb bin ich schon wie ein Sohn im Haus. Weißt du, ich verstehe mich nämlich sehr gut mit seiner Tochter Maria!" „Maria?" wunderte ich mich. „Aber die ist doch zwei Jahre älter als du?"
„Stört mich nicht. Du kennst sie doch! Wirklich nett! Fromm, lieb und tüchtig! Und deshalb schlage ich vor, daß wir uns ganz schnell verloben. Und du, du ziehst dann einfach zu den Eltern meiner Braut! Wenn ich zurückkomme, will ich die Maria heiraten, baue mir eine eigene Hütte, und dann holen wir dich zu uns!"

Sommer 1861: Also packte ich stöhnend und zeternd ein paar Tage später meine Sachen. Willi schien beinahe erleichtert über meinen Abschied und überließ es gerne August, mich zu Familie Kolb zu bringen. „Willkommen, Frau Tubbe!" winkte Herr Kolb schon von weitem und ein junges Mädchen und drei Kinder rannten uns lärmend entgegen. August brachte das Maultier zum Stehen, sprang ab und drückte seiner Maria fest die Hände, die am Haus auf ihn gewartet hatte. Sie lächelte verschämt und lief unter ihrem Spitzenhäubchen ganz rot an. Genau so sah sie aus, wie ich mir meine deutsche Schwiegertochter wünschte: fröhliche Augen, ein offenes, liebenswürdiges Lachen, ein zartes Gesicht, das eingerahmt wird von braunen hochgesteckten Zöpfen. Sie trug ein knöchellanges gemustertes Kattunkleid mit einer sauberen Schürze, und den weißen gestärkten Kragen hatte sie bestimmt selbst gehäkelt. Was war die Maria, die meine Schwiegertochter werden sollte, doch inzwischen für ein sittsames Mädchen geworden!

„Frau Tubbe!" bestimmte Ernst Kolb als Hausherr freundlich. „Wissen Sie was? Ab jetzt nennen wir Sie einfach alle ‚Grand-Ma Justina'! Außerdem sagt hier jeder zu jedem: DU." Ich nickte irritiert, aber ich fühlte mich gleich so wohl in dieser quirligen Familie, daß ich nichts einwenden mochte.

„Dich mit deinem Spatzenhunger, Grand-Ma Justina, bekommen wir schon auch noch satt!" strahlte zufrieden Ernsts Frau Anna. „Jetzt haben wir eine deutsche Oma, ist das nicht wundervoll?"

Mit Anna hatte ich mich bei der Hochzeit vor drei Jahren schon so gut verstanden. Sie war genauso alt wie Ludwig, 46, und hatte in Maria schon eine 22jährige Tochter. Elisa war 16, Luise acht und den kleinen Fünfjährigen nannten sie Charly. Die Familie führte mich zu einem Holzsessel unter einem wunderschönen hohen Pecan-Baum und legte ein weiches Kissen darauf. Ich setzte mich erschöpft. „Och ja, was für ein schöner Blick auf die Lichtung. Aber was soll ich denn den ganzen Tag tun?" „Hast du nicht immer gesagt, du möchtest wieder an deinem Tagebuch schreiben, Old Mum?" fragte August.

„Grand-Ma Justina, wenn August und ich später mal Kinder und Kindeskinder haben, dann möchten sie bestimmt gerne wissen, wie dein Leben so abgelaufen ist. Was mußt du alles erlebt haben – ist das nicht fast wie ein Roman? Schreib doch einfach alles auf – alles aus der Alten Welt, aus Preußen, und alles von hier, der Neuen Welt – aus unserem Texas!"

Die Maria hat das zu mir gesagt. Ich habe in den Spiegel gesehen und mein faltiges Gesicht von 66 Jahren betrachtet. Ich hatte Angst um meine Söhne und drückte fest meine verschrumpelte Kastanie aus Oderberg in der Hand und habe meine Lebensspur überdacht. Nun sitze ich noch immer im Schatten eines riesigen Pecan-Baumes, seit ich vor einem halben Jahr meine beste Gänsefeder in mein geliebtes grünes Tintenfaß getunkt habe. Ich begann zu schreiben: . . . ich schreibe als eine deutsche Frau, die alles mit ihren deutschen Augen sieht, . . . ich sitze da und lasse mich versorgen und sehe von meinem Platz aus nur zu, wie alle schwitzen und die besonders reiche Maisernte einbringen. Der Hund liegt auf meinen Füßen und läßt sich kraulen. Elisa und Luisa staunen über meine Krakel, und Charly steht da mit dem Daumen im Mund.

Maria ist anfangs oft zu mir gekommen und hat gelesen, was ich geschrieben habe. Wie gerne habe ich mit ihr geplaudert. Aber nun ist sie als Krankenschwester im Lazarett tätig. Ich vermisse sie sehr! Meistens bringt mir Elisa das fertige Essen an den Tisch, aber die ist recht verschlossen. Das einzige, was sie interessiert, sind Kleider und Hüte. Dann träumt sie von einem Stück Kattunstoff, bunt bedruckt oder mit Kräutern gefärbt. Daraus möchte sie sich ein Kleid mit Spitzen und Volants nähen, mit einem riesigen Reifrock. Aber Mutter Anna schüttelt den Kopf über soviel Putzsucht. Wir kleiden uns nicht wie die reichen Farmbesitzer, unsere Kleider sind schlicht. Auch das Mannsvolk trägt fast nur derbe Arbeitshosen aus Baumwoll-Köper, die man hier Jeans nennt.

Manchmal hat Anna ein bißchen Zeit zum Plaudern. Ach, dann ziehen wir immer so schön über die Leute her! Und ich höre den neuesten Klatsch. Von meiner Charlotte und Fritz hören wir wenig, aber ihre vier Kinder sind wohlauf. Anna schimpft, daß die Kinder ihres Bruders Henry nur noch Englisch können und gar kein Deutsch verstehen.

Als der kleine Helpenstell-Junge starb, hat Willem Helpenstell ein Stück von seinem Land abgetrennt und dort ein Grab geschaufelt. In ungeweihter Erde, ohne Kirchhof! Das ist hier so üblich, hat Anna mir erklärt. Viele Familien haben ihren eigenen Friedhof. Ist das nicht seltsam?

Wilhelmine Seelbachs Kindern scheint es gut zu gehen. Anna bedauert die beiden Kleinen nur, daß sie bei ihrer Mutter so schrecklich viel lernen müssen. Aber die kleine Sarah ist ein so süßes kleines Ding! Und so verständig! Wenn sie mal mit hier ist, krabbelt sie gleich auf meinen Schoß. Dann mache ich „Hoppe-Hoppe-Reiter" mit ihr und erzähle ihr deutsche Märchen. Dann kommt auch unser Charly und hopst um uns herum – der kann mit seinen fünf Jahren gar nicht stillhalten.

Anna und ich trinken gern zusammen mal eine Tasse Ersatzkaffee, den sie aus Mais röstet. Meinen geliebten Bohnenkaffee können wir nicht mehr bekommen.

Wir haben eben Krieg. Es gibt auch kein helles Licht. Für die Petroleumlampe fehlt der Brennstoff. Es gibt in Texas leider kein Öl.

Im Januar 1862: Natürlich ist der Krieg zu Weihnachten nicht zu Ende gewesen. Zwar hat es letztes Jahr nur die eine große Schlacht bei Bull Run gegeben. Aber die Vorräte der Händler gehen zur Neige, und es gibt kaum mehr was zu kaufen. Es kommen keine Produkte aus dem Norden und auch nicht von New Orleans, denn die Häfen sind blockiert worden. Jetzt bezahlt man für manche Sachen wie Kleidung sechsmal so viel wie vor ein paar Jahren. Die Läden schließen, jeder muß für sich selber sorgen. Hätten wir nur jetzt unsere Webstühle! Die Baumwollernte kann nicht verkauft werden, oder jedenfalls nur über den gefährlichen Schmugglerweg in Mexiko. Und ohne Exporteinnahmen kriegen wir auch keine Waffen mehr.

Jeder muß sehr fleißig sein. Selbst die Kinder glätten Strohhalme, um Strohhüte herzustellen, und alle zupfen Fasern als Verbandstoff. Die Armee braucht alles. Es gibt nicht mal Chloroform, um die Verletzten zu versorgen. Wir müssen Gott sei Dank nicht hungern, nein, zu essen haben wir reichlich, Maisbrot und braune Bohnen und Eier. Wir ernten eigenes Gemüse und Obst, und Wild zum Schießen ist immer da. Es gibt auch genug Hilfskräfte. Man hat eine Menge Negersklaven nach Texas gebracht, weil die Besitzer hoffen, daß sie hier in Sicherheit sind. Ernst mietet sich auch manchmal welche. Was sind das doch für sonderbare Menschen! Wie sie schnattern und lachen! Und ihre vollbusigen Frauen mit den wulstigen Lippen und den krausen Haaren ... und wie sie singen! Nein, das mag ich nicht hören. Mir ist immer ein wenig ungemütlich in ihrer Nähe. Ich werde jetzt auch anfangen, Hüte zu flechten. Mal sehen, ob ich das wenigstens noch kann. Es wird wohl nur noch selten Zeit zum Weiterschreiben sein.

Ende Januar 1862: Ein paar Tage später greife ich schon wieder zur Feder. Maria ist zurück. Ist es nicht wunderbar? Mein August und Maria Kolb wollen am 12. Februar 1862 heiraten! Fünf Tage vor seinem einundzwanzigsten Geburtstag! Wie sagen sie hier? „Jippie! Jippie! Jey!" Angesichts der Not im Lazarett und dem Krieg haben sie sich entschlossen. Worauf warten, das Leben kann so schnell zu Ende sein!

Am 13. Februar 1862: Gestern fuhren die beiden in die Town und ließen ihre Heirat im House of Law eintragen, im neuen dreigeschossigen Steinhaus, das wie ein Kastell aussieht. Dann kam Reverend Leeton, der reitende Pastor, von weit entfernt und gab ihnen hier den Segen. Aber er sprach nur Englisch und Kirchenglocken läuteten natürlich nicht.

Heiratsurkunde in der Familienbibel

Wie damals, Ludde und ich waren in Oderberg auch zu Hause getraut worden!
„Lies uns aus der Heiligen Schrift vor, Justina!" bat Ernst am gedeckten Tisch unter dem Pecan-Baum. „In deutscher Sprache!"
„Och ja, gerne! Aber zuerst laßt uns das schönste aller Lieder singen!" bat ich und stimmte es an. Alle in der großen Runde kannten es auswendig und sangen laut mit: Wer nur den lieben Gott läßt walten ... Meine Kinder, ich wünsche euch Glück und Gottes Segen!

Mai 1862: Die beiden Brautleute sind so jung und so verliebt! Wie schön ist es für Maria, daß Juste manchmal Kurzurlaub bekommt. Es dauerte nur ein paar Wochen und ich entdeckte mit meinem erfahrenen Auge ein paar Flecken in Marias Gesicht: Da wußte ich, sie bekommen ein Kind! Nun will ich Kinderkleidung nähen.

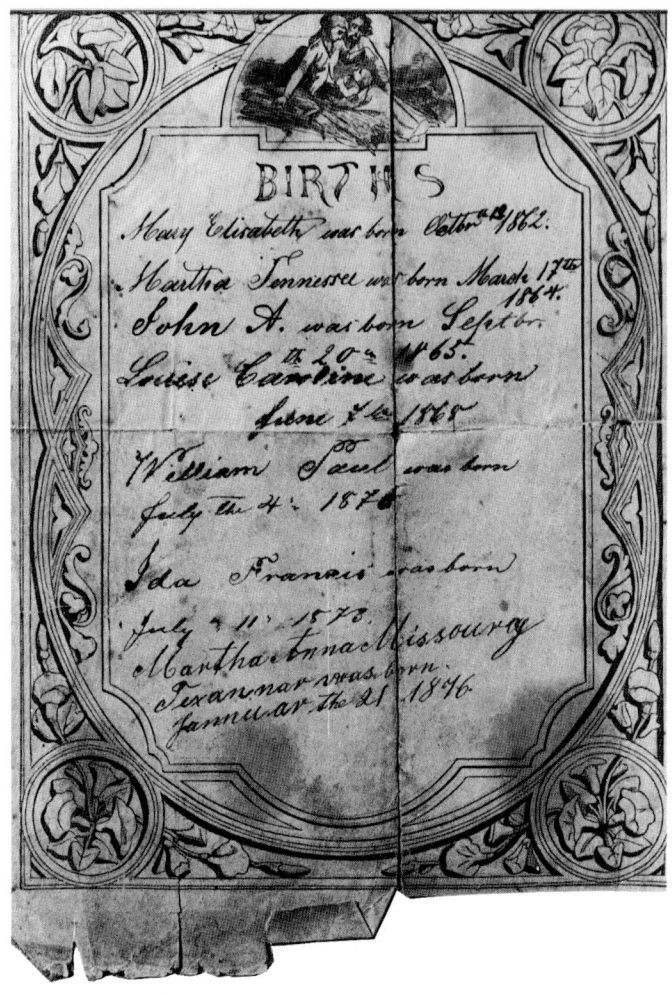

Die Liste der Kinder von Maria und August Tubbe

Ich schreibe am 12. Oktober 1862: Genau neun Monate nach der Hochzeit habe ich eben ihre erste Tochter im Arm, Mary Elisabeth, rund und gesund. Ich bin so glücklich! Charlotte hat zwar schon vier Kinder, aber es kommt mir vor, als sei diese Lizzy mein erstes Enkelkind.

Anfang 1863: Über Weihnachten ist August für einige Tage hier gewesen. War das schön, welch ein Familienglück! Unsere kleine Lizzy lag wie das Christkind im Korb. Maria hatte Lebkuchen gebacken. August holte eine kleine Kiefer in die Hütte, und ich dekorierte ein paar Schleifen und einige Talglichter daran. Da staunten Ernst und Anna, und Maria sagte: „Was ihr für komische Bräuche in Oderberg hattet, ein Weihnachtsbaum! Nie gesehen, aber ich finde es sehr hübsch!"

Wir saßen am Heiligen Abend vor dem Lichterbaum und sangen alle die alten, wunderbar ruhigen Weihnachtslieder. Wie früher in Oderberg. Als das „Stille Nacht, heilige Nacht" angestimmt wurde, füllten sich meine Augen mit Tränen, und ich wünschte mir, wieder Kind zu sein. Die Kolb-Kinder aber jubelten laut über ihre Zuckerstange, die sie bekommen hatten. Anna hielt glückselig ein Stück Stoff in der Hand.
„Du, Mary", sagte August am nächsten Morgen, am Weihnachtstag 1862. Sie stillte grade das Kind. „What do you think? Wir sollten uns um eigenes Land kümmern!"
„Du meinst, du willst dir ein grant eintragen lassen?" „Ja. Gleich nach dem Krieg, Mary . . . bauen wir uns ein Haus for our own", träumte Juste. Ich bekam einen tüchtigen Schreck. „Aber listen, August, unsre Grandma Justina take we als Babysitter with us?" „Well, darling, as you want . . ."
Als ich das hörte, war ich wieder glücklich.
Aber Juste kam enttäuscht zurück. „Ich hab zwar einen Antrag gestellt, but . . . wir kriegen kein Land. Na ja, der Krieg ist ja bald vorbei. . . for sure ist er bald vorbei", tröstete er Maria. „Bleiben wir also vorläufig noch ein bißchen bei deinen Eltern wohnen!"

Wie schön ist es als Großmama! Meistens stellen sie den Korb mit dem Baby, wie sie hier sagen, zu mir unter meinen Pecan-Tree, damit ich darauf achtgebe. Ich bin ihr Babysitter. Das erstemal erlebe ich bewußt, was für ein Wunder so ein Kind doch ist. Ich hatte ja bei meinen eigenen nie Zeit gehabt. Nun sehe ich Lizzy lächeln, und ich sehe sie weinen, ich tröstete sie beim Zahnen und helfe ihr bei den ersten Schritten. Maria ist schon wieder in guter Hoffnung.
Sie brauchen Garn. Mit meinem alten guten Spinnrad aus Oderberg kann ich noch gut spinnen. Aber zum Schreiben habe ich keine Zeit mehr.

März 1864: Unsere kleine Martha wurde geboren! Sie sieht kränklich aus.
„Möge der Herr ihr die Kraft zum Leben geben!" sagte August zur Taufe. „Möge sie eine gute Amerikanerin sein! – Und wir, Old Mum? Sind wir noch Preußen?" überlegte er. „Nun bin ich 23 Jahre alt. Man hatte mir mal gesagt, bis ich mündig bin, wär ich allemal lange genug hier, um eingebürgert zu werden."
Das Baby schrie laut, und Juste hörte wohl nicht, als ich ihn warnte: „Du bist aber noch kein Amerikaner nach dem Gesetz, und du hast in Oderberg mit dem Auswanderungsconsens die preußische Staatsbürgerschaft verloren! Also hast du überhaupt gar keine Staatsbürgerschaft!"

November 1864: Wir haben die kleine Martha begraben! Willi hatte uns gewarnt, wir sollten ihr keine Kuhmilch geben. Er sagt, man kann Typhus davon kriegen. Deshalb hat Maria das Kind mit Reiswasser gefüttert. Aber es half alles nichts.

Das kleine Leben verlosch. Sie schaufelten ihr Grab unter den großen Kiefern auf dem Helpenstell-Friedhof. Maria bestand darauf, daß sie einen kleinen Stein gemeißelt bekommt, und buchstabierte in englischer Sprache für den Steinmetz:

*Grabstein
von Martha Tubbe*

Maria hatte noch rote Augen, als wir erfuhren, daß August verletzt worden ist. Wir machten uns große Sorgen. „Er ist mein Sohn", jammerte ich, „den will ich nicht auch noch hergeben." „Grand-Ma, er gehört zu mir, es ist mein Mann!" schluchzte sie und ließ mich allein.
Aber nun haben wir erfahren, daß er vom aktiven Militärdienst entlassen wird und statt dessen zur Kriegsarbeit in eine Gewehrfabrik im Rusk-County verpflichtet wurde. Dort bekommt er hoffentlich etwas Lohn. Jeden Schein des Konföderierten-Geldes will er eisern sparen, denn er träumt weiter von eigenem Land.

Wenn er zum Kurzurlaub hier ist, sehe ich ihn fast gar nicht. Immerzu ist er nur um Maria herum! Wie oft denke ich dann grimmig, daß mir dieses Mädchen meinen Sohn weggenommen hat!

Der Krieg dauert nun schon Jahre. Wilhelmine, die Schwester von Willem Helpenstell, wartete vergeblich auf ein Lebenszeichen von ihrem jungen, kleinen Ehemann Bill Seelbach. Als ich nun gestern mit Lizzy auf dem Schoß dasaß und ihr ein altes Kinderlied vorsang, hörten wir plötzlich hinter uns ein Geräusch. Und wirklich! Aus dem Busch näherte sich eine alte Klappermähre und kam entsetzlich hinkend auf uns zu. Oben hing ein Bündel Mensch in Lumpen. „Hey, Leute! Da bin ich!"
War das ein Wegelagerer? Ich nahm Lizzy und humpelte, so schnell ich es eben vermochte, auf das Haus zu. Aber da war Mutter Anna schon von ihrem Spinnrad aufgestanden, wischte sich die Hände an der Schürze ab und rief: „Ernst, komm schnell! Nein, ist's möglich! Kommt alle her, der Bill Seelbach ist wieder da! Willkommen!" Sie half dem kleinen Mann vom Pferd, nahm ihn an den Schultern und setzte ihn erst mal auf die Bank. „Reite zu Wilhelmine, schnell, Elise!" befahl sie ihrer Tochter.
Anna holte einen Whisky und eine heiße Suppe, und nachdem er gierig gegessen hatte und noch auf dem Stuhl in einen kurzen Schlaf gefallen war, kam auch Wilhelmine mit ihren beiden Kleinen schon angefahren, sprang von dem Karren und umarmte den Verloren geglaubten.
„Wo warst du, erzähl..." „Bin verdammt weit geritten, oh mein Hintern! Hab viel zu viel vom Krieg geseh'n." „Und dein Pferd? Dein wunderbarer Rappen?" „Dieser Schuft, dieser Offizier – es war das erste bei der Army! Sah mein Pferd – brüllte: ‚Im Namen der Regierung der Konföderierten! Dieses Tier ist beschlagnahmt!' Und schon saß er selber drauf! Das da...", er zeigte auf die blinde Schindmähre und lachte bitter, „können wir nur noch begraben!"
„Hier ist dein Sohn William!... und deine Tochter Sarah! Erkennst du sie noch?" lächelte Wilhelmine. Er nahm sie beide in den Arm und wischte wie versehentlich seinen Ärmel über die Augen. Der Junge kletterte auch schon auf den Schoß des für ihn fast fremden Mannes, der sein Vater sein sollte, und tippte auf den Colt. „Jawohl, du hast recht, mein Sohn. Der Krieg ist für mich vorbei. Mit zwei Colts bin ich losgeritten, du sollst einen davon haben. Da! Mein kleiner Will, du bist sechs, fast ein Mann! Mit sechs kam man bei uns zur Schule. Du wirst auch lernen: Reiten, Ackern, Schießen. Du wirst so tüchtig werden wie deine Mutter."
Ich glaube, sie sind doch eine ganz gute Familie.

Frühjahr 1865: August muß noch immer in der Fabrik arbeiten, und Bill Seelbach, der trotz seines Hinkebeins nicht zu Hause bleiben durfte, muß Siebe aus Pferdehaaren und Kämme aus Kuhhorn herstellen. Er verkauft sie auch privat und legt

RAISING THE FLAG ON THE SUMMIT.

Sternenbanner

sorgsam Schein zu Schein. Beide sind im Rusk-County in die Freimaurerloge eingetreten. Warum hat Juste mir das jetzt erst erzählt? Natürlich hätte ich versucht, ihm das auszureden. Denn die Freimaurer – ich weiß doch, was man damals in Oderberg darüber gemunkelt hatte! – Das waren Verschwörer und Zauberer, gefährliche Burschen, Aufrührer und vielleicht sogar Republikaner!

August zog die Stirn kraus: „Aber, Old Mum! Wir leben doch in einer Demokratie! Und die Freimaurer wollen ja gerade Gutes tun, unabhängig von politischer oder religiöser Überzeugung!" Er sagt auch, daß sich die ersten Süd-Truppen ergeben hätten, aber anderswo wird noch gekämpft. Der Süden ist am Ende. Ein Soldat nach dem anderen hat sich enttäuscht auf den Weg nach Hause gemacht. Alle, die noch leben. Ernst Kolb hat jedesmal, wenn er in der Stadt war, in die Gefallenenlisten gesehen, und ich habe um meine Söhne gebetet und gezittert, bis er zurückkam. Er brachte auch die Nachricht mit, daß Abraham Lincoln erschossen worden ist.

Herzlichen Glückwunsch zum 70. Geburtstag!

Am Tage nach dem 29. Mai 1865 gratulierten mir alle und gaben mir einen Kuß auf die Stirn. „Es ist das schönste Geschenk für mich, daß ihr alle lebend aus dem Krieg zurückgekommen seid!" sagte ich gestern überwältigt, als Willi und Ludwig ausgemergelt vor mir standen und ich sie umarmte. „Ich bin so glücklich, daß ihr alle hier seid! Auch du, Charlotte!"

Es war schon Jahre her, daß wir Tubbes zusammen um einen Tisch gesessen hatten! Natürlich wurde erst mal von den schrecklichen, wie immer scheußlichen Kriegserlebnissen erzählt. „Dazu dieses fade Gefühl, daß alles vergebens war!" Willi biß auf seinen Fingernägeln rum. „Nichts geht mehr, unsere Wirtschaft ist vollständig am Ende. Unser ganzes System ist zerbrochen. . . . und unser texanischer Stolz. David hat gegen Goliath verloren!" Haß – Krieg – Besatzung – Elend. Es würde sich immer alles wiederholen. Vielleicht werden auch die nächsten Generationen unsere Fehler genauso wieder machen.

Ich wollte die alten bösen Erinnerungen wegwischen: „Das Leben wird weitergehen!" sagte ich laut in die Runde. „Och ja, Maria! Ob wohl in deinem Bauch ein kleiner John August wächst? In drei Monaten werden wir es wissen, ob da ein Namensträger Tubbe kommt!" Maria lächelte mich an, endlich mal wieder!

Willi zog ein kleines Briefchen hervor: „Ich hab was Nettes für dich, Mum! Rate von wem!" „Von Tine?" „Ach nein, die schreibt doch nicht. Nein, es kommt von unserem Minchen! Sie gratuliert dir herzlich und schreibt, daß ihr Mariechen grade zu ihrer Silberhochzeit in Prenzlau geheiratet hat – diesen feschen Lazarettinspektor namens Hermann Klaetsch, aber noch warten sie sehnsüchtig auf ein Kind. Sie hat ein langes Gedicht aufgeschrieben. Hört zu!"

Es war ein Spaßgedicht, und am schönsten fanden wir den Vers:

> *Hat die Zeit denn wirklich Flügel – und wie alt macht doch mein Spiegel!*
> *Meine Haut hat keine Flecken – Nein! Das muß im Glase stecken*
> *Wahrlich gelblich angelaufen – muß mir einen neuen kaufen.*

„Bravo!" riefen alle und jubelten über diesen Spaß. Ja, wirklich, wir konnten wieder zusammen lachen!

„Ich hab aber auch noch was ganz Besonderes für unsere alte Grand-Ma Tubbe aufgetrieben!" kündigte Anna verschmitzt an. Nein, so was! Ein richtiger Schaukelstuhl!

„Ihr Lieben . . . welche Freude! Habt tausend Dank!"

Unser Leben währet siebenzig Jahr und wenn es hoch kommt achtzig Jahr und wenn es gut war, war es Müh und Arbeit . . . Müh und Arbeit habe ich genug gehabt. Wie lange werde ich in diesem geliebten und gehaßten Land noch leben?"

Vom harten Leben gezeichnet

Juni 1865: August sprang vorhin vom Maultier und rief völlig deprimiert: „Oh Mary! Der Krieg ist aus – wirklich aus!" „Ja, und – du freust dich nicht?" Er biß sich auf die Lippe und drehte sich um.

Bill und Juste hatten ihr gespartes Südstaaten-Papiergeld in die Tasche gesteckt und waren in die Stadt geritten. Sie hatten Land kaufen wollen. „Wir müssen jemanden fragen, ob der Krieg denn nun wirklich zu Ende ist", hatten sie sich vorgenommen und waren zu einem Rechtsanwalt gegangen. „Wir wollen Sie auch gut bezahlen!" Aber der Mann hatte sie hohnlachend rausgeschmissen. Warum, verstanden sie nicht. Ein Offizier im Blaurock grinste sie an: „Selbstverständlich ist der Krieg vorbei. Da, ihr habt mein Wort! Geld, ach Unsinn, das will ich nicht für die Auskunft. Das ist sowieso nichts mehr wert! Ab jetzt gelten nur noch die Golddollar, das Unionsgeld! – Euer konföderiertes Papiergeld – das könnt ihr euch sonstwohin schmieren oder die Wand damit tapezieren..."
Die Männer sprachen auf der Heimfahrt kaum ein Wort. „Aus – alle Träume..."
„Gold hätte ich haben können...", seufzte Bill. Mary weint. Nun sind sie wieder arm.

Aber August hat sie in den Arm genommen und die Ärmel hochgekrempelt, wie auch sein Schwiegervater Ernst. Wenn die Männer erschöpft sind, schenken sie sich einen Schnaps ein und sagen sich: Irgendwie schaffen wir es schon!
Denn Baumwolle und Mais gedeihen, Gemüse und Eier sind genug da und Rindfleisch auch. Juste pflegt allerdings zu schimpfen: „Das Leder der Rinder können wir vermarkten, aber das schöne Fleisch überhaupt nicht. Hier hat jeder selber welches, es ist kein Gold wert! Aber ich werde trotzdem möglichst viele Rinder züchten. Vielleicht kann man sie eines Tages doch gut verkaufen . . . ?"
Mein August, er hat so viele Pläne!

20. September 1865: Der Stammhalter ist geboren! Der Name *Tubbe* wird in der Neuen Welt weiterleben, gelobt sei der Herr! Er wurde John August getauft. Unser kleiner Johnny! Ich durfte ihn auf dem Arm halten, als die Taufgesellschaft fröhlich lärmend auf sein Wohl anstieß.
Dann aber wurde wieder auf die Zustände geschimpft, auf die arroganten Gewinner, die uns ihren Lebensstil aufdrücken wollen, ohne uns zu verstehen.

Sklaven-Versammlung

„Manche Plantagenbesitzer", hatte Fritz gehört, „haben ihren Sklaven noch nicht mal erzählt, daß sie jetzt frei sind! Jetzt in der Baumwollernte ist man froh über jeden zusätzlichen Tag, denn die Yankees gehen von Farm zu Farm und jagen sie von den Besitzern weg. Und plötzlich haben die Schwarzen kein Dach über dem Kopf und nicht mal mehr das Frühstück für den nächsten Tag!" „Bei Mister Hill haben sie sich abends wieder hingeschlichen." „Gestern kamen fünf bei mir vorbei, verlangten ein Stück Brot", erzählte Willi. „Das war ein roher, primitiver Haufen! Sie haben ja nicht gelernt, für sich zu denken und Verantwortung zu übernehmen." „Ich werde sie fragen, ob sie für Lohn bei mir arbeiten", meinte Ernst Kolb, „aber ich fürchte, die sind wirklich entfesselt, völlig unberechenbar."
„Man will sie sogar in Regierungsämter setzen! Aber man hat sie ja ganz absichtlich gänzlich ungebildet gelassen! Das wird noch Ärger geben, glaub' ich!" Alle nickten.

Ist das das Bild von Frieden? Wir haben Angst davor. Das Leben wird härter werden und die Waren noch knapper. Gebe Gott – daß wir auch diese Zeiten der „Reconstruction" gut überstehen! „Boys", fing Willi ein neues Thema an, „ihr wißt doch, daß die seit Jahren dabei sind, eine Eisenbahn quer durch den Kontinent zu bauen?" „Ja, von Kalifornien her bauen sie mit Chinesen, und von Osten her mit Iren!" Ernst Kolb lachte: „Bauen um die Wette und irgendwann sollen sich das Tee-Gesindel mit dem Whisky-Gesindel mitten in der Prärie treffen!" „Das wird 'ne Klopperei geben!" „Und der letzte Nagel soll aus purem Gold sein!" „Aber was für uns hier viel wichtiger ist: die railroad soll auch nach Süden runter weitergebaut werden, bis nach Abilene in Kansas." „Ja Mann, endlich!" strahlte August. „Dann können wir unsere Rinder nach Abilene treiben und in die Eisenbahn nach Chicago setzen! Wir würden nicht nur ein paar Dollar für das Leder kriegen, sondern vielleicht 30 Dollar für die ganze cow!" Alle schwiegen, waren völlig sprachlos: „Das heißt, wir sollten anfangen, Rinder zu züchten?" überlegte Ludwig.
Ich aber nickte meinem August zu und lächelte ihn an. Er hatte genau die richtige Nase gehabt, er würde seinen Weg machen!
„Hört zu, was ich gemacht habe!" übernahm der Helpenstell-Willem das Wort. „Ich hab's satt gehabt, immer Wasser zu schleppen. Nun hab ich den Bach aufgestaut, hab den Aushub als Wall davor getürmt und nun ist's ein großes Wasserreservoir." „Marvellous... that's a good idea!" riefen die anderen. „Das woll'n wir auch machen", und alle redeten durcheinander.
Ich hörte nicht mehr zu und schaute auf meine krummen Finger, die sich um den Griff des Schaukelstuhls gelegt hatten. Das Schaukeln beruhigte mich, und ich beobachtete die Menschen. Da waren nun alle so begeistert über diese neue Idee mit dem Wasservorrat. Sie freuten sich wie die Kinder. Als wenn wir in Preußen nicht schon vor über hundert Jahren mit eingerammten Spundwänden die

Schleusen des Kanals gebaut hätten. Als wenn wir nicht schon seit langer Zeit Fischteiche und Mühlseen aufgestaut hätten. Sie glauben, daß alles neu und gut sei – und leben mit rohen Brettern statt mit kunstvoll gedrechselten Möbeln!
Ein seltsames Land ist das hier. Die jungen Leute reagieren sehr empfindlich, wenn man nicht alles „marvellous" findet. Man darf es ihnen nicht sagen. Dabei wachsen die Kinder hier ungehobelt und wild auf! Reiten, das lernen sie, ja, sie machen sich sogar einen Spaß daraus, ein Volksfest, und nennen es „Rodeo". Aber sonst? Sie lernen weder richtig Lesen noch Rechnen oder irgendwelche Disziplin wie wir, die wir als Schulkinder die Hände falten und dem Lehrer unentwegt in die Augen schauen mußten. Die Eltern sollen sich hier selbst um die Bildung ihrer Kinder kümmern, aber die meisten haben dazu gar keine Zeit, sie sagen, wir müssen doch Geld verdienen.
„Habt ihr übrigens gehört", hörte ich den Ernst fragen, „daß jemand hier bei uns in Texas nach Öl bohren will? Nächstes Jahr wollen sie anfangen. Vielleicht ist

Der erste Bohrturm (1866)

damit ja auch ein bißchen Geld zu verdienen." „Unsinn! Wer will dafür schon viel bezahlen?" „Vielleicht kann man Öl als Brennmaterial gebrauchen?" überlegte Charlotte, „statt Holz oder Kohle?"
„Lange Haare, kurzer Sinn", brummte Ludwig. „So eine blödsinnige Idee...!"
„Ich habe eine ganz andere Idee", sagte Ferdinand Junge träumerisch, „die ist aber gar nicht blödsinnig. Das ewige trockene Maisbrot hab ich so satt! Ich sehne mich nach Sauerteig und dunklem Roggenbrot. Ganz ernsthaft, ich überlege, ob ich nicht zurück nach Oderberg gehe." „Überleg dir das gut, Ferdinand! Du bist kein Preuße mehr!" warnte Willi. „Soviel ich weiß, haben sie aufgehört, Heimkehrer anzuklagen, aber du hast zu Hause keinerlei Rechte mehr!" Aber Fritz sagte bloß: „Quatsch! Heimweh! Du bleibst hier!" „Ich kann es verstehen", sagte ich vorsichtig und fragte: „Haben wir nicht alle ein bißchen Heimweh im Herzen?" Und die meisten nickten leise.

Wir haben das Jahr 1866: Ein Brief aus Oderberg. Mein Bruder Daniel schreibt:
„Meine liebe Schwester!
Hiermit entbiete ich Dir meinen Gruß und hoffe ich, daß es Euch gut geht. Seit dem Tod meiner lieben Frau fühle ich mich recht einsam. Aber was sollen wir tun. Es ist eben Gottes Wille und darein haben wir uns zu schicken.
Es gibt wieder einen männlichen Tubbe im Oderberg: Die Tubbe-Fuchsin hat eine Tochter, die so ein richtig unsittliches Frauenzimmer ist. Es ist unglaublich, sie hat einen unehelichen Sohn bekommen – und wagt es, vor aller Augen hier noch rumzulaufen!
Von Deiner Tine sehe ich wenig. Ich will sie fragen, ob sie mir den Haushalt führen will. Sie ist doch eine einfältige, aber treue Seele.
Der Bartolomäus Junge ist im Alter von 52 Jahren gestorben. Man munkelt, er hätte über 5000 Thaler gehabt! Seine Frau Line verwaltet das Vermögen, aber Eure Junge-Geschwister Fritz, Ferdinand, Amalie und Helmine in Texas werden sicher bald noch mal ein nettes Sümmchen erben. Im Testament ist auch ein kleines Mädchen mit 1000 Thalern bedacht worden, und alle zerreißen sich die Mäuler, was zwischen denen war...?
Du wirst Dich freuen zu vernehmen, daß der Bürgermeister Sartorius aus dem Amt geworfen worden ist. Seitdem lebt er kümmerlichst als Hilfsschreiber in Eberswalde. Letztes Jahr kam ein Brief mit einer Denunziation an das Amt, unterzeichnet von einem ‚Schmidt'. Aber unser Lehrer sagt, er hat es nicht geschrieben. Auch alle anderen Schmidts im Umkreis mußten eine Schriftprobe geben – aber keine paßte!
Als der Bürgermeister sich dann ganz plötzlich krank meldete, und alle noch rätselten, weil er doch grade noch fesch spazierengegangen war – wurde unvermittelt eine Kassenprüfung gemacht. Und siehe da, es fehlte viel Geld.

Da haben die Ratsmänner dem Sartorius geschrieben, er sei ja wohl wirklich sehr krank, und er solle sich man auch schön pflegen, und er brauchte auch gar nicht mehr ins Rathaus zu kommen. Und nun sollen alle Leute alle die Gebühren noch mal zahlen, die der Sartorius sich in die Tasche gesteckt hat, um ein elegantes Leben zu führen. Die Feuerversicherung hat ihn verklagt – aber wo nichts ist, hat der Kaiser sein Recht verloren! Selbst der Friseur hat kein Geld gekriegt für jahrelanges Haareschneiden im Krankenhaus! Vergeßt Eure 75 Thaler!
Liebe Schwester, ich wünsche Dir Gesundheit und ein langes Leben.
Ich grüße alle sehr herzlich. Auf ewig Dein Bruder Daniel"

Das Tubbe-Land

Gestern kam Mary freudestrahlend mit Johnny auf dem Arm zu meinem Schaukelstuhl gerannt. „Grand-Ma! Es gibt Neuigkeiten! August und Vater wollen Land kaufen!"
Langsam und mit seinen Sporen klirrend folgte ihr August. Er zeigte auf den Vertrag und beschrieb stolz das Gelände: „Gutes Land! Ein großes Stück! Ein paar geclearte Äcker und der Rest ist schöner Virgin forest. Und nicht zu trocken."
„860 Acker!" Mir blieb die Luft weg. „Das sind, Moment mal, ungefähr 300 Hektar! Unvorstellbar! Aber . . . ich denke, du hast gar nicht mehr viel Geld?" fragte ich skeptisch. „Nee. Ich säe jetzt Baumwolle aus und bezahle im Herbst!" „Um Gottes willen, du kannst doch nicht mit einer Ernte bezahlen, die noch gar nicht geerntet ist!" „Of course, I can!" „Ja . . . und der Rest?" stammelte ich fassungslos, denn ich ahnte, was als Antwort kommen würde. „Dafür habe ich einen Kredit aufgenommen, über 200 Dollar."
200 Dollar Schulden! Oh, mein Gott! Jetzt in der Nachkriegszeit! Schulden sind immer der Anfang vom Ende, Schulden ruinieren jedermann. Ich weinte still in mich hinein, als ich den Notarvertrag las. 12 Prozent Zinsen! Das ist ja Wucher! Und als Sicherheit? Die guten Pferde „Lee" und „Jimmy" und das Maultier und dazu alle 20 Rinder seiner Herde! Oh weh, wenn das nur gut ausgeht! Warum bloß hört keiner auf mich!
Aber August drehte sich seufzend ab und sagte zu Maria: „Immer muß sie uns die Freude verderben mit ihren altmodischen Ansichten!" Ernst Kolb aber strahlte und schlug seinem Schwiegersohn anerkennend auf die Schulter. „So muß man es machen! Unternehmungsgeist muß man haben! Don't worry, ich werd dir immer helfen, so gut ich kann!" „Thank you, Dad!" sagte August und drehte sich wieder gutgelaunt zu mir: „Da ist ein See, in dem ich immer fischen kann, Old Mum. Weißt du noch, all die Fische in den Fässern von Oderberg . . . ?"
Ich schaute kopfschüttelnd auf meine zitternden Hände: „Aber . . . in Oderberg durften wir doch gar nicht fischen – nur die Fischermeister der Innung!"

„Bloß gut, daß es hier nicht so viele blöde Verbote gibt. Gut, daß wir in Amerika sind!" „Alles war reglementiert!" nickte ich. „Die Fischer durften den Fang auch nicht einfach meistbietend verkaufen. O nein, erst mußte die Bürgerschaft auf dem Freitagsmarkt versorgt sein. Ich weiß noch, als ich klein war ..."

Da war mal der Fischer Michael Brenger im Morgengrauen auf den See hinausgefahren und hatte seine Netze hochgezogen. Der Fischhändler Otto Dörnfeld brauchte grade besonders viel Fisch für Berlin. Also sprang er auch in einen Kahn und ruderte hinterher und sagte zum Brenger auf den Wasser: „Gib mir man gleich hier alle deine Fische, ich will dir auch 'nen guten Preis machen."

Na, das ließ sich der Brenger natürlich nicht zweimal sagen, die Körbe wurden umgeladen, gleich noch auf dem Wasser, und die Thaler verschwanden in der tiefen Hosentasche vom Brenger und der pfiff sich eines. Nur – als er ans Ufer stieg, da warteten schon die Oderberger und wollten ihren Freitagsfisch kaufen. Aber da war kein Fisch!

Die Leute drohten. Einer hatte doch gesehen, wie Brenger die Netze hochgezogen hatte! Der Bürgermeister schimpfte und setzte einen Prozeß im Rathaus an, und mehr als 20 Einwohner wurden als Zeugen vorgeladen, und dann wurde eine tagelange Untersuchung des Tatvorgangs eingeleitet.

Na, es endete mit einer saftigen Geldstrafe und der Drohung, daß dem Brenger die Lizenz entzogen würde, wenn das auch nur einmal noch vorkäme! Und das war hart, denn es war doch der einzige Broterwerb des Fischers, und die anderen Kollegen in der Fischer-Innung waren natürlich furchtbar böse. Denn der ganze Ort zerriß sich nun die Mäuler über die habgierigen Fischer ...

„Aber, wenn Ihr schon nicht selber Fische gefangen habt, warum konnte eigentlich kein Wild geschossen werden?" fragte August. „Die Wälder gehörten doch zum Gut Neuendorf und zum Kloster Chorin, und nur deren Jägermeister hatten das Recht zu jagen. Hätte sonst jemand auf dem Markt Wild auch nur angeboten, wäre er sofort vom Polizisten festgenommen worden. Wenn da ein Wilderer heimlich was erlegt hatte und geschnappt wurde, der kam gleich an den Galgen."
„Überall Vorschriften – gibt es da Fortschritt?" fragte August. „Manchmal wurde er regelrecht erstickt. Wenn Luddes Großvater seinen Webstuhl verbessert hätte, dann hätte es passieren können, daß die Kommission ihn zerstört, weil alle die gleichen Chancen haben sollten. Da gab es sogar einen, der in Danzig eine gute Spinnmaschine erfunden hatte, aber den Mann haben sie lieber gleich ersäuft. Wenn Luddes Opa auch nur importierte Baumwolle verwebt hätte, 100 Thaler Strafe hätte er zahlen müssen und der Stoff wäre öffentlich verbrannt worden!"
„Ach, Old Mum! Bin ich froh, daß wir ausgewandert sind!"

Anfang Mai: Heute sind August und sein Schwiegervater für ein paar Tage auf Justes Land gefahren, um tüchtig zu arbeiten und die Baumwolle zu säen. Ach

Gott, laß es eine gute Ernte werden! 12 Prozent Zinsen! Was passiert nur, wenn ein Hagel kommt oder ein Tornado? Außerdem wollen sie Bäume fällen und ein fancy double-log-cabin house bauen.

Drei Wochen später: Nun ist die Zeit zum Umziehen gekommen. Maria ist ganz aufgeregt. Ich freue mich auch auf das Leben mit meinem Jüngsten! Der Abschied fällt mir diesmal gar nicht schwer. Nur meinen Pecan-tree hab ich liebgewonnen. Fünf Jahre habe ich hier bei Familie Kolb unter seinem Schatten gesessen – habe so viele Seiten beschrieben! Mein ganzes Leben hab ich noch einmal durchlebt!
„Bald ziehen wir auch in eure Nähe!" haben die Kolbs versprochen und fröhlich gewinkt. Umziehen, weiterziehen – das ist ein Teil ihres neuen Lebens geworden.

Nach dem Umzug: Was haben wir für ein wunderhübsches Haus! Die gallery hat August mit einem feinen Holzgeländer versehen, damit Lizzy nicht runterfallen kann. August strahlte, nahm seine Maria und schwenkte sie um die nicht mehr so schlanke Taille. „Schau, Old Mum, hier, diesen Pecan-tree, den hab ich extra für dich stehenlassen! Ich finde, diese Bäume sollen zum Wappenbaum von Texas werden! Es ist eine andere Sorte, und die Nüsse sind sehr, sehr lecker, probier mal – fast wie unsere Walnüsse!" Ich schüttelte lächelnd den Kopf. Wie sollte ich die wohl kauen – ganz ohne Zähne!
Wir stellten meinen Schaukelstuhl gleich unter den weitausladenden Baum. Von hier kann ich die kleine liebliche Lichtung mit den sanftgewellten Wiesen mit den kleinen Äckern und dem Wald dahinter überblicken. Schön ist das – heimatlich! Die winzigen Kolibris nippen am Honigwasser und flattern so schnell mit den Flügeln, daß man es gar nicht sehen kann. Die kleinen Eichhörnchen, die squirrels, jagen anmutig von Ast zu Ast und werden täglich zutraulicher. Gut, daß August sie nicht abschießt, er mag ihren strengen Geschmack nicht. Von den Waschbären sehe ich nicht viel, nur das, was sie nachts auf der Erde liegenlassen: lauter rote Knödel. Aber die Schweine ärgern uns! Es ist ja gut, wenn die hogs im Wald rumlaufen. August kann sie gut auf dem Markt verkaufen! Aber sie sollen doch nicht in den neuangelegten Maisfeldern Schaden anrichten! Auf unserem Land grasen irgendwo auch schon 20 Rinder mit ihren Kälbern, die August stolz mit seinem geschwungenen AT gezeichnet hat.

„Siehst du, Mutter, früher hatten nur die Adeligen ihr Wappen. Und hier brennen wir unser Wappen in die Hintern der cows ein!"

Im Jahre des Herrn 1867: Ich sitze hier in meinem Schaukelstuhl unter dem Pecan-Baum und habe alles, was ich bisher geschrieben habe, noch einmal durchgelesen. Ich habe hier vier Kinder und sechs Enkel ... und ein verlorenes Schaf in Oderberg. Ob Tine mir auch mal einen Gedanken über den Ozean schickt?

Der liebe Gott hat diese Welt so wunderschön gemacht, aber die Menschen auf dieser Erde sind ihm nicht sonderlich gelungen: Denn erst war die Unterdrückung und die Armut, der Neid und die Mißgunst in der alten Welt, dann kam die Freiheit. Aber um frei leben zu können, mußten die vertrieben werden, die vorher hier waren: die Indianer. Man tötete sie und brachte den Rest in Reservate. Aber die Mißgunst lebte weiter: „Die Deutschen", sagten später die Texaner, „sind zu tüchtig. Alles wollen sie durchorganisieren. Sie machen unser Wirtschaftssystem kaputt." Haß kam auf, Haß auf uns, die Deutschen.

Dann gab es plötzlich einen anderen Feind, die Nordstaatler. Der Bürgerkrieg brach aus, da brauchten sie plötzlich uns Deutsche und unsere Zuverlässigkeit. Nun gehören wir zu ihnen, aber sie haben wieder neue Feinde: Die Sklaven, die freigelassen werden mußten. Viele von ihnen sind jetzt Pächter und gute Nachbarn und wollen treue Amerikaner sein. Aber andere haben sich in Banden zusammengeschlossen und führen ihren privaten Krieg. Und was erreichen sie? Haß, nichts als Haß.

Und neuerdings sind es die Weißen, die einen Geheimbund gegründet haben, sich nachts weiße Kappen über die Köpfe ziehen und mordend zu den Ansiedlungen der ehemaligen Sklaven reiten. Zu Misses Bowie, ein paar Meilen von hier, sind sie auch gekommen und wollten sich an den Schwarzen vergreifen. Und stellt euch die tapfere Frau vor: sie hat sich mitten in der Nacht in das Tor ihrer Plantage gestellt und mit ausgebreiteten Armen die vermummten Reiter aufgehalten. „Verschwindet", hat sie geschrien, „wenn meine Nigger gepeitscht werden müssen, dann tu' ich das selber!" Da sind die Reiter des Ku-Klux-Klan lachend abgezogen. Aber andere Schwarze knüpfen sie an den Baum, ohne Grund, einfach weil sie anders aussehen als wir. Gott schuf die Menschen nach seinem Ebenbild.
Gott, kannst du etwa auch hassen ... ?

Später irgendwann. Lange bin ich krank gewesen. Maria hat mich pflegen müssen. Willi sagt, hier in diesem feuchten Wald kriegen viele das Fieber. Ich bin noch ziemlich schwach. Unser Johnny spricht schon und hat mich mit Lizzy all die Zeit tüchtig in Atem gehalten. Und nun haben wir noch eine kleine Luisa! Den Namen habe ich mir gewünscht – sie heißt wie meine Mutter. Maria schimpft, daß ich immer mehr vergesse. Sie stöhnt, daß ich mich so oft wiederhole. Und sie kenne die Geschichten doch nun langsam alle, ich hätte sie schon so oft erzählt. Sie hat so viel zu tun und wirkt gereizt. Ich kann nur noch schwer eine Feder halten.

Noch später. August betrachtet stolz seine große Rinderherde. So viele Kälber sind wieder geboren worden! Die Leute in Preußen würden sagen: Was für ein reicher Mann!
Auf dem Chrisholm Trail werden nun in jedem Jahr Tausende von Rindern nach Abilene in Kansas getrieben. Mit glänzenden Augen rechnet August: „Was werden mir meine cows an cash bringen, wenn sie in die railroad nach Chicago steigen?" „Ist denn da überall offene Prärie?" frage ich neugierig.
„Nein, längst nicht mehr. Da gibt's auch schon Farmen mit Feldern. Aber das Vieh muß natürlich durch, und manchmal muß die riesige Herde über ihre Äcker ziehen. Man sagt, daß manche Farmer ohne Rücksicht auf die Cowboys schießen!"
„Kein Wunder – quer über Getreidefelder! In Oderberg schäumten wir vor Wut, wenn die Jagdgesellschaft des Grafen über unser Feld stampfte und wegen eines Hirschen unsere Ernte zertrampelte!" „Ach, Old Mum", brummte August ärgerlich. „Wie sollen wir sonst money machen? Well, manche farmers kaufen sich jetzt so einen neuen Draht – mit Stacheln dran, und zäunen ihr Land ein. Das nennen sie Fortschritt! Too bad, wenn sie auch ihre Wasserlöcher abfenzen!" „Ihr solltet nicht immer nur an euren eigenen Vorteil denken, August!"
„Why not? Der dichtbevölkerte Osten braucht Fleisch, und wir kriegen Dollars, viele, viele Dollars."
„Du willst doch nicht etwa mit nach Abilene? Maria ist schwanger, sie braucht dich!"

Im Sommer. Maria war froh, daß er zu Hause blieb, besonders, als sie ein paar Wochen später stürzte und sich böse am Arm verletzte. Wenn das nur nicht gebrochen ist! Aber in einen Arm kann natürlich niemand hineinsehen! August holte ihr Morphium gegen ihre Schmerzen, und seitdem sitzt sie oft und raucht es aus einer Pfeife – eine Frau mit Pfeife! Beschämend. Aber trotzdem ist Marias Stimmung schlecht – und ich fange wohl auch an, gereizt und mürrisch zu sein. Aber mein August, der Tüchtige – der kräftige und tatendurstige Mann, der Trost meiner alten Tage, nahm vorhin seine Maria in den Arm und versuchte danach, auch mich zu trösten: „Ach, Old Mum, ich weiß, daß man in Oderberg immer gesagt hat:

Alte Bäume soll man nicht verpflanzen

Manches hier ist schwer für dich. Plötzlich bekam er richtig träumerische Augen: „Weißt du noch, wie hinter unserem Haus in Oderberg die riesige Kirche in den

Himmel wuchs? Das hat auf mich einen unauslöschlichen Eindruck gemacht! Seitdem träume ich davon und auch damit meine Maria wieder gesund wird: Ich will hier eine richtige Kirche bauen. Ein paar Acker will ich als Tubbe-Friedhof einzäunen. Ich weiß auch schon den Namen: Seligen-Ruh, das heißt: Saints Rest." Er gab mir seine Hand. „Ja, das versprech ich dir."
Er überlegte einen Augenblick und schränkte dann ein: „Na ja – wahrscheinlich wird die Kirche nur aus Brettern gebaut, statt aus Granit oder Marmor und einen richtigen Turm wird sie auch nicht kriegen!" „Und woher soll ein Prediger kommen?" „Ach, weißt du, Mutter – du hast doch deine Talente an uns weitergegeben! Der Ludwig – der hat deine Stärke und die ruhige Ausgeglichenheit. Die Tine – na ja – hm, du hast auch deine Fehler, sei ehrlich! Die Charlotte, das ist die tüchtig Zupackende. Der Willi, der hat von dir die Anfänge des Heilens gelernt. Er nennt sich Doktor und alle sind's zufrieden. Und mir hast du zeit meines Lebens alles über den rechten Glauben erzählt, du hast mir von klein auf den Weg gewiesen. Ich kann kein Latein, aber ich glaube trotzdem, ich werde ein guter Prediger sein."

> August Tubbe wird noch heute in Nacogdoches in großen Ehren gehalten. Er trat während seiner Zeit im Rusk-County der Freimaurerloge bei, wurde als Mitglied gestrichen, weil er nicht bezahlt hatte, trat aber 1866 wieder in die „Milam Lodge" in Nacogdoches ein. Er betrieb Landwirtschaft, Viehzucht, Wildschweinjagd und Landspekulation. Sechs acres stiftete er als Saints Rest Friedhof, auf dem wahr-

August und Maria Tubbe

scheinlich Justina beerdigt wurde. Später erbaute er daneben eine kleine Holzkirche, die noch heute steht und genutzt wird. 1880 war er Mitgründer einer Baptistengemeinde und fungierte in umliegenden Orten als „circuit rider" (Prediger). 1881 erbte er mit Willi das gesamte Land von Ludwig, Charlotte aber bekam nur zwei Kühe. Er gründete drei Schulen, eine davon 1874 mit seiner Loge in Räumen der Universität, ließ eine Sägemühle am Dorr Creek bauen und beschäftigte viele Arbeiter, wurde nominiert auf der Liste als Conty judge, 1892 auf der Liste als Representative in the Legislature of Texas. Anfang des Ersten Weltkrieges, als 77jähriger – nach 63 Jahren in den USA – wurde er als „Ausländer-Feind" eingesperrt, da er nie Bürger der USA wurde. Seine preußische Staatsangehörigkeit verlor er aber mit 14 Jahren! Er starb 1918. Maria wurde nach ihrem Armbruch nie wieder schmerzfrei. Sie rauchte in der Pfeife Morphium bis zu ihrem Tod 1919.

Ich nickte und lächelte ihm zu. Ich hatte meine Kraft an meine Kinder weitergegeben. Was konnte ich Schöneres in meinem Leben erreichen?
„Ob deine Kinder und Kindeskinder sich noch dafür interessieren, daß sie von einer alten Garnweberdynastie in Oderberg abstammen?" fragte ich.
„Wer weiß – vielleicht interessieren sie sich hier noch viel mehr dafür als in der überfüllten alten Welt, gerade, weil sie keine so vieltausendjährige Geschichte hatten, wie wir in Europa", grübelte August. „Ja, das glaube ich auch. Jeder Mensch, mein Sohn, hat so ein bißchen die Sehnsucht nach Unsterblichkeit. Ich meine jetzt nicht das ewige Leben, das uns unser Glauben verspricht. Siehe, jeder Mensch möchte wissen, warum er so ist, so unverwechselbar und einmalig, was seine Väter und Mütter ihm in sein Blut gegeben haben, dessen er sich gar nicht bewußt ist, warum er so fühlt und nicht anders, geprägt von vielen Generationen."
„Die meisten leben nur in der Gegenwart, Mutter! Ich glaube", überlegte er, „ich wohl auch. Natürlich trage ich immer noch das Bild vom Städtchen Oderberg in mir. Wie schrecklich eingeengt war alles!"
„Ja, schon . . . aber waren wir nicht auch eine gute Gemeinschaft? Wir übersahen unsere kleine Welt. Ja, wir hatten es eng, aber gemütlich. Wir waren Bürger, wir hatten unseren Stolz."
„. . . und hungerten, weil die Technik und die Politik unser Leben zerdrückte!"
Ich seufze, ich merke, wie ich von Tag zu Tag melancholischer werde.

„Seit Adam und Eva der Schlange den Apfel abnahmen", erzählte ich dem kleinen Johnny, „fingen die Menschen an zu denken. Sie wurden immer schlauer, oder jedenfalls bildeten sie sich das ein. Sie fingen an, die Natur, die Gott ihnen so wohlgestalt geschenkt hatte, zu verändern. Immer wollten sie sie verbessern, aber oft kam gerade das Gegenteil heraus. Das merkten sie aber immer erst, wenn es schon viel zu spät war. Sie machten Wiesen aus den Sümpfen der Oder, aber die Fische starben und die Wiesen versandeten. Sie holzen hier die riesigen Wälder ab, um Felder anzulegen . . . aber der Regen weiß nicht mehr, wohin. Sie bauen Dampfmaschinen – und die Luft wird schwarz vor der Sonne, alles nennen sie Fortschritt. Die Technik nimmt den Leuten die Arbeit ihrer Hände ab. Wie bequem, aber diese Hände haben auch nichts mehr in den Mund zu schieben. Wenn man Hunger hat, müssen sie doch wieder arbeiten. Also werden sie neue Maschinen erfinden, die die alten auffressen. Immer neue, immer bessere, immer schnellere, immer gefährlichere . . ."

Johnny kicherte. Großmutter machte so schöne Witze. Er schaute zu seiner Mutter mit dem dicken Verband rüber. „Warum wird Mama nicht gesund?" wollte Johnny wissen und ich antwortete: „Krankheit ist die Strafe Gottes für unsere Sünden."

Als Maria das hörte, sagte sie verbittert: „Weißt du, Grand-Ma, langsam übertreibst du wirklich!" und stöhnte: „Und ich habe mir so viel Mühe mit dir gegeben . . ." Ich wollte sie doch nicht verletzen! Meine gute Maria.

„Wenn ich groß bin, werde ich Doktor, wie Onkel Willi!" verkündete Johnny. „Lerne, mein Enkel", lächelte ich, „studiere fleißig! Dein Papa will mit seinen Freimaurern eine Schule für euch einrichten. Aber schau dir auch die Welt an, und dann tu' das, wozu du dich berufen fühlst. Ich weiß auch, daß dein Vater dich gern mal als Doktor sehen möchte, aber dazu muß einem der Kopf platzen vor Gescheitheit. Deine Vorfahren waren Garnweber und Böttcher, alles redliche Leute und fleißig, und sie wußten auch das Land zu bestellen. Du brauchst dich ihrer weiß Gott nicht zu schämen, aber ob du nun ein Doktor wirst, ich weiß nicht . . ."

Ich stockte und schluckte. Ob wohl ein studierter Doktor in der Familie meine liebe Caroline hätte retten können? Caroline, sie ruht jetzt in Oderberg unter einem Holzkreuz. Es war ein schönes Kreuz, mit geschnitzten Figuren, bestimmt wird es erst in 20 Jahren vermodert sein. Solch ein Kreuz aus Holz möchte ich auch mal haben, wenn ich zur ewigen Ruhe gehe. Setzt mir keinen Marmorstein. Ein Stein ist ewig, aber er ist kalt.

Maria war in die Nähe gekommen und schaute finster. „So kann das nicht weitergehen, August!" sagte sie zu ihm ganz leise. „Deine Mutter wird von Tag zu Tag wunderlicher. Sie phantasiert und erzählt immer wieder die gleichen alten Geschichten – weißt du, ich kann sie langsam einfach nicht mehr hören! Bitte, August, sie verdirbt die Kinder, das kannst du nicht zulassen, sprich mit ihr! Schau, mein Arm will und will nicht besser werden. Drei Kinder, und bald das nächste. Ich schaffe es einfach nicht allein. Wenn deine beiden Junggesellen-Brüder eure Mutter nicht pflegen können – na gut, das kann ich ja noch begreifen! Aber bitte, frag doch Charlotte mal, sie ist ja immerhin ihre Tochter."

August seufzte. „Ja. Meine Mutter wird wunderlich, aber ich hab' sie gern, weißt du." „Und mich?" „Dich hab' ich schrecklich gern."

Ich soll also zu Charlotte, bin den beiden eine Last! Es tut mir leid für euch, meine Lieben. Ich bin über 70 Jahre alt, bin schwach und kränklich. Aber zu Charlotte will ich nicht!

Nein! Ohne Charlotte wäre ich nicht hier in Amerika. Sie war es doch, die uns damals in Schulden gebracht hat, daß wir das Haus verkaufen mußten. Sie war doch so gefühllos, daß sie am Tage der Hochzeit... Ach, das ist alles schon so lange her, und ich wollte es doch vergessen! Charlotte ist hart und tüchtig, genau wie ihre vier Kinder. Alle haben einen Eisenschädel. Sie sprechen fast kein Deutsch mehr miteinander. Wie soll ich dort leben? Mein Herz verkrampft sich. Ich habe Angst, nehme meine Kastanie, drücke sie fest in der Hand. Heimweh nach Oderberg, Heimweh nach Caroline, ich werde sie bald wiedersehen... auch dich, Mutter! Auch wenn ich nur ein kleiner Tropfen im Meer war – Mutter, du hattest recht: ich hatte wirklich ein ganz besonderes Schicksal.
Ja, HERR, ich bitte Dich: Nimm nun mein Leben zurück in Deine Hände und gib mir Frieden und „Selige Ruh".... beschütze alle meine Kinder und das Minchen – in der alten und der Neuen Welt – und gib ihnen viele Kinder und Enkel und Urenkel.

Ich, Justina Tubbe, habe also euch berichtet.

Regenbogen über dem Wasser

Nachwort

So vieles konnten wir aus Justinas Leben in Archiven zusammentragen! Aber bislang wissen wir nichts Genaues über ihren Tod. Im Census von 1870 wird sie nicht mehr genannt. Ob sie die erste war, die auf dem Tubbe-Friedhof begraben wurde ... auf dem „Saints Rest"-Cementery in Nacogdoches, auf dem August eine kleine weiße Holzkirche errichtete, in der er predigte – ganz in der Nähe von seiner Sägemühle?

Vermutlich ist Justinas Holzkreuz lange verwittert ... aber ihr Pecan-Baum wächst noch heute auf dem Tubbe-Land ... ein Pecan-Baum – der Wappenbaum von Texas.

Nun hat Justina doch noch einen Marmorstein bekommen! Bei einem Meeting in der Liberty Hall in Nacogdoches trafen wir im April 1999 über 150 ihrer vielen hundert Nachkommen, die durch spätere Heiraten meist auch mit den anderen Familien Seelbach, Helpenstell, Kolb und Reyder verwandt sind. Auf der Suche nach ihren „roots" führten sie Justina bislang als: Justina UNKNOWN, als die älteste bekannte Person ihrer Ahnenreihe. Die Begeisterung über diese Lebensgeschichte war so groß, daß spontan 1500 $ gesammelt wurden, um ihr neben den Gräbern von August, Willi und Ludwig auf dem Saint's Rest Friedhof einen Gedenkstein zu errichten.

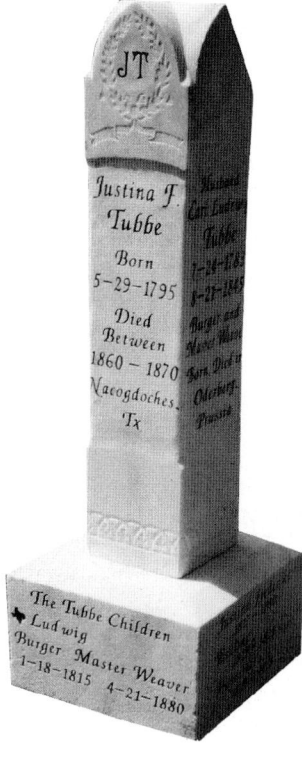

Gedenkstein für Justina Tubbe (1999)

Glossar

claimen: beim Amt anmelden und beanspruchen. Die endgültige Übereignung (für einen einzelnen Mann 80 acre) erfolgte aber erst nach drei Jahren, wenn zwei Zeugen beigebracht wurden, die bestätigten, daß auf dem Land ein Haus gebaut, es umzäunt und darauf geakkert wurde.

Flächenmaße: 1 acre/Acker: ca. 4050 Quadratmeter; 1 Hektar = 4 Morgen = ca. $2\frac{1}{2}$ acres
1 Fuß = preußischer Fuß = ca. 31 cm = 12 Zoll

Franzbrot: Weißmehlbrötchen, heute würde man Baguette dazu sagen. Seinerzeit ein großer Gegensatz zum gebräuchlichen schweren und harten Alltagsbrot.

Geldwerte: 1 Thaler in Preußen vor 1821 = 24 Gutegroschen, dann 30 Silbergroschen
1 Dollar = ca. $1\frac{1}{2}$ Thaler wert

grant: Ein Neusiedler konnte in Texas als Familienvater 160 acre (grant) claimen.

Joachimthalsches Gymnasium: 1607 als Fürstenschule in Joachimsthal, unweit von Eberswalde, gegründet. Die Oderberger hatten lange Zeit Frondienste für das Gut Neuendorf zu leisten, dessen Erträge dem Gymnasium zuflossen.

Längenmaße: 1 Meile: preußische Meile oder Postmeile ca. 7,4 km; Seemeile ca. 1,85 km; englische Meile ca. 1,6 km

Miasma: vermuteter „Stoff, der durch die Luft flog" als Ursache für Krankheiten, selbst Cholera wurde ursächlich nicht mit Trinkwasser in Verbindung gebracht.

Pecan-Baum: Nußbaum ähnlich unserer Walnuß, wildwachsend oder in Plantagen, Wappenbaum von Texas.

Genealogische Informationen

Pastor Dahl, Hilgenroth
Carolyn Ericson, Nacogdoches/Texas
Laura Flebbe, Owasso/Oklahoma
Familien Junge und Nüsch, Oderberg
Familie Billy Junge, Lufkin/Texas
Pastor Parisius, Leck (ehem. Lunow)
Manfred Schumacher, Birkenbeul
Hildegard Stock, Gusborn
John und Sarah Tubbe, Nacogdoches/Texas
Debra Vinson, Los Fresnos/Texas

Kirchenbücher der ev. Gemeinden und kirchliche Archive

Angermünde, Bad Freienwalde, Brodowin, Crussow, Hilgenrodt, Joachimsthal, Kremmen, Lunow, Parstein, Prenzlau, Rosbach, Oderberg, Stolpe.
Archiv der evang. Kirche im Rheinland, Archivstelle St. Martin, Boppard.
Christi Kirche der Heiligen der letzten Tage (Mormonen), Kiel/Salt Lake City.
Nordrhein-Westfälisches Personenstandarchiv Rheinland, Schloß Augustusburg, Brühl.
Zentralarchiv der Ev. Kirche, Berlin, Jebenstraße.

Archivalien, Bücher und Landkarten

Brandenburgisches Landeshauptarchiv, Potsdam
Ev. Kirchengemeinde Oderberg
Museum Oderberg, Stadt Oderberg
Sarah und John Tubbe, Nacogdoches/Texas
Carl von Ossietzki Universität Oldenburg, Institut NAUSA
Christian-Albrechts-Universität Kiel, UB, Volkskunde Institut, Geolog. Institut
City Council Land Office, Nacogdoches/Texas
Deutsches Museum, München
Deutsches Schiffahrtsmuseum, Bremerhaven
Focke-Museum, Bremen
Geheimes Staatsarchiv, Berlin-Dahlem
General Land Office, Austin/Texas
Hessisches Hauptstaatsarchiv, Wiesbaden
Humboldt-Universität Berlin, Bibliothek Europ. Ethnologie
J. F. Kennedy-Institut, Berlin, Amerika-Gedenk-Bibliothek
Jim Herrmann, Potsdam
Kreisarchiv Siegburg, Kreisverwaltung des Rhein-Sieg-Kreises
Kultur GmbH Märkisch Oderland, Oderlandmuseum Bad Freienwalde
Nordrhein-Westfälisches Hauptstaatsarchiv, Düsseldorf, mit Katasterarchiv Schloß Khalkum
Rheinland-Pfälzisches Landeshauptarchiv, Koblenz, mit Außenstelle Gondorf
Schleswig-Holsteinische Gesellschaft für Familienforschung und Wappenkunde, Kiel
Schleswig-Holsteinische Landesbibliothek, Kiel
Schloß Braunfels
Sophienburg-Museum, New-Braunfels/Texas
Texas State Library, Genealogical Research, Austin/Texas
University of Nacogdoches/Texas
Vereinskirche Museum, Fredericksburg/Texas

Weitere Primärliteratur

H. Berghaus: Landbuch der Mark Brandenburg, 1856; F. Roemer: Texas, 1848; Carl von Solms-Braunfels: Texas, 1846; Dorsch/Uhrig: Zwei Erbacher in Texas; K. D. Frhr. v. Schütz: Texas, Ratgeber nach diesem Lande; Sörgel: A. Sojourn in Texas, T. R. Fehrenbach: Lone Star; Harper's Monthly 1856–72; C. Haun: Mit dem Paketsegler nach Texas, 1853; R. Herwig: Schiffshygiene, 1878; E. L. Rochholz: Deutscher Glaube und Brauch, 1867; Wuttke: Volksaberglauben der Gegenwart, 1860; A. Engelien, W. Lahn: Der Volksmund in der Mark Brandenburg; U. Wendt: Kultur und Jagd, 1908; D. Mauritius Knauer: Vollständiger Haus-Calender von 1801 bis 1900, 1802; J. G. Salzmann: Allgemeines deutsches Gartenbuch, 1818; J. L. Ewald: Die Kunst, ein gutes Mädchen, eine gute Gattin und Hausfrau zu werden; E. Beynon: Barmherziger Samariter, 1742; A. Berthelt: Handbuch für Schüler, 1854; F. P. Wilmsen: Der Deutsche Kinderfreund, 1822; Illustrirter Kalender für 1848, 1848; K. Brunner: Ostdeutsche Volkskunde, 1925; Vossische Zeitung, Leipziger Illustrirte 1856–68; Neuruppiner Bilderbögen.